KB096847

대한민국
인구·소비의 미래

충격적 인구 변화에 맞춘, 소비 분야 해법 제시!

대한민국
인구·소비의 미래

전영수 지음

트러스트북스

역사상 가장 놀라운 인구변화의 본질과 기회

목 터져라 외쳐도 그뿐이다. 간절히 애원해도, 대놓고 협박해도 똑같다. 한두 해가 아니다. 진작부터 비명소리가 울렸건만, 공허한 메아리로 전락했다. 무던함을 넘어 담대할 지경이다. 우이독경(牛耳讀經), 묵묵부답(黙黙不答)만 떠오른다. 코앞에 닥쳐도 마찬가지다. 지그시 감은 눈은 떠지지 않는다. 잠깐 듣는가 싶어도 곧 떠난다. 어떻게 말해도 잊는 건 금방이다. 좀체 먹혀들지 않는다. 몰라서 그런 건지, 의도적 대처인지 잘 모르겠다. 놀랍고 답답하며 안타까울 따름이다. 실망조차 비싸다.

눈치를 챘겠으나, 인구변화를 둘러싼 사회인식이 그렇다. 정부·기업·가계 모두 인구변화 앞에선 눈과 귀를 닫는다. 이상하리만큼 판박이요 닮은꼴이다. 이해는 한다. 인구변화란 게 만만찮게 복잡·다난한 이슈인 까닭이다. 쉽지 않은 대응노력이 예고·전제된 난제라 가능한 미루고 피하고픈 심정일 터다. 다만 아쉽게도 틀렸다. 연기·회피해서 해결될 일이 아닐뿐더러 그럴 수도 없다. 인구변화의 후폭풍과 파장은 한국사회를 송두리째 뒤흔들 대형 이슈다. 무차별적이고 충격적이며 광범위하다.

퇴로는 없다. 절벽에 섰다. 물러설 근거는 없고, 맞서는 논리만 있다. 타협조차 힘들다. 그렇다면 결연한 대응이 최선이다. 다행스럽게도 위기는 기회와 동반한다. 인구변화가 대형악재는 맞지만, 누구에겐 절호의 미래 활로일 수 있다. 상황인식·대응체계에 따라 건강하고 지속가능한 미래 기반을 안겨준다. 기회는 공평하다. 준비하면 기회는 배신하지 않는다. 노력하면 행운마저 비켜서지 않는다. 시간은 별로 없다. 한국은 진작 위기 경고가 시작됐다. 다소 여유롭다 여겨질 때가 둘도 없는 기회 선점의 타이밍이다. 미리미리 계획하고 실천하기를 권한다. 주사위는 던져졌다.

인구변화의 외침에 따른 신고객·신시장의 본격 개막

인구변화는 많은 것을 바꾼다. 또 바뀔 수밖에 없다. 인구변화야말로 사회제도부터 개별욕구까지 근본적인 재검토·재수정을 요구한다. 사람이 변했는데 생활이 바뀌지 않을 수 없듯 자연스런 시대흐름이다. 맞서면 득 될 건 없다. 파도에 올라타듯 변화를 정확히 이해·준비해야 하는 이유다. 한치 앞을 모를 생존·성장무대에서의 무한경쟁이 불가피한 시장·기업은 더더욱 인구변화의 완전정복이 필수다. 인구변화의 양적넓이와 질적깊이가 예측을 초월하는 급진적인 한국은 더 그렇다. 완만함이 전제된 '변화'란 말조차 어울리지 않는 사상초유의 충격적인 통계출현마저 일상적이다.

출산율 0점대 시대는 세계 최초다. 정상국가라면 어디도 경험하지 못한 수치다. 인구 블랙홀이었던 서울은 0.71까지 추락했다(2019년 2분기). 역시 도시기준 세계·한국전체를 통틀어 하위 1위다. 2위권과도 격차가 현격해 난공불락·접근불가의 독보적 신기록이다. 문제는 추세다. 1점대로의 회복은 난망하다. 인구유지선(2.1명)은커녕 인구위기선(1.3명)조차 하향돌파한 게 벌써 20년째다. 꼬인 실타래는 갈수록 얽히고설킨다. 분모(현역·부양인구) 급감은 분자(고령·피부양인구) 증가와 맞물려 분수값을 내려앉힌다. 물구나무는 고꾸라질 수밖에 없다. 한국사회가 직면한 지속가능성의 훼손우려다. 국가위기다. 지금대로면 몇 세대 후 절멸은 기정사실이다. 줄어들다 결국 사라진다.

기업·시장은 더 위험하다. 사회·정부는 그나마 시간이 있다. 줄어들어도 사람은 태어나고 세금은 거둬진다. 지속가능성은 시차를 갖고 악화된다. 기업·시장은 아니다. 밀어줄 뒷배도, 의지할 언덕도 없다. 줄어든 고객이 떠나버리면 시장은 폐쇄되고 기업은 퇴출된다. 정부처럼 한가롭게 미루거나 피하기란 어렵다. 그렇다면 인구정복은 선택이 아닌 필수다. 미래 먹거리를 위한 전략수립의 가장 밑바닥에 깔아야 할 게 인구변화다. 달콤한 성공경험은 잊는 게 좋다. 인구변화는 우리가 알고 있는 모든 것이 틀려짐을 뜻한다. '인구변화→고객변화→시장변화→사업변화'는 시작됐다. 달라진 신고객은 달라진 신시장을 원한다. 누구도 가보지 못한 길임은 물론이다.

신고객·신시장을 지배할 10대 미래 트렌드 제안

공포를 팔려는 의도는 없다. 인구충격만 얘기하고 싶지도 않다. 누구나 시대를 살아내야 하듯 인구변화의 거센 흐름을 이겨낼 방법을 고민하고 싶었다. 여러 전작을 통해 적으나마 몇몇의 정책대응을 소개했다. 필자뿐 아니라 많은 전문가·연구자들이 인구문제를 딛고 일어설 많은 아이디어를 제안했다. 공은 넘어갔다. 안타까운 건 기업과 가계를 위한 처방전의 부족·부재 현실이었다. 정작 가장 중요하고 시급한데 기업·가계에 맞춘 대응전략은 의외로 없었다. 책을 기획한 배경이다. 시대변화의 객체가 아닌 주체로서, 인구변화의 조연이 아닌 주연으로서 기업·가계에 주목했다.

일단은 기업부터다. 인구변화에 휩쓸린 가계(개인)의 대응전략은 차후과제로 남긴다. 지금 기업은 충분히 힘들고 어렵다. 한치 앞이 안보이는 불확실성의 시대답게 장기생존을 위한 묘수발굴에 사활을 걸지만 상황은 쉽지 않다. 부지불식간 고객은 달라졌고, 시장은 변화했다. 가성비로 정리되는 패러다임은 설 땅을 잃었다. 만들어도 팔리지 않고, 꾀어도 찾아오지 않는다. 원인은 다양해도 원점은 하나다. 인구변화의 영향·파장 탓이다. 인구변화에 맞춰 양적으로 변하고, 질적으로 바뀌니 고객·시장은 당연히 달라진다. 적어진 숫자가 생각마저 제각각이라 한층 어렵고 힘들다.

책은 이 지점에 포커스를 맞춘다. 기업·시장이 직면한 인구변화발 위기 속에서 기회에 무게중심을 뒀다. 구성은 크게 3가지다. 제1부는 누구도 모르는 한국의 인구변화를 다룬다. 의외로 무덤덤한 인구변화의 진실과 본질 그리고 한국적 특수성을 강조했다. 부동산의 미래에 직결적인 한국의 인구통계와 특별추계의 후폭풍에 집중했다. 더불어 우리나라만의 5대 인구변화 관전 포인트도 정리했다. 예측무용의 변화속도, 가족구성의 일탈추세, 중년시대의 본격선포, 전대미문의 간병사회, 그럼에도 정책무용론 등 5대 특징은 기업·시장에 상당한 영향을 미칠 현재패턴 및 미래기회로 이해된다.

제2부는 인구변화로 등장할 새로운 소비그룹을 다룬다. 5대 신고객으로 그들을 규정하는 새로운 키워드는 요즘어른, 중성고객, 미분소비, 현타소비, 가치소비 등이다. 달라진 신고객의 욕구지점·소비의향은 이들 5대 흐름으로 정리된다. 모두 현재의 작은 퍼즐로 시작해 앞날의 스토리로 엮어냈음을 밝힌다. 비록 지금은 미미한 변화양상일 수 있으나 인구변화의 추세에 반영해보면 훗날 중대한 소비지점으로 부각될 잠재그룹이다.

제3부는 신고객의 출현이 낳을 신시장의 5대 트렌드를 키워드로 분류했다. 무한경쟁, 즉시해결, 충성효과, 대행기회, 미들에지 등이다. 달라진 신고객의 새로운 추구가치에 눈높이를 맞추자면 이들 5대 신

시장 패러다임부터 시작하기를 권한다. 도합 10대 미래 트렌드는 다가올 신고객·신시장의 새로운 패러다임일 수밖에 없다.

이 책은 적잖은 한계와 약점을 갖는다. 인구변화를 이겨낸 성공사례로 최대한 많은 기업·시장사례를 소개하고 싶었으나, 그 다양성·차별성을 모두 맞추지는 못했다. 대부분 일본 사례에서 많은 힌트를 얻고 또 내놨다. 한국과 가장 닮은꼴이라 충분히 벤치마킹의 정당성이 있지만, 그럼에도 차별점도 많아 유념해서 볼 필요가 있다.

10대 신고객·신시장 미래트렌드도 엄밀히 구분되지는 않는다. 제각각의 키워드지만, 가리키는 방향은 하나일 수밖에 없어서다. 따라서 때때로 내용이 중복되는 경향이 있다. 다만 수많은 통계자료·참고문헌으로 엄밀·신뢰성을 높여 한계 극복에 신경을 썼다. 그래도 발견되는 수많은 문제점은 전적으로 필자의 부족한 능력 탓이다. 부디 책을 통해 한국적 인구변화의 본질을 알고 기업·시장의 지속성장을 위한 작은 힌트라도 얻는다면 더할 나위 없겠다. 끝으로, 기회는 주어지지 않고 만들어지는 것임을 강조한다.

왕십리 연구실에서
전영수

제2부
인구변화로
등장한 신고객 5

제3부

인구변화가
만들어낸 신시장 5

제1부

누구도 모르는
한국의 인구변화

제1장

왜 인구구조를 알아야 하는가

1. 왜 인구구조를 이해해야 하는가: 한국 부동산의 미래

집값은 오를까 내릴까? 가진 자는 물론이고 사려는 쪽도 최대관심사다. 안 사겠다는 이도 궁금하긴 매한가지다. 어떤 식이든 자유로울 수 없어서다. 부동산의 미래가 만인의 앞날과 연결돼서다. 적어도 앞날의 경제적 생활수준을 가름하는 최대변수가 부동산이란 건 부인하기 어렵다. 그러니 당연히 궁금하다. 정도 차이는 있을지언정 집값전망은 모두가 간절히 원하고 절실히 꿈꾸는 테마다.

어쨌든 관심은 부동산이다. 한국사회에서 부동산만큼 복잡한 감정·인식을 내포한 논쟁 이슈도 없다. 옛날에도 그랬고 지금도 그렇고 앞으론 더 그럴 듯하다. 한국의 특수성을 보건대 부동산이 장삼이사(張三李四)의 머릿속 화두에서 옅어지자면 상당기간이 걸릴 전망이다. 부동산만큼 벌어주고 쟁여준 대상이 없을뿐더러(토지신화) 고착적인 저성장을 고려하면 시장금리를 이겨낼 향후의 대안자산도 마뜩찮다. 더욱이 인구감소에도 불구, 서울·수도권처럼 당분간은 탄탄한 수요층을 갖춘 곳까지 있다. 다 떨어져도 최소한 서울은 떨어지지 않을 것이란 차별논리마저 건재하다.

부동산 앞날은 인구변화가 핵심힌트

실제 그렇다. 부동산의 미래는 모두가 궁금하다. 중장년은 물론 고령인구 술자리의 귀결안주는 어느 동네 얼마짜리가 얼마나 뛰었냐고, 졸업·결혼을 앞둔 청년그룹 잠자리의 수면방해도 대다수는 범접 못할 가격 앞에 어디서 살까로 요약된다. 동서고금을 넘어 한국에선 남녀노소의 무차별적인 공통이슈·집중테마로 손색없을 정도다. 비슷한 투자대상인 주식과 비교해도 압도적인 편애대상이자 독보적인 견제상대다.

문제는 노답(No答)현실이다. 부동산으로 돈 좀 벌어 보고파도 어디가 얼마나 뛸지는 아무도 모른다. 중구난방의 훈수는 많아도 결국 선택은 외로운 제몫이다. 투자성향까지 넣으면 알려줘도 못하고, 모르는데도 지른다. 그 와중에 정부는 정권색채에 맞춰 갈팡질팡을 반복한다. 뜨거우면 식히고, 차가우면 데워야 하니 당연한 결과다. 지속성이 없다고 폄하할 이유는 없다. 이제는 복잡한 통계까지 도입되며 감(感)으로 매매하던 과거의 후진성에서 벗어났다. 정확성은 둘째 치고 그만큼 부동산 가격전망이 핫이슈란 의미로 받아들여주면 좋겠다. 시장참가자의 공부량도 당연히 늘었다.

그렇다면 부동산의 앞날을 예측할 방법은 정말 없을까. 미래예측이란 게 신(神)의 영역이되 그렇다고 범접조차 포기할 수는 없다. 부동산이 갖는 한국적 특수·차별성을 보면 더더욱 손 놓고 앉아 있을 수만은 없다. 정답은 아니지만 힌트는 있다. 없는 최선을 찾기보단 있는 차선을 활용하는 게 바람직하다. 많은 힌트가 있지만, 그나마 설명력과 정합·효과성이 높은 건 결국 인구변수다. 인구구조의 변화양상이야말로 필수소비재인 집값을 정하는 유력한 통제변수일 수밖에 없다. 그렇기 때문에 특정지역마다 다를 수밖에 없고, 인구양상마다 달라지는 차별화도 당연지사다. 인구구조도 양적변화만큼 중요한 게 질적변화라 잠재수요층이 어떤 가치관·과거경로·미래지향인지에 따라서도 엇갈린다.

한국의 신도시, 그 미래는?

결국 부동산과 인구를 연결하면 조금이나마 앞날이 뚜렷해진다. 신도시를 예로 보자. 개발방식이 유사했던 일본 사례다. 도쿄 인근 외곽지역은 고도성장과 맞물려 1970년대부터 대규모 신도시를 집중 건설했다. 도심에서의 거주비용이 폭등해 인구분산 차원에서 개발됐다. 출퇴근 부담경감을 위해 교통망도 확충했다. 신도시 옆에 또 다

대한민국 인구·소비의 미래

른 신도시가 지어졌다. 다만 오래가진 못했고 버블붕괴 후엔 유령도시·고령마을[1]로 전락했다. 2,000~3,000만엔대의 분양가가 500만엔대 이하로 급락했다. 저출산·고령화에 따른 인구감소가 주요 이유라는 중론이다. '인구감소→소비하락→상권붕괴→재정악화→생활취약→집값하락'의 연쇄고리는 아베정부의 경기부활이 본격화된 최근[2]까지 반복됐다.

그렇다면 한국의 신도시는 어떨까. 예견은 어렵지만 몇 가지를 전제하면 대략적인 방향은 유추된다. 당분간은 일본처럼 과도한 피폐전철을 밟을 공산은 낮다. 인구이탈에도 불구하고 일자리 등의 서울독점이 일본보다 파워풀해서다. 고용기회가 서울에 몰리는 한 멀리 떠나는 건 제한적이다. 2019년 3기 신도시의 뜨거웠던 교통논쟁에서처럼 교통확충이 관건이다. 틈새는 진입장벽이 낮은 강북지역일 수 있다. 반면 인구감소 중 다양한 서울독점이 약화되면 얘기가 달라진다. 경기침체가 대표적이다. 굳이 신도시에 터 잡을 동기가 낮아진다. 가격 메리트

---

1 日本経済新聞, '資産か廃虚か 日本のマンションの未来予想図', 2018.10.18. 다마신도시, 지바신도시 등 1970년대 도쿄외곽에 건설된 집중적인 주거공간은 사실상 유령도시로 불린다. 도심 집값이 폭등하면서 대안으로 조성됐는데 현재는 자녀세대가 떠나면서 고령인구만 남아 행정서비스의 피폐는 물론 편의점·학교 등이 대부분 폐업상태다. 1개동 50호 중에서 다 떠나고 5~10호 이하만 거주하는 경우가 적잖다.

2 日刊SPA, '人口が減っているはずの多摩地域でマンション価格が上昇している理由', 2016.11.14. 신도시라도 모두가 폐허인 건 아니다. 아베정부 이후 경기부양이 본격화되면서 같은 신도시라도 권역별로 인구증가·집값상승인 곳도 있다. 2010~15년 다마지역 부동산 가격상승률을 보면 타치가와시(立川市) 전체는 102.7%인 반면 역세권인 JR다치가와역은 149.6%로 평균 이상 뛰었다.

가 확실하지 않는 한 더 그렇다. 후속세대의 소유욕·구매력 감소까지 본격화되면 신도시는 쉽잖은 상황에 빠진다.

러프한 전망이되 이 속에는 다양한 고려변수가 있다. 맞고 틀리고를 떠나 가격향방은 다양한 힘의 작용 속에 결정된다는 의미다. 당연히 같은 신도시라도 온도차이가 벌어질 수밖에 없다. 서울집값의 폭락도 연계변수다. 부동산 가격결정의 거대한 톱니바퀴 중 가장 큰 톱니가 인구란 점이 중요하다. 정확히는 인구구조의 변화모습이다. 닭일지 달걀일지 순위다툼과 상관없이 '인구구조↔경제성장↔정부정책↔가계인식'의 치열한 연결흐름 속에 집값과 수급이 결정되기 때문이다. 저출산 원인도 멀리서 찾을 게 아니라 이 악순환구도만 봐도 이해될 것이다.

인구변화의 상상초월 영향력과 파급력

인구구조를 왜 알아야 하는지는 비단 부동산 때문만이 아니다. '부동산+인구'의 분석이유는 그나마 알려진 빙산의 일각이다. 결국 수면 아래의 감춰진 빙산이 훨씬 크고 넓다. 빙산이 움직일 미래경로는 수면 아래에서 결정한다. 그렇다면 이 거대빙산을 한국사회·경제전체로 치환해보자. 인구구조를 알면 왜 좋은지 이만한 설명근거도 없을 것이다. 당연히 아는 게 기본이자 상식이고 본능이다. 몸담은 사회현실·미래흐름을 이해하지 못하고 어영부영 떠밀린다면 곤란해질 수밖에 없다.

결국 인구가 전부다. 인구만큼 영향력과 파급력이 큰 것도 없다. 과거보다 '인구=국력'의 등치관계는 줄었다지만, 그래도 인구만한 건 없다. 많은 선진국이 인구감소를 위기경고로 받아들이는 데는 분명 이유가 있다. 이민이든 난민이든 도덕적 인류애까지 거론하지 않아도 국제 전입은 관리만 잘하면 효율적 국부유지에 우호적일 확률이 높아서다. 인구감소의 대항카드로 인재육성을 통해 1인당 생산성·부가가치를 높이려는 선진제국의 선택도 대전제는 인구증가를 위한 노력을 염두에 둔 조치다. 아쉽게도 인구감소인데 국력유지인 사례는 드물며, 적으나마 하방압력을 줄이는 게 최선이다.

그러니 인구변화를 알아야 할 이유는 수백 가지이며, 반대로 몰라야 될 근거는 없다. 물론 안다고 정확히 맞지 않을뿐더러 당장의 이익도 별로 없지만, 모르거나 관심이 없다면 얘기는 심각해진다. 가랑비에 옷 젖듯 때 지나면 뒤늦은 후회만 할 확률이 높다. 불확실성이 난무하는 시대인지라 앞날을 대비하자면 인구변화부터 챙겨보는 게 손쉽고도 효과적이다. 인구변화는 그때그때의 작고 약한 퍼즐이지만, 하나하나 맞출수록 사회 전체의 밑그림과 큰그림까지 그려낼 수 있다. 결국엔 시행착오를 줄인 자기확신을 통해 불확실성을 헤쳐나간다면 상당 수준의 다각적 수혜도 가능해진다.

인구퍼즐 맞추면 사양산업도 성장모델

인구는 상수(常數)다. 정확히 인구감소는 변수가 아닌 상수로 떴다.

이를 염두에 둔 미래계산은 당연한 시대요구다. 인구변화를 넣어야 제대로 된 계산식은 물론 결과치가 추출된다. 양적변화만으로는 부족하다. 질적변화까지 들어가야 제대로 된 결과 도출이 가능하다. 어제의 청년과 오늘의 청년은 사고체계가 다르다. 어제의 중년은 내일의 노년일 수도 없다. 즉 양도 바뀌지만 질도 변한다. 이 모든 걸 다양하게 분석·반영해야 확실한 진단과 정확한 처방·대응전략이 마련된다.

인구변화로 많은 것이 바뀔 전망이다. 지금까지 변화는 무시해도 괜찮다. 목격된 변화충격은 가벼운 잽 정도의 전초전에 불과하다. 동시다발로 던져질 묵직한 어퍼컷이 곳곳에서 예고된 상태다. 버티고 변해야 살아낼 수 있다.

다만 인구급변은 위기일 수 있으나 준비된 경우라면 기회에 가깝다. 어쩌면 패러다임 전환시기의 마지막 한판 큰 장일 수 있다. '인구변화→고객변화→소비변화→시장변화→사업변화'의 연결고리는 시작됐다. 인구변화에 대한 관심·공부는 출발점이다. 변화된 인구구조를 알면 사양산업조차 성장시장으로 뒤바뀔 수 있다. 인구변화는 생존토대이자 성장기반이다.

아쉽게도 참고서는 있지만 정답지는 없다. 미리 길을 밟아본 선진사례가 도움은 되지만, 한국 사례에 적용되지도 않을뿐더러 적용하기도 어렵다. 그 나라에선 그 나라에 맞는 식의 진화결과일 뿐이다. 당장 한국적 특수성은 선진사례와 격차·편차를 한참 벌리며 독보적인 세계 신기록을 갱신 중이다. 인구구조 변화를 경고하는 숫자·현상은 저 앞

에 내달리는데 정작 급박·위기감은 한참 뒤에 머무른다. 왜 전대미문
(前代未聞)과 미증유(未曾有)라는 어려운 수식어까지 동원되는지 곱씹어볼
필요가 있다.

2. 글로벌 인구구조의 변화: 세계흐름과 결별한 한국적 길

　인구변화는 한국만의 상황이 아니다. 인구변화는 언제 어디서든 늘 발생한다. 다만 시간경과별로 흐름이 다르고 내용이 바뀔 따름이다. 한국도 인구는 늘 변해왔다. 과거엔 너무 많아 문제였고, 지금은 더 적어질까(자연감소는 2019년부터지만 당분간은 국제전입으로 인구증가) 염려할 뿐이다. 2002년 이후에야 '인구억제→인구증가'로 정책전환이 있었다. 지역별로 봐도 인구변화는 일상적이다. 단 차별적이다. 가속적인 도심집중·지역소멸은 양극적 인구변화의 대표상징으로 굳어졌다. 전체평균과 개별점수는 구분관리가 좋다지만, 그래도 대세는 인구감소의 위기공유다.

　글로벌로 봐도 인구구조의 변화양상은 달라진다. 어떤 곳은 많아서, 어떤 곳은 적어서 골칫거리다. 세계적으로는 여전히 인구증가가 압도적이다. UN자료(세계인구 전망보고서)를 보면 세계인구는 2019년 77억명에서 2030년 85억명, 2050년 97억명[3]의 규모로 무섭게 증가할 것으로 예측된다. 유럽·북미를 필두로 일본·한국 등은 자연감소와 고령화가 문제지만, 여타지역은 반대양상이다. 다만 인구감소국이 늘면서 인구유지에 필요한 가임기 여성 1명당 2.1명의 합계출산율은 하락추세다.

3　아시아경제, '2050년 전세계인구 97억명…6명 중 1명은 노인', 2019.06.18.

아직은 인구가 늘지만, 추세대로라면 인구감소가 2~3세대 후엔 세계 표준이 될 전망이다.

그렇다면 한국은 지구레벨에서 볼 때 어떤 상황일까. 인구변화의 속도·범위가 어느 정도며, 과연 어디로 치닫는 것일까. 상황을 정확히 알아야 고민과 해법도 정밀해진다는 점에서 꽤 유효한 질문이다. 많은 근거·통계가 있지만, 보편적인 건 연령별 인구규모의 양적인 변화과정을 알려주는 걸로 압축된다. 일반적으로 유효한 통계는 고령화율^(65세↑/전체인구)이다. 전체인구에서 고령인구가 얼마나 되는지 나타낸 수치로 그 비중변화를 통해 인구구조의 특징·양상이 달라진다.

세계를 놀라게 한 한국적 특수경로

한국의 고령화 비율은 2019년 6월25일 기준 15.06%다. 주민등록상 전출입인구를 대상으로 한 현재시점 반영숫자^(주민등록인구통계·행정자치부)로 시간차가 불가피한 후행결과인 통계청 자료^(인구동향·인구이동통계)보다 정확성이 높은 편이다.[4] 통상 고령화율이 14%를 넘기면 고령사회로 불린다. 7%^(고령화사회), 14%^(고령사회), 20%^(초고령사회)별 비중변화로 타이틀이 차별화된다. 즉 한국은 2018년부터 고령사회에 진입했다. UN이

---

4 2019년 6월25일 기준으로 전체인구는 51,840,339명으로 이중 64세까지 44,035,340명을 차지한다. 결국 7,804,999명이 고령인구 기준연령인 65세 이상이며, 그 비율은 15.06%로 집계된다. 통계청 최신수치로는 2017년 7월1일자로 전체인구 51,362,000명이다. 한편 주민등록인구통계도 등록내국인·재외국민을 포함하기에 역시 정밀성에서는 한계를 가질 수밖에 없다.

2012년 9만명 이상 인구의 국가(지역)를 대상으로 2015년 고령화율을 조사했더니 총 45개국이 14%를 넘긴 고령사회로 조사됐다(2015년 기준 한국은 13.1%). 초고령사회인 20%를 넘긴 국가는 2015년 일본(26.4%), 이탈리아(21.7%), 독일(21.4%), 핀란드(20.4%), 스웨덴·그리스(20.0%) 등 6개국에 불과한 상황이다.[5]

문제는 드라마틱한 한국만의 비중증가를 둘러싼 독특한 변화속도다. 이미 14%를 돌파한 선행국가가 45개국인 상황에서 사실 14% 진입 자체는 큰 의미가 없다. 중요한 건 '7%→14%'로의 돌파속도다. 한국은 18년이 걸린(2000년→2018년) 반면 대부분의 선진국은 길게는 126년(프랑스)에서 짧게는 24년(일본)이나 소요됐다. 선행국가 중 가장 빨리 늙어가는 속도다. 더불어 '14%→20%'로의 소요연수도 세계신기록 경신이 거의 확실시된다. 대내외 추계에 따르면 한국이 초고령사회로 진입하는 원년은 2025년으로 고령사회(2018년) 이후 불과 7년 뒤 일이다. 세계에서 가장 늙은 국가라는 수식어가 익숙한 일본(12년)보다도 훨씬 빠른 속도다. 이대로면 한국의 고령인구 비중순위는 2015년 46위에서

2030년 14위, 2060년 2위로 껑충 뛴다.[6] 경제·인구규모를 본다면 사실상 1위 자리다. 박수칠 게 아닌 게 복기하면 이는 '늙은 국가' 순위 경쟁이다.

〈표〉 주요국가의 고령사회 도달연도 및 소요연수

	도달연도(전망)			소요연수	
	고령화사회 (7%)	고령사회 (14%)	초고령사회 (20%)	고령사회 도달 (7%⇨14%)	초고령사회 도달 (14%⇨20%)
일본	1970	1994	2006	24	12
독일	1932	1974	2007	42	33
이탈리아	1927	1988	2009	61	21
미국	1942	2013	2029	71	16
프랑스	1864	1990	2019	126	29
대한민국	2000	2018	2025	18	7

주: 우리나라의 초고령사회 도달연도와 소요연수는
통계청 장래인구특별추계(2019)에서 전망한 수치임
자료: UN; 통계청; 한국은행(2017)에서 재인용

---

6 통계청(2019), '세계와 한국의 인구현황 및 전망', 2015.7.8., pp.32-36. 2030년 한국(24.3%)보다 고령화율이 높을 것으로 추계되는 국가는 홍콩(26.5%), 일본(30.7%), 핀란드(25.2%), 크로아티아(24.6), 그리스(24.8%), 이탈리아(26.8%), 몰타(25.2%), 포르투갈(25.4%), 슬로베니아(24.8%), 네덜란드(24.6%), 퀴라소(24.7%), 마르티니크(26.6%), 미령버진아일랜드(25.8%) 등 13개국에 불과하다. 이 중 한국과 비교가능한 거대경제권인 국가는 사실상 일본뿐이다. 다만 일본도 2060년(36.9%)이면 한국(40.1%)보다 아래에 놓인다. 2060년 기준 고령화율이 한국보다 높은 국가는 카타르(41.6%)밖에 없다. 소형국가인 카타르의 경제·인구규모를 볼 때 사실상 한국이 2060년이면 가장 늙은 국가가 된다는 의미다.

국가별 인구현황·비중변화를 봐도 한국은 꽤 독보적이다. 요약하면 급하게 빨리 늘었다 줄어든다는 게 핵심이다. 인구순위는 2015년 27위에서 2060년 49위로 떨어진다. 세계인구 중 비중은 0.7%에서 0.4%로 반토막이다. 그나마 국제유입으로 총인구가 증가해 2028년 정점을 찍는다는 2019년 3월 추계(특별 추계·통계청)를 반영하면 '증가 후 감소' 국가로 꼽히는 한국의 총인구도 그 감소폭은 2060년(2060년-2015년)엔 -13.2%로 동일그룹 국가 중 하락폭 랭킹 2위다(1위 타이 · -15.5%).

인구성장률의 국제비교는 한국 미래가 평균 이상의 급격하고 광범위한 인구감소라는 점을 한층 명확히 알려준다. 세계평균으로 봐 인구성장률이 가장 불리한 곳이 유럽인데, 한국은 유럽보다 더 인구감소가 현격하다. 2015년 기준 45개 고령사회의 대부분이 유럽국가다. 늙어가는 것도 문제지만 출산마저 장기·감소세로 소산다사(少産多死)의 전형이라 인구감소가 불가피하다. 실제 2020-25년 유럽의 인구성장률은 -0.07%로 유일한 마이너스 지역이다. 이후 그 폭이 조금씩 증가하며 2055-60년 -0.28%를 기록할 전망이다. 한국은 유럽보다 뒤늦은 2030-35년 -.01%로 마이너스 인구성장률을 기록하는데, 하락폭이 가파르게 커지며 2055-60년 -0.96%까지 폭락할 것으로 추계된다.

요약하면 유럽보다 늦게 인구가 줄어들면서도 속도가 너무 가파르다는 게 통점(痛點)이다. 그도 그렇게 2035-40년이면 인구성장률이 이미 유럽(-0.18%)을 하향추월한 -0.31%까지 치닫는다. 와중에 인구구조의 비중변화는 당연지사다. 늙은 대륙 유럽의 고령화율은 2015년 17.3%로 한국보다 높은 상황이었지만, 2060년이면 상황역전으로 한국(40.1%)이 유럽(27.8%)보다 더 높아진다. 적절한 비유는 아니되 늦게 배운 도둑질에 밤새는 줄 모른다고 한국의 인구감소는 세계와 비교해도 전례 없는 속도로 하위선두권이 예고된 상태다. 가히 독보·차별적인 흐름이다. 이것도 쏠림현상으로 요약되는 국민적 에너지라면 허탈한 일이다. 그래서 선례샘플조차 큰 도움이 안 된다.

〈표〉 세계와 한국의 연평균 인구성장률(단위: %)

	'10-'15	'15-'20	'20-'25	'25-'30	'30-'35	'35-'40	'40-'45	'45-'50	'50-'55	'55-'60
세 계	1.15	1.04	0.93	0.83	0.74	0.66	0.59	0.51	0.45	0.39
아프리카	2.46	2.36	2.24	2.15	2.06	1.97	1.86	1.74	1.62	1.50
아 시 아	1.03	0.88	0.72	0.57	0.45	0.33	0.22	0.11	0.02	−0.06
유 럽	0.08	0.01	−0.07	−0.13	−0.16	−0.18	−0.20	−0.22	−0.25	−0.28
라틴아메리카	1.11	0.98	0.86	0.73	0.61	0.49	0.37	0.27	0.17	0.08
북아메리카	0.83	0.79	0.74	0.68	0.59	0.52	0.47	0.45	0.42	0.40
오세아니아	1.42	1.33	1.23	1.12	1.03	0.95	0.88	0.82	0.73	0.65
남 북 한	0.50	0.37	0.28	0.15	0.00	−0.17	−0.32	−0.45	−0.56	−0.64
한 국	0.48	0.32	0.21	0.07	−0.10	−0.31	−0.51	−0.69	−0.85	−0.96
북 한	0.53	0.48	0.41	0.31	0.19	0.08	0.02	−0.03	−0.07	−0.11

− 자료: 통계청(2015), '세계와 한국의 인구현황 및 전망', 2015.7.8

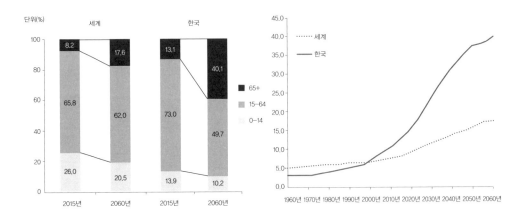

〈그림〉 세계와 한국의 연령별 인구구조 및 고령인구 추계비교

− 자료: 통계청(2015), '세계와 한국의 인구현황 및 전망', 2015.7.8

인구통계, 예외 없는 급전직하의 충격지표

 같은 맥락에서 '국력=인구'가 유효하다면 생산가능인구의 변화도 세계흐름과 비교하는 게 유효하다. 한국은 2018년 생산가능인구가 하락·반전했다. 2017년 3,757만명에서 2018년 3,765만명으로 클라이맥스를 찍은 후 내리막길이다. 15~64세 구간의 인구볼륨이니 생산·소비주체란 점에서 하락반전은 심각한 신호가 아닐 수 없다. 한국은 2015년 해당규모가 세계 10위에서 2030년 115위, 2060년 199위로 급격하게 내려앉는다. 2060년 49.7%로 축소되는데, 이는 인구증가로 고민거리인 개도국보다 낮은 수준이다. 중국조차 동일기간 72.4%에서 57.3%로 감소율이 한국(−23.3%)보다 낮다(−15.1%).

일할 사람은 적고 고령인구가 늘어나면 부양비율은 악화된다. 세계의 총부양비(유소년인구+고령인구/생산가능인구)는 2015년 52.1명에서 2060년 61.4명으로 조금 증가하는 반면 한국은 각각 37.0명에서 101.0명으로 급증한다. 노년부양비(고령인구/생산가능인구)는 더 심각한 지경인데, 동일 기간 세계평균은 12.5명에서 28.3명이지만, 한국은 17.9명에서 80.6명으로 폭증한다. 이들 수치가 2060년 한국보다 높은 곳은 산유국의 소형국가 오만·카타르 등 특수지역 뿐이다. 한편 중위연령도 2015~2060년 세계평균(29.6세→37.3세)보다 한국(40.8세→57.9세)로 급격하게 올라간다. 사실상 한국인을 줄 세우면 환갑 전후가 중간권역에 자리한다는 의미로 역시 전대미문의 수치다.

한국이 인구구조 변화양상과 관련해 세계 평균에 훨씬 못 미치는 걱정스런 의미의 하향선두권에 진입할 것으로 예상되는 최대변수는 출산악화 때문이다. 주목하는 인구통계가 대부분 분자(고령인구)에 집중되지만, 최종수치는 분모(현역인구)의 움직임에서 자유롭지 못해서다. 분모가 어떻게 움직이느냐에 따라 환산결과는 달라지게 마련이다. 즉 분모인 현역인구의 공급체계가 확연히 달라졌다는 게 인구구조의 변화흐름을 쥐락펴락하는 최대원인인 셈이다. 뒤에서 자세히 살펴보겠으나 출산상황의 악화가 고령화율을 비롯해 생산가능인구·부양비·중위연령 등 모든 결과를 지배한다.

정상국가 중 세계 최초 1명 이하 출산율

한국의 출산율(=합계특수출산율)은 주지하듯 굉장히 나쁜 상황이다. 정상국가에선 등장하지 않은 1명 이하를 최초로 뚫은 것도 모자라(2018년 0.98명) 갈수록 더 나빠질 것이란 경고가 끊이지 않는다. 2010-15년 세계평균의 출산율은 2.50명이다. 당연히 과거(1970~75년 4.44명)보다는 줄었으나 여전히 인구유지선(2.1명)을 꽤 웃도는 수치다. 인구증가가 UN의 고민거리인 이유다.

반면 한국은 동일기간 4.21명에서 1.23명으로 급감했다. 감소율은 세계평균(-43.7%)보다 더 심한 −70.7%다. 통계청은 2010~14년 평균치(1.23명)를 당시기준 세계 4위의 저수준이라 추정했지만, 2019년 냉혹한 현실은 이 염려조차 단숨에 기세 좋게 추월했다. 이미 2018년 하위 1위에 랭크됐다. 즉 한국의 출산율은 1970~75년(73위), 1990~95년(26위), 2010~15년(4위), 2018·2019년(1위) 등 시간경과에 따라 갈수록 악화된 신기록을 갈아치운다. 개선될 기미는 아쉽게도 아직은 없다.

출산저하로 인구 공급은 막혔는데, 공급된 인구의 인생살이는 더 길어졌다. 흔히 평균수명으로 오해하는 기대여명(0세 출생자가 향후 생존할 것으로 기대되는 평균연수)[7]의 경우 한국은 다른 인구통계와 달리 위쪽에서 상

---

7 평균수명과 기대수명의 차이가 있다. 자연사만 반영한 경우 기대수명이고, 사고사·자살·병사 등까지 아우를 경우 평균수명으로 본다. 노환 등 자연사만을 따진다는 점에서 기대수명이 평균수명보다 길어진다는 게 특징이다. 다만 한국의 경우 평균수명이든 기대수명이든 모두 세계평균은 물론 OECD평균보다 높은 상황이다.

　　　　　　　　　　　　　　　　　대한민국 인구·소비의 미래

위권에 포진한다. 2010~15년 세계평균은 70.0세인데 한국의 경우 81.3세다. 최근 통계인 2017년 기대수명은 82.7세로 10년간 3.5년이 늘어났다(2017년 생명표·통계청). OECD평균보다 더 높은 장수지표다. 특히 더 오래살기 마련인 여성의 기대수명(85.7세)도 OECD평균(83.3세)보다 높다. 1970~75년과 2010~15년을 비교하면 기대수명의 세계평균은 58.8세에서 70.0세로, 한국은 62.7세에서 81.3세로 약 2배나 더 길어졌다. OECD국가 중에서 특히 여성의 경우 한국보다 오래 살 것으로 추정되는 국가는 일본(87.1세)과 스페인(86.3세) 정도뿐이다.

〈그림〉세계와 한국의 출산율 및 기대수명 추계비교

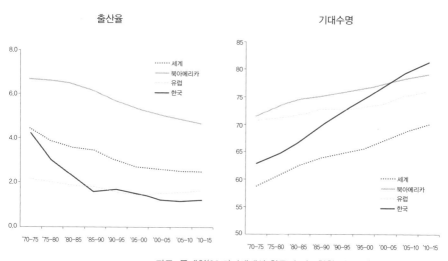

출산율 / 기대수명

- 자료: 통계청(2015), '세계와 한국의 인구현황 및 전망', 2015.7.8.

다양한 인구지표를 통해 한국이 세계 평균과 비교해 어느 지점에 서 있고, 얼마나 빨리 변하는지 등을 간략히 살펴봤다. 요약하면 한국의 인구구조 변화흐름은 비정상이다. 얽히고설킨 문제의 출발지점인 분모(현역인구)량과 직결되는 출산감소가 상상초월의 영역에 내동댕이쳐졌기 때문이다. 세계평균보다 급속히 움직이는데다 구조변화의 평균편차에서도 월등히 벌어져 되돌리기 어려울 정도다. 엇박자 출발이니 이후의 연결된 통계지표도 후속타격을 받을 수밖에 없고, 재차 상황을 악화시킨다. 정부의 공식문건인 인구추계가 신뢰성을 의심 받을 만큼 예측력을 잃어버린 이유다.

잘 모르면 찾아서 묻고 배우는 게 최선이다. 앉아서 끙끙대본들 대개는 해결책을 찾기 어렵고 이럴수록 선행사례는 꽤 유효하다. 앞서 살펴본 것처럼 세계와의 통계비교는 이런 차원에서 적어도 평가 잣대와 기준점을 제공한다. 강조컨대 그럼에도 한국이 뒤를 따라가는 선행사례는 찾기 어렵다. 방향은 따라가도 속도·범위는 꽤 차별적이다. 오히려 외국이 한국을 배워야 할 정도다. 이런 점에서 국제 비교는 신중한 게 좋다. 비슷한 통계수치를 토대로 상황파악 및 정책도출을 위해 접근하려는 동기는 충분히 이해하나, 결국 해당수치에 다다른 경험경로와 문제원점이 다르다면 무용지물이다. 겉모습이 같아도 속 내용은 천양지차인 게 보통이다.

그럼에도 해결책과 관련해선 선행사례의 교훈은 분명 존재한다. 인구감소를 해결과제로 인식하고 이를 풀고자 했던 유사상황의 선행국가에서 제안한 5가지 인구감소 해결방안이 대표적이다. 인구감소, 특히 생산가능인구의 하락위기를 극복하고자 일본을 비롯한 서구선진국은 △출산장려 △정년연장 △이민확대 △경제활동인구 확대 △로봇활용 등 5가지 해법을 적용하고 있다. 국가별로 차별적인 경로의존성에 조응하며 최대효과를 내도록 우선순위를 정하고 정책자원을 투입한다.

가령 출산장려야 기본 토대로 장기지향성이 공통이다. 당장 결과를 볼 수 있는 차원이 아닌 까닭이다. 긴 호흡으로 꾸준한 경제·사회적인 출산환경 개선작업을 진행한다. 이젠 시간이 꽤 지나 출산율이 개선된 북유럽이 대표사례다.

이민확대도 마찬가지다. 인구를 수입함으로써 시간을 벌면서 성장여력을 뒷받침하는 전략인데 미국·유럽 등이 공통으로 활용하고 있다. 난민 쇼크에도 불구하고 적잖은 국가가 이민확대에 동의한다. 정년연장과 로봇활용은 일본에서 자주 거론되는 해결책이다. 특히 로봇투입으로 생산가능인구의 부족분을 채운다는 건 로봇대국 일본으로선 당연한 선택지다.

한국은 한때 경력단절여성의 경제활동인구로의 포섭을 위해 단시간 정규직 등을 시도했었으나, 효과성은 의견이 분분하다. 중요한 건 5가지 인구감소의 대안전략이 범용적으로 유효하며, 여기에 한정할 경우

선행국가의 경험설명서를 잘 보면 일정 부분 벤치마킹이 가능할 수 있다는 점이다.

그럼에도 다시 돌아오면 한국의 인구구조 변화양상은 그 자체가 선행경험이자 선구 모델일 확률이 높다. 경고등이 울렸으나 아직은 위험수위에 닿지 않았다는 점에서 대처 여하에 따라 되레 한국 경험의 해외수출까지 가능하다. 안타까운 건 속도·범위를 볼 때 지체할 여유가 없다는 점이다. 국제 비교로 한국이 어떤 상황인지만 확인하면 그걸로 족하다. 배울 것만 차별적으로 연구하고, 나머지는 한국 상황에 집중할 때다. 그나마의 한국통계도 우리 사회의 평균치일 뿐이다. 이미 지방권역은 인구감소가 불러올 최종적인, 불가역적인 소멸파장이 시나브로 시작됐다. 멀리 갈 필요조차 없다.

인구구조가 야기할 한국의 앞길은 누구도 걷지 않았던 새로운 길이다. 안타깝게도 가시밭길이 예고된 상태다. 변화 압박은 파격적이고 충격적이다. 시간은 없는데 방법도 마뜩찮다. 인구변화는 통제한다고 설득한다고 곧바로 변하지도 않을뿐더러 정책수단이 반영될지도 미지수다. 그만큼 새로운 해결방식이 절실해진다. 한국이 써내려갈 새로운 역사가 성공일지 실패일지는 지금에 달렸다. 반면교사와 벤치마킹이 백짓장 차이이듯 위기와 기회는 늘 접점을 공유하는 법이다. 주사위는 던져졌다. 과연 무엇을 해야 할까.

3. 한국적 인구구조의 변화: 특별 추계의 숨겨진 후폭풍

"슬슬 결혼을 떠올리는 친구들이 나오기 시작해요. 그런데 대부분 아이를 낳겠다는 생각은 안합니다. 자신 없다는 게 입버릇이죠. 인구 추계는 안 맞을 겁니다. 그렇다고 나라를 위해 아이를 낳을 수는 없잖아요. 아이를 낳아 키우기보단 둘이 벌어 잘 먹고 잘 살자는 마인드가 훨씬 많습니다. 애를 낳아 길러볼까도 싶지만, 저와 남편의 소득이 안 따라주면 당연히 포기할 것 같아요(여·28세)."

"잘 모르죠. 관련 뉴스나 기사를 보면 '심각하구나' 느끼는 정도지 일상에서 인구변화를 떠올리진 않잖아요. 정확히는 관심 자체가 없죠. 인구구조가 어떻게 변한지도 모르겠고, 그게 또 야단을 떨 만큼 큰일인가 싶기도 해요. 저랑 크게 상관도 없고요. 주변 반응도 비슷하지 않나요? 그것 말고도 눈앞의 이슈가 얼마나 많은데 언제 영향을 미칠지도 모를 인구변화에 신경 쓰겠습니까(남·42세)?"

인구변화를 둘러싼 일반인의 현실감각이다. 위는 필자의 수업을 듣던 늦깎이 학생인데 생활비도 벌고 경험도 쌓고자 휴학을 반복하며 나이 서른에 가까워서야 졸업을 앞뒀다. 뒤는 대기업 중간간부로 늦게 공부하겠다며 석사과정에 들어온 3인 가족의 가장이다. 이 시대 연령대의 비슷한 고민과 경험을 지닌 평범한 이들이다. 2명 모두 사견이되 정도 차이만 있을 뿐 동의하지 않을 수 없는 내용이다. 실제 다른 이들의 평가·판단도 비슷할뿐더러 개별대응은커녕 위기의식조차 낮다.

안일함 속 예고된 인구폭탄은 째깍째깍

결국 인구문제는 베일에 가린 이슈다. 그때그때 관련이슈가 불거질 때마다 반짝 관심은 갖지만, 지나면 그 뿐이다. 인구변화의 직격탄을 받은 일부산업·업종이 아니면 심각성·후폭풍을 인지하기 어렵다. 더구나 본인생활과 크게 상관없는 테마며, 관련 있다 해도 먼 훗날의 일로 치부하기 십상이다. 과연 그럴까. 아쉽게도 그렇잖다. 인구구조의 변화속도·범위를 볼 때 곧 본격적인 영향을 미칠 현재진행형 위기변수다. 큰 흐름은 이미 시작됐고, 일부는 인구변화가 생존무대에까지 깊숙이 들어섰다.

그럼에도 인구변화는 분석·대응을 가능한 미루고픈 주제다. 워낙 묵직하고 폭넓을뿐더러 뜯어본다고 뚜렷한 확실성의 대처영역이 아닌 까닭이다. 선뜻 들이댔다 본전은커녕 뒷감당조차 쉽잖은 골치 아픈 문제다. 가뜩이나 눈앞의 당면숙제를 해결하기에도 머리 아픈 판에 언제 닥칠지 모를 뒷일까지 염두에 둘 여유는 별로 없다. 정부도, 기업도, 가계(개인)도 매한가지다. 그러니 눈을 감고 미루고 제쳐둔다. 그렇다고 인구폭탄의 시한이 멈춰 설 리는 없다. 최대한 폭탄돌리기를 하겠으나 시한은 쪼여온다. 본인 때만 안 터지면 좋겠으나, 세상사 기대처럼 가지 않는 법이다.

거칠게 표현하면 희망조차 상정하지 말았으면 한다. 인구변화가 본인생활과 무관하지 않아서다. 언제 닥쳐도 이상하지 않을 만큼 인구폭탄의 폭발시점이 성큼 다가온 탓이다. 터지면 충격·파장은 무차별·비배제·비경합적이다. 거대한 장마전선처럼 한국사회를 뒤덮을 광범위한 촉발변수에 가깝다. 예측정보·추계자료조차 손쉽게 파기·초월하는 '한국적'인 인구구조의 변화양상 때문이다. 현재로써 진실은 '위기가 닥친다'는 내용뿐이다. '언제'라는 시점까지 정확히 알 수는 없다. 다만 방향과 시점이 점차 한곳으로 조여 온다는 점은 확실시된다. 이때 포인트는 예상보다 '더 빨리'로 압축된다.

2019년 3월의 특별 추계에 담긴 뜻

인구구조의 '한국적' 변화양상은 도발·충격적이다. 뒤에서 살펴보겠지만 한국의 인구변화는 정부추계는 물론 민간예측까지 무용지물로 만들만큼 단기간에 급박하게 진행 중이다. 선행국가는 물론 인류 이래 미증유(未曾有)의 인구구조가 예고된 상태다. 아직은 변화경로 중이지만, 이대로라면 한국 사회의 지속가능성은 심각하게 훼손된다. 700년 후로 예고된 한국인 제로(0)[8]의 인구소멸도 앞당겨질 전망이다. 덜 낳고 더 사는데 저성장마저 고착되면 재정·조세·복지 등 기존제도는

---

8 문화일보, '지금처럼 낳다간 2750년 인구 '0', 한국소멸', 2015.02.06. 데이비드 콜먼(David Coleman·옥스포드대) 교수가 한국을 인구소멸 1호 국가로 지명한 건 2006년 일이다. 당시 출산율은 1.12명으로 2018년(0.98명)보다 높았으며, 추정컨대 소멸연도를 추계할 당시 출산율은 더 높은 수치를 넣었을 개연성이 크다. 실제 국회입법조사처가 1.19명(2014년 출산율)을 넣어 계산한 결과 콜먼 교수의 예고시점과 비슷한 2750년이 한국소멸로 제시됐다.

붕괴될 수밖에 없다.

'한국적' 인구특성·구조변화는 이례적인 정부의 공식 이벤트(?)까지 촉발했다. 바로 '장래인구특별 추계:2017~2067년'의 발표다. 정기·정례적인 발표라면 '장래인구추계'인데, 중간에 '특별'이란 단어를 삽입한 보고서를 내놓은 것이다. 장래인구추계는 5년 주기로 작성하는 게 그간 원칙이었다. 그렇다면 2016년 다음은 2021년이다. 그런데 굳이 2019년에 앞당겨 특별 추계를 발표한 이유는 과연 뭘까. 공식입장은 "최근 초저출산 상황을 반영해 특별 추계를 공표한 것[9]"이란 게 전부다. 무미건조·간단명쾌한 입장이다. 다만 뜯어보면 여유롭기는커녕 절박함이 켜켜이 묻어난 분석결과에 가깝다.

요약하면 추계내용이 현실상황을 반영하지 못했기 때문이다. 실제숫자가 많이 달랐기에 비난·질타가 잇따랐다. 이를 토대로 장래계획까지 세웠다면 더더욱 큰일인 게 조세·연금·복지 등 삶을 지배하는 각종 제도의 지속가능성이 뒤틀릴 수밖에 없어서다. 통계란 게 정확·엄밀성이 생명인데, 2016년 공식추계가 50년 후가 아닌 불과 2~3년 만에 괴리를 일으켰다면 문제가 아닐 수 없다. 물론 전제조건·태도변화·시간경과 등에 따라 추계 결과의 불확실성이 커지는 건 당연지사다.

그럼에도 문제는 정도껏이다. 특별 추계를 할 정도로 심각한 뒤틀림

---

9   통계청(2019), '장래인구특별 추계: 2017~2067년', 2019.3.28.

이 생겼다면 근본적인 방식개혁이 필수다.[10] 현재로선 2021년부터 추계 주기를 5년에서 2년으로 줄이겠다는 방침이다. 인구구조의 급변을 인정한 조치로 늦은 감이 없잖지만 그래도 옳은 결정이다. 과거의 관성·타성에서 벗어나 현실변화를 반영하려는 변화결정은 바람직하다. 이렇듯 현실반영에 충실한 통계가 전제될 때 인구변화의 체감상황이 공유·확산되고, 이를 토대로 대화·양보·타협을 통한 지속가능성의 고민도 비롯된다.

출산율 0.98명보다 더 떨어질 감소경고

이례적인 2019년판 특별 추계의 고민지점은 예측을 뛰어넘은 초저출산에서 시작된다.[11] 2016년 정례추계 때 반영한 2065년까지 저위출산율이 1.07~1.12명[12]이었는데, 2018년 현실은 0.98명까지 떨어지며 그 신뢰도·정확도에 의문이 생긴 결과다. 최악의 저위시나리오(1.07명)보다도 더 낮게 떨어졌으니 이후의 50년은 두말하면 잔소리다. 급격한 저출산이 애초 예상을 깬 흐름이라 현실반영의 특별 추계를 하지

---

10   한국일보, "국가통계 기초인데… 근거 빈약한 '인구추계'", 2019.04.10. 장래인구추계 결과를 두고 근거가 허술하거나 반쪽자리 추계라는 지적이 많다. 지나치게 단순한 현재의 추계방식을 훨씬 정교화해야 한다는 지적도 있다. 인구추계의 심리적 파급력 등을 감안하면 좀 더 구체적이고 설득적인 추계가 바람직하다는 의미다. 통계청은 재정·연금 등을 추계할 때는 경기변동 등을 별도로 고려하기에 인구추계에 이를 먼저 반영할 이유가 없다는 입장이다.

11   한겨레신문, "예상 못한 '합계출산율 0.98'…통계청, 2년 만에 특별 추계", 2019.03.28

12   통계청(2016), '장래인구추계: 2015~2065', 2016.12.18

않을 수 없었다는 의미다. 결과에 따르면 2016년과 2019년 추계차이는 자연감소(2029년→2019년), 인구정점(2031년→2028년) 등 거의 모든 항목에서 도달 연도가 앞당겨졌다.

그렇다면 2019년판 특별 추계는 달라진 엄밀한 출산현실을 반영한 결과일까. 2018년 0.98명의 충격적인 출산율을 염두에 둔 탓인지 2016년판보다는 꽤 비관론에 가깝다. 2020~67년에 걸쳐 출산율의 저위 시나리오 범위는 0.81~1.10으로 집계된다. 물론 실제추계는 중위(기본추계)범위인 0.90~1.27명이다. 즉 2019년판 특별 추계에서 향후 50년의 적용가설은 0.90~1.27명이란 뜻이다. 문제는 그간 실제수치가 중위보다 저위에 가까웠고, 또 출산율이 2019년 4월 현재 37개월째 최저기록(전년동월대비 출생아 수는 41개월 연속감소)[13]을 경신 중이란 점에서 재고의 여지가 있다.

그렇다면 2019년 중위추계 출산율 0.94명을 지켜낼지가 관건인데, 사실상 불가능에 가깝다. 2018년 5~12월 임신이 확인돼 2019년 출산이 예정된 숫자가 잘해야 30만명이거나 29만명대까지 떨어질 것으로 추정된다. 황금돼지해라 회복될 걸로 봤지만 더 낮아진 셈이다.[14]

---

13 통계청(2019), '2019년 4월 인구동향', 2019.06.26. 특히 2019년 4월 출생아(2만6,100명)는 전년 동월보다 1,700명이 줄어든 수치며, 1981년 통계집계 개시 이래 가장 적은 수치로 기록됐다.

14 조선일보, '황금돼지해라는데… 신생아 30만명 깨질 판', 2019.05.13. 참고로 2018년 출생아수는 32만6,900명이다. 2019년은 30만명이 사실상 마지노선으로 규정되며, 각종정책이 총동원됐다. 다만 2018년 5~12월 임신확인서를 받아간 임산부는 24만2,218명으로 2017년 동일기간(26만2,217명)보다 1만9,999명이 줄었다. 그렇다면 2019년 출생아수는 29만명대로 떨어질 가능성도 제기된다.

〈표〉 2016년 및 2019년 장래인구(특별)추계 결과비교

지표		2016년 추계		2019년 추계		차이('19-'16)	
합계출산율 (명)	2017년	1.20		1.05		−0.15	
	2030년	1.32		1.14		−0.18	
	2050년	1.38		1.27		−0.11	
기대수명 (세, 남/여)	2017년	79.5 / 85.6		79.7 / 85.7		0.2 / 0.1	
	2030년	82.7 / 87.8		82.6 / 87.7		−0.1 / −0.1	
	2065년	88.4 / 91.6		88.3 / 91.5		−0.1 / −0.1	
	2067년			88.5 / 91.7			
국제순이동 (천명)	2017년	72		191		119	
	2030년	33		37		4	
	2065년	32		35		3	
	2067년			35			
총인구 (천명, 성장률)	2017년	51,446	(0.39)	51,362	(0.28)	−84	(−0.1)
	2030년	52,941	(0.07)	51,927	(−0.03)	−1,014	(−0.1)
	2065년	43,024	(−1.03)	40,293	(−1.24)	−2,731	(−0.2)
	2067년			39,294	(−1.26)		
	인구정점(연도)	52,958 (2031년)		51,942 (2028년)		−1,016	(−3년)
15~64세 인구 (천명, %)	2017년	37,620	(73.1)	37,572	(73.2)	−48	(0.0)
	2030년	33,878	(64.5)	33,947	(65.4)	70	(0.9)
	2065년	20,620	(47.9)	18,503	(45.9)	−2,116	(−2.0)
	2067년			17,842	(45.4)		
65세 이상 인구 (천명, %)	2017년	7,076	(13.8)	7,066	(13.8)	−9	(0.0)
	2030년	12,955	(24.7)	12,980	(25.0)	24	(0.3)
	2065년	18,273	(42.5)	18,570	(46.1)	297	(3.6)
	2067년			18,271	(46.5)		
0~14세 인구 (천명, %)	2017년	6,751	(13.1)	6,724	(13.1)	−27	(0.0)
	2030년	6,109	(11.6)	5,000	(9.6)	−1,109	(−2.0)
	2065년	4,132	(9.6)	3,221	(8.0)	−911	(−1.6)
	2067년			3,181	(8.1)		
총부양비 (노년부양비)	2017년	36.8	(18.8)	36.7	(18.8)	0.0	(0.0)
	2030년	56.3	(38.2)	53.0	(38.2)	−3.3	(0.0)
	2065년	108.7	(88.6)	117.8	(100.4)	9.1	(11.7)
	2067년			120.2	(102.4)		

 − 자료: 통계청(2019), '장래인구특별 추계: 2017~2067년', 2019.3.28.

(단위 : 가임여성 1명당 출생아 수)

	2017	2020	2025	2030	2035	2040	2045	2050	2055	2060	2065	2067
중위	1.05	0.90	1.00	1.14	1.22	1.27	1.27	1.27	1.27	1.27	1.27	1.27
고위	1.05	1.06	1.23	1.38	1.44	1.45	1.45	1.45	1.45	1.45	1.45	1.45
저위	1.05	0.81	0.84	0.97	1.03	1.09	1.10	1.10	1.10	1.10	1.10	1.10

－ 자료: 통계청(2019), '장래인구특별 추계: 2017~2067년', 2019.3.28.

특별 추계의 숨은 뜻은 다양하고 광범위하다. 당장은 한국사회의 흔들리는 지속가능성을 공유·확산함으로써 더 이상 미루지 않고 50년짜리 미래의 국가계획을 수정·재검토하는 계기로 활용된다. 사실 이게 제일 큰 의의다. 재정부터 교육·세제·복지개편은 물론 사회제도·산업구조·행정체계를 재구축하는 모태변수로 작용하는 까닭이다. 앞으로 인구가 이렇게 바뀔 테니 사전에 해당변화를 반영해 지속가능한 시스템으로의 개혁순위·재편방향을 잡는 출발지점이란 게 인구 추계의 본뜻이다.

이런 점에서 2018년 0.98명의 충격적인 출산율은 상당한 의미를 갖는다. 인구폭탄을 둘러싼 그간의 수많은 경고에도 불구, 별다른 위기의식도 대책내용도 없던 흔하지 않은 나라가 특별 추계의 발표를 비롯해 관점을 바꾸고 개혁에 나서는 채찍이 될 수 있어서다. 일본만 해도 출산율 1.57명(1989년)일 때 이를 '1.57쇼크'라는 비상사태로 명명, 본격적인 해결작업에 착수했다. 물론 투입자원 대비 성과도 그만그만한 지난한 경험이자 본격적인 사회갈등의 원류로도 작용했다. 그럼에도 늦었지만, 반갑다. 앞으로 몇 년은 특별 추계 덕에 인구구조의 변화가 핫이슈로 부각될 게 확실시돼서다.

특별 추계는 더 거둘 복지개혁의 신호탄

다만 아쉽게도 특별 추계를 보면 개혁대상이 모두 일반 국민의 생활문제와 직결된다. 장기재정·연금정책 등 수요 부응을 위한 자료인 까닭에 특별 추계 그 자체가 다양한 개혁추동의 출발자료일 수밖에 없다. 벌써 후폭풍은 시작됐다. 한때 불거졌다 수면 아래로 가라앉은 정년연장이 그렇다. 특별 추계 발표 이후 약속이나 한 듯 다양한 정부 등 이해관계자로부터 정년연장의 불가피성이 강조된다. 수명연장에 맞춰 오래 일하는 게 당연하다 싶겠지만, 쉽잖은 게 정년연장의 파급력이 넓고 깊어서다. 고용관행은 물론 공적연금 수급연령과 맞물려 수많은 개혁과제와 연동되기 때문이다.

다만 정년연장은 포문을 연 이슈에 불과하다. 다른 거대담론에 비하면 공감도 많고 개혁도 쉬운 이슈다. 정부로선 대의도 있는데다 부담은 적고 효과는 크다. 반대 이유보다 연장 근거가 더 많다. 선진국도 그랬다. 문제는 그 다음의 연결과제다.

여론몰이든 공감확대든 정년연장은 후속개혁의 맛보기다. 가령 '저부담·고급여→고부담·저급여'로의 복지개혁을 위한 사전조정 차원의 이슈다. 즉 이대로 적게 내고 많이 받는 공적연금은 옛말이 됐다. 가뜩이나 후속 세대가 출산감소로 줄어드는 판에 베이비부머 등 연금수급자는 급증하니 연금재정이 악화되는 건 시간문제다. 최대한 버텨내려니 연금수급기를 늦추는 게 좋고, 그러자니 그때까지 일하도록 환경조성이 필요하고, 그 결과가 정년연장의 환경조성으로 압축된다. 늦게 주자니 더 일하도록 하자는 의미다.

연금개혁만으로 끝나지는 않는다. 덜 주고 더 받는 구조로의 복지시스템 개혁압력은 현행처럼 인구변화가 계속되면 한층 심화될 전망이다. 한국이 자랑하는 저렴한 건강보험 창구비용은 물론 납부금액도 더 높아질 수밖에 없다. 내는 사람은 적은데 제도를 유지하자면 부담을 늘리는 수밖에 없잖은가. 결국 정년연장은 복지개혁의 출발일 뿐이다. 당장 몇 년 안에 '정년연장→연금개혁→보험개편→세율인상'의 흐름이 예상된다.

넓게는 사회보장을 필두로 행정, 재정, 경제, 금융, 교육 등 거의 모든 구조개혁의 정당성을 제공하는 모태통계가 특별 추계라 해도 과장은 아니다. 이로써 인구구조의 변화를 알아야 하는 이유는 특별 추계의 진실과 파장만 확인해도 충분히 설명된다.

제2장

한국의 인구변화 5대 관전 포인트

1. 예측무용의 변화속도

'Dynamic Korea'

한때 한국의 관문 국제공항에 내걸렸던 슬로건이다. 'Sparkling Korea'와 함께 한국을 규정하는 상징문구로 회자된다. 다소 느닷없지만, 이 단어야말로 한국사회의 급격한 인구변화를 해석해낼 수 있는 원인이 아닐까 싶다. 개인적인 가설이되 역동적 국민성이 인구구조의 급변에 영향을 끼쳤을 것이란 추정이다. 곰곰이 되짚어 봐도 이것 말고는 한국의 인구급변을 설명할 뾰족한 배경은 없다.

인구구조의 단기급변은 주지하듯 한국만의 차별 지점이다. 다른 선행국가도 유사경로를 걸었지만 한국만큼 구조변화가 파격·충격적이진 않다. 인구 추계만 해도 방향은 맞았어도 속도·범위는 허용편차를 완벽하게 벗어났다. 구조변화의 직접원인(分母)인 출산감소만 봐도 그렇다. 고성장을 끝낸 먹고살만한 국가에선 출산감소가 자연스럽지만, 그 흐름은 시간경과에 맞춰 완만하게 진행되는 게 보통이다. 출산이란 게 소득환경 등 외부영향도 받지만, 종족번성이란 인류본능이란 점에서 거스르기 힘든 선택인 까닭이다. 웬만한 상황악화가 아니고선 저지선이 견고할 수밖에 없다.

국민이 택한 동서고금·전대미문의 충격지표

그럼에도 한국은 달랐다. 한국의 인구변화는 예측무용의 속도·범위에서 가장 독특·차별적인 특징을 갖는다. 동서고금(東西古今)을 통틀어 가히 전대미문(前代未聞)의 획기적인 인구변화가 펼쳐지는 현장이 한국이다. 그 이유가 궁금한 건 당연지사다. 필자도 꽤 자주 듣는 질문거리인데 속 시원한 답은 찾기 어렵다. 예측치를 넘어서는 인구변화는 결국 심증은 있으나 물증이 없다. 포괄적인 상관관계는 있는데 직접적인 인과관계란 어렵다. 선진사례도 마찬가지다. 출산감소를 뒷받침하는 다양한 설명변수에 동의하지만, 그래도 '이토록 가파른 이유'는 충분히 설명되지 않는다.

그래서 내린 결론이 한국사회 특유의 역동적인 에너지다. 출산카드의 거래비용·기회비용이 급격하게 마이너스로 치닫는데다, 이로써

'출산=손해'라는 인식이 청년세대를 중심으로 필요이상 신속·과감하게 전달·공유된 결과로 보인다. 본능과 현실 사이에서 대부분의 청년세대는 자가발전적인(?) 논리개발·공감확대로 출산파업에 나선 셈이다. 이게 인구유지선(2.1명)을 깨고 인구위기선(1.3명)까지 하향돌파하며 사실상 특정 규모를 갖춘 정상국가에선 사상최초로 1.0명 이하로 출산율을 떨어뜨린 배경이다.

문제는 앞으로다. 국민성이란 게 쉽게 안 변한다고 전제하면 출산감소는 당분간 지속될 수밖에 없다. 출산환경을 가름할 경제·소득환경이 개선되지 않고, 출산파업의 경제효과가 유지된다면 상황악화는 기정사실이다. 그렇다고 역동적인 국민성[1]이 쉽게 줄어들 여지도 낮다. 선진국에선(OECD 등에선 한국을 선진국에 포함시킴) 드물게 단기간에 불같이 일어난 광장여론(=촛불혁명)이 국가권력(2017년)까지 교체시킨 전례를 볼 때 한국의 국민 에너지는 꽤 건재하며 지속적이다. 국가대항 스포츠경기 때 단일공간에 수백만이 모이는 응원행렬도 선진국에선 찾아보기 어렵다.

---

1 김규종 외(2011), 『다이내믹 코리아를 찾아서』, 경북대학교출판부, 책 소개 부문. "'다이내믹 코리아'는 언제부턴가 21세기 대한민국을 규정하는 용어로 자리 잡았다. '역동적인 대한민국'이란 뜻으로, 여러 가지 해석이 가능한 흥미로운 용어. 한편으로 생각하면, 한국에서는 사회변화가 상상하기 어려울 정도로 신속하고 다채롭게 발생한다. 달리 생각해보면, 사람들의 심지가 굳지 못해서 쉽게 끓어오르고 이내 식어버린다는 뜻도 이 말에 담겨 있다. 그럼에도 불구하고 '역동성'의 핵심은 힘과 움직임이다. 마냥 앞으로 치고 나가는 파괴력과 진취적인 기상이 역력하게 느껴진다. 반면에 차분하고 진중한 자세는 완전 결석이다. 무엇인가 깊이 있게 숙고하고 반성하는 것과 한국 사회와 한국인은 거리가 멀다는 얘기다."

파격적인 출산감소가 야기한 인구변화의 핵심특징은 '한국화 (Koreanization)'로 명명, 연구대상이 될 날도 머지않았다. 국민성을 알면 특정 이슈의 구조변화를 해석하는 데 도움이 된다. 대부분의 집단구 성원이 공통적으로 가지는 성격(Erich Fromm · 1942)이 국민성이면 그들의 공통경험 · 인식이 생활양식의 변화를 추동하기 때문이다.[2] 출산감소도 시대변화를 반영해 생존에 가장 적합한 한국식 표준(Standard)으로 체계화될 수 있다. 공통의 문제인식이 외형적인 행동패턴으로 연결될 수밖에 없어서다.

한국은 에너지가 넘치는 나라다. 넘치는 열정 속에 흥과 정이 가득하다. 사회이슈에의 관심 · 애정 · 참여도 높다. 한일 이슈처럼 감정적인 국가사안은 개인사보다 앞선 에너지를 발휘한다. 해외에선 믿지 못할 놀라운 에너지다.

좋은 뜻이든 나쁜 의도든 역동성으로 요약되는 한국인의 국민성은 심히 차별 · 독보적이다. 그들 눈엔 희한하고 신기한 국민성이다. '빨리빨리'란 말처럼 급한 성격으로 소문난 탓에 뭣이든 신속하고 정확하다. 예상을 깬 단기 · 압축의 고도성장도 그 덕분이다. 반면 잦은 과민반응은 한계다. 레밍효과처럼 대세라고 판단하면 쏠림현상도 심화된

---

2 김병환 외(2013), '고등학교 도덕 교과서에 나타난 국민성 연구', 도덕윤리과교육 제38호, 한국도덕윤리과교육학회. pp.175-176

다.[3] 이런 DNA가 출산감소 트렌드에 흡수됐을 혐의가 짙다. 이때 역동성은 적어도 인구변화에선 악영향일 수밖에 없다. 삶의 질서를 규정하는 파워풀한 패러다임이 "낳지 말자"는 출산파업을 지지한다면 상황 개선은 기대하기 어렵다.

한국의 인구변화는 예측치를 훌쩍 뛰어넘는다. 웬만하면 세계기록을 스스로 갱신하는 신기록 보유국가다. 2위권과도 거리가 현격한 독보적인 1위다. 선두권에 들어섰다 싶다가도 순식간에 2~3위를 따돌리고 1위를 지켜낸다. 운동경기였다면 더할 나위 없겠다. 아슬아슬하지 않은 안정권의 1위 자리는 인구 랭킹에도 안착된 듯하다. 해외사례를 배울 게 아니라 우리가 가르칠 수준이다. 적어도 인구변화에서 한국의 경험경로는 곧 세계 최초의 역사개척이다. 통계가 존재하는 동서고금의 어떤 사례도 안 걸어본 길을 뚜벅뚜벅 걸어간다. 냉엄한 현실이되 당연히 자랑할 일은 못된다.

출산파업은 한국적 표준모델 패러다임?

앞에서 살펴봤듯 예측을 초월한 미증유의 속도·범위는 다양하게 확인된다. 출산율부터 총인구, 생산가능인구, 부양비율, 고령화비율, 기대수명, 도시화율(사회이동) 등 인구통계의 대부분 항목에서 독보적인

---

3 http://blog.naver.com/PostView.nhn?blogId=daramjuo&logNo=220904960681(검색일: 2019.8.5.) 한국인의 국민성과 관련된 다양한 평가내용은 여기에 잘 정리됐다.

속도·범위로 파격·충격적인 흐름을 보인다. 쉽게 말해 물구나무를 선 듯 가분수의 불안정한 한국사회를 예고한다. 지속가능한 건강한 사회라면 진분수가 바람직한데, 한국은 '분자(고령세대)/분모(후속세대)'의 가분수로 치닫는 형국이다. 현존 예측으로는 그래도 분수값이 1을 넘기질 않을 듯하지만, 국민적 역동성을 보건대 안심할 일은 아니다. 지금껏 예측·추계도 빈번하게 벗어나지 않았는가.

정부추계는 현재를 토대로 계산된다. 민간예측도 마찬가지다. 현재상황이 지속될 것을 전제로 중위치를 산출하고, 약간의 낙관·비관을 가세해 고위·저위치를 뽑아낸다. 하지만 추정된 현재상황이 급격히 변하면 결과는 무의미하다. 기울기는 더 급해질 수밖에 없다. 핵심인자인 출산동향은 이미 예측 레일을 벗어났다. 2019년 4월 기준 출생아 수는 37개월 연속 최저치를 기록했고, 전년동월대비 감소로는 41개월째 연속이다.[4] 이렇게 되면 2019년 출산율(중위추계 0.94명)도 고전할

---

4 통계청(2019), '2019년 3월 인구동향', 2019.5.29. 및 통계청(2019), '2019년 4월 인구동향', 2019.6.26. 2019년 3월 출생아수(2만7,100명)는 전년동월(3만명)대비 약 3,000명이 줄었다. 사망자수도 줄었지만(2만5,300명→2만4,900명), 출산아수가 더 크게 줄어 자연증가(출생아-사망자)는 2,200명에 그쳤다. 2018년 3월의 자연증가는 4,700명이었다. 4월 출생아수(2만6,100명)도 역대최저를 기록해 37개월째 최소기록을 경신했다. 전년동월보다 1,700명이 줄었다. 전년동월대비 출생아수는 이로써 2015년 12월부터 41개월 연속 감소행진 중이다.

수밖에 없다.[5] 통계란 게 참고사항이지 모범답안이 아닌 이유다. 즉 숫자만으로 미래를 읽으려는 건 백미러를 보고 운전하는 것과 같다는 증시격언처럼 신기록 제조국 한국에서 인구전망은 그만큼 설득력이 낮다.

예측무용의 인구변화는 둘로 나뉜다. 속도는 양의 감소, 범위는 질의 변화로 요약된다. 양은 인구감소세 속의 세대·연령별 구성변화를 뜻한다. 자연감소(출산-사망)·사회감소(전입-전출)가 서로 연결·순환돼 전체의 양에 영향을 미친다. 즉 익히 아는 급격한 속도의 인구감소로 규정된다. 질의 변화는 인구 자체의 속성과 관련된다. 인구감소 중 그나마 구성인구의 세대성격·연령특징이 과거와 달라졌기 때문이다. 어제의 노인과 오늘의 노인이 다르듯 오늘의 중년과 내일의 중년도 신체능력·소득상황·기대수준·가치지향 등이 완벽하게 구분돼 기존의 상식·고정관념은 안 통한다는 뜻이다. 덩치가 줄어드는 와중에 내용마저 달라지는 새로운 미래사회의 개막인 셈이다.

---

5 통계청(2019), '2019년 3월 인구동향', 2019.5.29., p.2-4. 출산해도 첫째아를 낳는 시간은 더 길어졌다. 2017년 1.97이 걸렸는데, 2018년엔 2.12년으로 늘어났고, 2019년 1분기는 다시 2.26년으로 늘어졌다. 둘째아도 지연출산은 마찬가지 현상이다. 시도별 합계출산율도 예외없이 모든 지역에서 감소했다. 2017년 1.05명에서 2018년 0.98명으로 줄었는데, 2018년의 경우 분기별로 내리감소세를 보였다. 각각 1.08명, 0.98명, 0.95명, 0.88명의 감소세다. 2019년 1분기(1.01명)가 높아 보이지만, 하반기로 갈수록 출산율이 준다는 점에서, 그리고 2018년 1분기(1.08명)보다 낮다는 점에서 2019년 출산율도 걱정스런 수준이다.

2. 가족구성의 일탈추세

가족변화는 연구대상이다. 학계의 뜨거운 감자로 급부상했다. 늘 변하는 게 가족구조라지만, 최근의 한국식 가족변화가 꽤 역동적인 이유에서다. 해체·변화의 폭이 워낙 넓고 깊어 기존방법을 이용한 가족연구의 적합성까지 논란거리다. 실제 뇌리 속에 남은 이상적인 '정상가족'이 설 땅을 잃어버린 판에 이를 토대로 분석하는 건 한계가 많다. 요약하면 가족변화의 결론은 개인화와 다양화다. 개인화[6]가 짙어지는 와중에 가족구성이 다양화된다는 중첩의미다. 다양화[7]는 핵가족을 넘어선 가족분화에서 목격된다. 통상적인 가족개념을 뛰어넘은 범위·경계의 붕괴 속에 가족을 둘러싼 가치관의 변화는 결혼관·자녀관까지 파장을 미치며 세분화된 다양성의 근거로 활용된다.

그럼에도 가족은 여전히 대세다. 숫자를 봐도 가족구성파가 압도적이다. 갈수록 가족부담·폐단이 가중되면서 가족이탈파가 늘어나는 추

6　김은정(2016), '변화하는 가족과 가족연구의 새로운 방향에 대한 모색', 사회사상과 문화 Vol.19 No.3, pp.147-190. 급격한 사회변화로 '가족 내의 개인→개인 내의 가족'으로 시점이 바뀌었다는 점에서 가족변화의 포인트로 개인화를 꼽는다.

7　서선희(2017), '적응인가, 위기인가?: 현재 한국 가족의 변화를 어떻게 해석할 것인가?', 한국가족자원경영학회지 통권 제21권 4호, pp.17-33. 2000년대 이후 인구통계학적 자료를 토대로 한 가족구조의 행태변화를 연구한 결과를 종합하면 '다양성'이다. 한국적 가족변화를 설명하는 압축개념이 가족형태의 다양화다. 평가는 긍정론(사회변화에 적응한 가족변화)과 부정론(해체와 붕괴의 가족위기)으로 나뉜다.

세지만, 가족 유형의 다양화가 이를 흡수하며 가족구성을 지지한다. 실제 가족이탈파의 핵심인구인 청년세대도 상황곤란과 여건악화가 문제지 상당수는 가족을 원한다는 게 정설이다. 가령 결혼도 하고 싶지만 못한다는 게 냉정한 원인분석이다.

다만 '결혼희망·현실포기'는 대단히 위험한 갈등지점이다. 아직은 다양한 가족 형태가 흡수장치로 존재하지만, 가족포기를 부채질하는 상황악화가 지속되면 가족 자체가 유지될 수 없어서다. 인구변화의 중간기착지가 가족포기라면 최종종착지는 인구소멸·사회절멸일 수밖에 없기 때문이다.

가족해체가 가족포기로, 그 다음은?

'인구변화→가족변화'는 연구대상만이 아니다. 알면 좋은 그저 그런 단편지식이 아닌 앞날의 패러다임을 읽어낼 생존무기에 가깝다. 삶의 전반에 포괄적이고 광범위한 변화된 룰을 요구해서다. 개별인구의 생활을 넘어 사회제도의 표준이 재설정됨을 내포한다. '개인→가족→지역→사회→국가→해외'의 순환 고리를 감안할 때 개인의 인식변화는 가족구성의 변화에서 그치지 않을 뿐더러 사회전체에 파장을 미치는 법이다. 그만큼 절실하고 결정적인 정복대상이 가족변화, 곧 인구변화일 수밖에 없다.

가족변화는 핵의 붕괴다. '부부+자녀'로 구성된 근본단위이자 확대재생산의 기본단위인 핵의 붕괴는 사회기반을 뒤흔든다. 작게는 생활방식이 흔들리고, 크게는 제도구조가 뒤바뀐다. 이대로라면 위기에 가까운 대형변수다. 축이 흔들리고 핵이 무너지면 기존의 인생전략·생애모델도 설명력이 훼손된다. 부모 세대의 경로를 따라가서도, 선배 세대의 모델을 따라 해서도 곤란해진다. 역시 미증유의 새로운 길이다. 생소하고 불안하며 외롭지만, 달라진 가족변화에 맞춰 민첩하고 영리하게 대응하는 수밖에 없다.

급격한 인구변화의 출발은 급격한 출산감소에서 비롯된다. 후속세대(분모)가 줄어드니 고령인구(분자)가 그대로라도 분수값은 역전될 수밖에 없다. 고령화발 인구구조의 비중변화다. 출산감소는 이전단계인 결혼감소 때문이다. 결혼이 적어지니 출산도 줄어드는 구조다. 한국처럼 혼외(동거 포함)출산이 금기시되는 환경에서 출산은 곧 결혼과 정비례한다. 적어도 자녀출산은 기혼부부에게만 허용되는 셈이다. 그렇기 때문에 결혼하지 않는 한 자녀출산을 기피한다. 물론 혼외자(婚外子)도 있다. 엄격한 사회적 편견·차별 속에서 투명인간 취급을 받지만, 1.9%(2014년)의 혼외자가 있다. 출생자 100명 중 2명인 셈이다. OECD 최저비율[8]이다. 그나마 늘어나는 수준이다(2000년 0.9%).

---

8 통계청·통계개발원(2018). '한부모가구, 미혼모·미혼부 특성'. 2018.10.1. 한국의 혼외자 출생률은 OECD 최저수준이다. 2014년 기준 일본(2.3%)은 물론 동거문화가 일반적으로 정착된 프랑스(56.7%), 스웨덴(54.6%)에 비해 턱없이 낮은 실정이다. OECD 27개국 평균 혼외자 출생률은 40.5%다.

그렇다면 가족구성의 정식관문인 결혼은 왜 기피될까. 만혼(晚婚)을 넘어 비혼(非婚)까지 확산되는 이유를 일일이 거론할 필요는 없다. 굳이 설명하지 않아도 삼척동자조차 다 아는 전국민의 상식이 아니던가. 요컨대 결혼카드의 경제정합성이 확연히 줄어들어서다. 돈도 꿈도 없는데 가족은 언감생심이다. 상황이 이렇다면 가족해체는 틀렸다. 선구성·후해체가 논리적인데 구성이 없는데 해체될 리 없다. 가족해체에서 가족포기의 시대 개막인 셈이다. '졸업→연애→결혼→출산→양육'의 컨베이어벨트시스템이 결혼에서 멈춰선 것이다. 출산·양육을 통한 2차 가족구성은 단절될 수밖에 없다.

이로써 4인 가족은 옛말이 됐다. 끈끈한 핏줄연대로 구성된 4인의 부모자녀 가족유형은 더 이상 표준모델이 아니다. 한때 전형적인 가족모델로 평가되며 가족을 떠올릴 때 상징적인 이미지로 안착된 '부부+자녀(2인)'의 정다운 모습은 온데간데없다. 출산율이 2.1명 밑으로 내려앉은 원년(1983년)에서 36년(2019년 기준)이나 흘렀으니 사실상 상당한 연배의 기성세대부터 두자녀의 4인 가족은 줄어들기 시작했다. 여전히 '가족모델'로 구글링을 하면 '부부+자녀(2인)'의 이미지가 대부분이지만, 엄밀하게는 현존의 가족변화를 반영하지 못한 결과다. 만들어진, 길들여진 이미지일 따름이다.

그렇다면 이를 뒷받침하는 통계를 보자. 인원수별 가구비중(2017년)을 보면 4인은 17.7%에 불과하다. 1위는 1인(28.6%)이고, 그 뒤를 2

인^(26.7%)과 3인^(21.2%)이 따른다. 단순히 4인으로만 조사해 '부부+자녀^(2인)'를 특정하진 않았으나, 추정키에 최다유형일 확률이 높다. 추세를 보면 4인 가족은 내리 감소세다. 2000년과 2017년을 비교하면 '31.1%→17.7%'로 절반가량 줄었다. 이와 달리 1인^(15.5%→28.6%), 2인 ^(19.1%→26.7%), 3인^(20.9%→21.2%) 모두 정도 차이는 있지만, 증가세다. 특히 1인 가구가 2배나 급증했다. 당연한 흐름이나, 5인 이상의 대가족은 '13.4%→5.8%'로 1/3 가까이 급감했다. 즉 4인 가족은 이제 표준모델일 수 없을뿐더러 시급한 수정대상일 수밖에 없다.

〈표〉 일반가구 가구원 수별 가구규모 변화추이

구분		2000년	2005년	2010년	2015년	2016년	2017년
일반가구 (100.0)		14,312	15,887	17,339	19,111	19,368	19,674
		(100.0)	(100.0)	(100.0)	(100.0)	(100.0)	
가구 원수 (%)	1인	2,224	3,171	4,142	5,203	5,398	5,619
		(15.5)	(20.0)	(23.9)	(27.2)	(27.9)	(28.6)
	2인	2,731	3,521	4,205	4,994	5,067	5,260
		(19.1)	(22.2)	(24.3)	(26.1)	(26.2)	(26.7)
	3인	2,987	3,325	3,696	4,101	4,152	4,179
		(20.9)	(20.9)	(21.3)	(21.5)	(21.4)	(21.2)
	4인	4,447	4,289	3,898	3,589	3,551	3,474
		(31.1)	(27.0)	(22.5)	(18.8)	(18.3)	(17.7)
	5인 이상	1,922	1,582	1,398	1,224	1,200	1,142
		(13.4)	(10.0)	(8.1)	(6.4)	(6.2)	(5.8)

– 자료: 통계청(2018), '인구주택총조사에 나타난 1인가구의 현황 및 특성', p.8

역사로 사라진 '부부+자녀(2인)'의 표준모델

문제는 앞으로의 향방이다. 가족변화는 한층 드라마틱하게 진행될 수 있다. 후속인구의 재생산이 거부되는 무산(無産)화가 짙어지면서 출산감소는 유력한 트렌드로 부각된다. 안타깝게도 젊은이들 사이에선 출산포기가 문화로까지 부각된다. 지금은 낳지 않는 게 경제적 불안환경 탓이라면 향후엔 취향적 선택 카드로 확대, 일종의 문화현상으로 인식될 수 있다. 가족이 아닌 나를 우선하려는 개인화의 심화다. 이미 청년인구를 중심으로 기성세대의 인생경로가 아닌 다양화된 루트 개척이 목격된다. 그들은 많이 배웠고, 판단력이 좋으며, 가치관이 다른 데다 무엇보다 본인우선성이 높다. 똑똑한 청년여성이 증가할수록 출산감소는 한국만이 아니라 세계 공통의 현상[9]이 아니던가.

향후 더욱 가시화될 가족변화의 결과물은 1인 가구, 즉 독신인구의 증가세다. 한국인구의 자연감소(출생-사망)는 2019년부터 이미 시작되는데, 가구증가율은 2044년 이후에야 마이너스로 추계된다는 점에서 사람은 줄어드는 반면 가구는 늘어나는 현상이 심화될 전망이다. 즉 평균가구원 수는 줄어든다(2015년 2.53명→2045년 2.1명). 전체가구 중 1인 가구는 그만큼 비중이 커질 수밖에 없다(2015년 27.2%→2045년 36.3%). 이 중 60세 이상의 1인 가구가 54%로 추계된다. 반면 '부부+자녀'로 구성된 가구는 동일기간 당연히 감소한다(32.3%→15.9%). 절반 이상의 증

---

9 대럴 브리커 외(2019), 『텅 빈 지구』, 을유문화사. 4장 및 5장. 요약하면 여성이 교육을 받고 직업을 갖도록 사회화되는 순간, 그들은 가족을 더 작게 꾸리려 한다. 소득을 생각하면 임신은 거부된다. 또 좋은 일자리는 교육과정이 길어지면서 투자자본도 커진다. 그게 빚이면 맘 놓고 출산하지 못한다. 이런 추세 속에 세계인구는 2040년 80억명으로 정점에 이르렀다가 하락할 것이다. 선진국과 개발도상국 사이에 출산율과 기대수명의 간극이 좁혀지고 있다.

발인 셈이다.[10]

독신인구(=단신세대)의 대폭증가는 가족변화의 종착지다. 지금처럼 출산환경이 악화되고 평균수명이 길어지면 연령불문 1인화는 한국가족의 표준모델로 공고해질 전망이다. 조짐은 시작됐다. 지금도 평생독신·생애독신이란 단어가 심심찮게 들린다. 둘러보면 40~50세 중년인구 중 처녀·총각이 드물잖은 상황이다. '나혼자산다', '불타는청춘' 등 중년미혼 방송인의 생활스토리를 다룬 TV프로그램도 안착된 상황이다. 사회현상이 돼버린 미혼청년은 물론 고독사처럼 홀로일 수밖에 없는 고령독거와 함께 이젠 중년싱글까지 확산되면서 1인화는 향후 지금보다 더 강력한 시대조류일 수밖에 없다.

평생독신[11]이 사회문제로 부각된 일본은 이미 솔로사회로 명명됐다. ±50세에 결혼 안한 인구비중을 뜻하는 생애미혼율(45~55세 미혼비율)은 2015년 남(23.4%)·여(14.1%) 모두 무섭게 증가한다. 1990년 각각 5.6%, 4.3%에 불과했었다. 추계를 보면 2030년 각각 29.0%, 19.2%까지 치

---

10 통계청(2017), '장래가구추계 시도편: 2015-2045년', 2017.8.22., pp.6-19

11 뉴스1, '日, 50세 미혼자에 평생독신 딱지 안 붙인다', 2019.05.24. 독신인구가 늘고 결혼연령이 지체되면서 50세 이후에도 결혼하는 경우가 늘어나자 일본 정부는 정부백서·통계자료에서 평생독신이란 공식용어를 사용하지 않기로 했다. 30년 전부터 매년 발간하는 백서와 통계자료에 사용해왔는데, 앞으로는 '50세까지 독신인 사람'으로 분류되며 '평생'이란 속박과 편견에서 벗어나기 위함이다.

　　　　　　　　　　　　　　　　　　　　　　　　대한민국 인구·소비의 미래

솟는다.[12]

그렇다면 한국은 어떨까. 아직은 낮다. 2000년 남(1.6%)·여(1.3%)에서 2015년 남(10.9%)·여(5.0%)로 급등했다. 다만 한국의 역동적 인구변화라면 일본추월은 예고됐다. 통계청의 추정치(혼인상태인구구성비)를 보면 남자는 2025년 20.7%, 2035년 29.3%, 여자는 12.3%, 19.5%로 나타난다.[13] 10여년 뒤엔 급격한 격차축소 속에 2030년대부터는 일본추월도 가시권에 들어서는 셈이다.

〈표〉 시도별 가장 주된(1순위) 가구유형(2000~2045년)

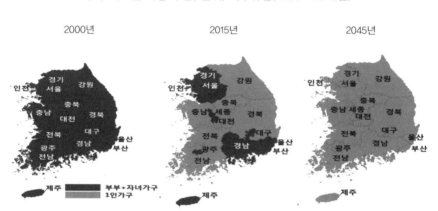

— 자료: 통계청(2017), '장래가구추계 시도편: 2015-2045년', 2017.8.22, p.8

---

12   国立社会保障·人口問題研究所(2017), '日本の世帯数の将来推計' 및 厚生労働省(2015), '平成27年度版厚生労働白書'의 추계결과임.

13   MIDAS, '대한민국 직장인 해부', 2017년 11월호

좋든 싫든 앞으론 혼자가 대세다. 가족변화의 축과 핵은 1인화로 재편될 수밖에 없다. 그럼에도 외로운 건 싫은 법이다. 그렇기 때문에 파편화될 핵가족의 추가해체에 맞서는 반동흐름도 예상된다. 가족의 재구성이다. 가족효용을 대체할 대안모색이다. 대표적인 게 핏줄보다 인연을 통한 가족결연의 형태다. 비슷한 처지와 유사한 패턴을 지닌 친구·동료와 함께 살며 서로가 가족역할을 대체해주는 식이다. 컬렉티브하우스 등 최근 등장하는 새로운 주거스타일은 이를 더 추동한다. 같이 살지만 홀로 지내는 '공유공간+개인공간'의 혼재 시스템답게 '같이'와 '따로'를 모두 추구한다.

1인화는 대세지만 한편에선 대가족도 부각된다. 반발·반동의 결과 대가족으로의 흡수·확장이 시나브로 목격된다. 시대 변화를 볼 때 대가족은 가성비가 낮다. 그러니 싱글사회다. 이때 싱글경제는 가족경제보다 비용 대비 기대효용이 낮다. 혼자 쓰려 사는 것보다 여럿이 나눠쓸 때 가성비는 높아진다. 단수소비보다 복수소비가 저렴하다. 그렇다고 공간공유의 동거대가족은 부담스럽다. 타협결과가 별거(別居)형 근거(近居)생활이다. 따로 살되 함께 누리도록 인근지역에 뭉쳐 사는 경우다. 변형된 대가족인 셈이다. 근거가 일반화된 일본에선 국이 안 식는 '15분의 거리'가 일반적이다.

요약하면 인구변화는 가족변화를 추동한다. 한국적 역동성이라면 가족구성의 변화속도·범위도 당연히 파격적이다. 한국의 인구변화가 갖는 유력한 특징 중 하나다. 1인화를 향해 치닫는 일탈적인 독신추세는 시작됐다. 이미 1인 가구가 표준유형으로 올라섰지만, 이는 단지 시작일 뿐이다. 원천적인 상황변화가 없는 한 전체세대에 걸친 가족전략의 재구성은 심화될 수밖에 없다. 인구변화의 원인과 결과를 보자면 굳이 멀리 갈 필요는 없다. 생활 속 깊이 침투한 가족구성의 변화양상만으로 충분하다.

가족이 변하면 시장이 바뀐다. 가족유형이 소비 형태를 결정짓는 유력한 출발점이었다는 점에서 가족변화는 미래시장을 읽는 중대한 키워드일 수밖에 없다. 더욱이 가족변화는 전체세대에서 펼쳐진다. 현역인구는 현역인구대로 은퇴인구는 은퇴인구대로 지금까지와 차별적인 가족구성이 한창이다.

4인 가구 붕괴만 주목해선 곤란하다. 대안으로 떠오른 1인 가구도 성별·연령별로 양상이 전혀 색다르다. 결혼·출산의 포기뿐만 아니라 이혼·사별의 빈발은 같은 1인 소비주체지만, 욕구·지향이 구분된다. 핏줄 대신 등장한 인연의 가족 재구성도 마찬가지다. 적당한 거리의 대안가족은 새로운 소비지점이다. 가족변화의 면밀한 분석이야말로 생존담보의 사업모델을 구축하는 출발점이다.

3. 중년시대의 본격선포

'마흔 살 안팎의 나이'

표준국어대사전에서 풀어준 중년의 의미다. 때때로 50까지 포함하는 경우가 있다고도 덧붙인다. 필자만 갸우뚱할 뜻은 아닌 듯하다. '마흔=중년'의 등식에 동의할 수 없는 시대가 아니던가. 즉 중년의 의미 수정이 불가피해졌음을 뜻한다. 당사자로서도 '마흔=중년'은 동의할 수 없다. 평균수명을 보면 갈 길이 구만리다. ±40세 중년규정은 살아온 인생 자체의 폄하신호일뿐더러 살아갈 후속인생의 하중부담일 수밖에 없다. 마련한 건 없는데 살아낼 건 넘치는 균형붕괴의 중년의미다.

시대가 변했다. 중년도 변했다. 예전 기준으로 현재 중년을 바라보면 이들은 신인류의 별종 그룹이다. 노년 준비는커녕 청년연장의 인식체계·신체능력·가치지향에 가깝다. 아저씨·아줌마로 통칭되던 중년인구의 마음은 다가올 할아버지·할머니보다 떠나간 총각·처녀에 잔류한 채 뭇시선의 고정관념에 맞선다. 실제 환갑조차 노년을 거부하는 시대다. 그만큼 젊고 건강하게 열심히 뛰어다닌다.

연령 기준은 수정대상이다. 사견인데 10~40세를 청년기, 40~70세를 중년기, 70세 이상을 노년기로 보는 게 타당하다.[14] 환갑(60세)은 물론 고령인구 법적기준(65세)도 설명력을 잃어버렸다.

꺾이기를 거부하는 젊어진 중년시대

옛 규정은 전설로 남을 전망이다. 일찌감치 뜻을 세워(而立=30세) 유혹에 흔들리지 말고(不惑=40세), 하늘의 운명을 따르도록(知天命=50세) 대처하자는 과거 규정은 더는 통용되지 않는다. 현실과는 동떨어진 가르침이다. 환갑조차 도를 찾아 헤매는 마당에 중년의 방황은 일상적이고 평범하다. 잘 살아왔을까의 중간평가조차 이른 나잇대다. 길어진 삶을 준비·도전하는 청년전략의 연장선상에 위치하는 게 현실적인 인생지침이다. 40은커녕 50조차 인생정점을 향해 매섭게 치달아도 부족할 판이다.

중년이 변했다. 노청(老靑)사이의 낀세대 정도로 치부하면 곤란하다. 향후 중년 파워는 한층 거세질 수밖에 없다. 지금껏 존재하지 않던 새로운 중년 그룹의 등장은 '미래한국=중년사회'의 이미지를 완성할 전망이다. 중년 에너지야말로 적어도 2020~40년에 걸쳐 한국사회의 핵심 엔진일 수밖에 없어서다. 인구변화에서 비롯되는 양과 질 모두 중년 그룹의 대변신·대활약을 예고한다. 사회지위는 물론 경제입지까지

---

14 0~9세는 유아기이자 학령초기로 영육·취학대상이기에 경제활동과는 무관하다. 따라서 경제활동에 근거한 연령구분에서는 제외하는 게 바람직하다.

그 최일선에서 한국호를 쥐락펴락할 유력지점에 위치한다. 중년을 둘러싼 고정관념은 버릴수록 유리하다. 당분간의 한국은 중년공화국의 선포에 맞춘 상황대응이 당연하고 또 절실하다.

그렇다면 왜 중년일까. 시대변화를 읽는다면 멀리서 답을 찾을 이유는 없다. 급격한 인구변화만으로 중년시대는 충분히 설명된다. 요약하면 한국의 베이비부머가 당분간 차례차례 중년 그룹에 가세하는 양적급증과 함께 이들의 다양해진 인생경로에 따른 차별화된 인식변화가 질적변용을 완성하기 때문이다. 머리 숫자는 급속히 늘어나는데, 사고체계는 확연히 달라진 중년인구의 본격 등장이다. 부모봉양과 자녀양육의 한가운데서 본인 노후까지의 트릴레마(삼중고)에 갇혀 본인을 위한 욕구충족보다 가족을 위한 경제활동에 매진해왔던 지금까지의 중년특성에서 꽤 비켜선 신중년인구의 거대부각이다. 이들이 펼칠 중년사회에 주목하는 건 그만큼 합리적이고 바람직하다.

그간 중년인구는 소외됐다. 가장 왕성하게 돈을 벌돼 스스로를 위한 적극·능동적인 소비주체는 아니었다. 가족구성에 따른 인생경로의 특성상 수동적이고 비자발적인 부양·봉양소비에 가까웠다. 위를 모시고 아래를 키우는 전형적인 과거의 중년역할에 충실했다. 가령 본인 노후보다는 자녀교육이 먼저였다. 그러니 은퇴 이후엔 고령빈곤의 예고함정에 빠지는 경우가 비일비재했다. 정책차원에서도 적잖이 제외·방치됐다. 경제성장의 중추이자 생산활동의 허리기에 사회를 떠받치는 주체로만 여겨졌지 복지수급·보호대상의 약자는 아니었다. 중년빈곤은

정책항목에 없었다.

2020년 이후 새로운 중년공화국 개막

이제부터는 달라진다. 당장 더 오래 일하는 걸 당연시하는 시대조류다. 근로의욕·능력은 환갑은퇴를 용인하지 않는다. 불확실성의 미래 살림을 봐도 뒷방신세는 어불성설이다. 정년제도·현실압박은 둘째 치고 최대한 오래 일하려는 선행대책에 열심이다. 60대는 한창 일할 때지 물러설 때일 수 없다. 벌어야 할 시기일 뿐 헐어 쓸 시점은 결코 아니다. 가령 재산을 정리할 게 아니라 더 불리려 악착스레 도전할 시기다. 저성장이 가로막겠으나, 개별적인 생존전략은 어느 때보다 치열해질 수밖에 없다.

중년 파워는 먼저 그들의 거대덩치에서 확인된다. 중년 30년(40~70세)에 동의하면 해당인구의 양적규모는 파워풀하다. 40~70세 인구집단은 1990년 전체인구의 23.9%(1,041만명)에 불과했다. 그랬던 게 2010년 39.1%(1,876만명)로 불어났다. 이후 2015년 42.7%(2,181만명)를 기록하다 2017년 43.8%(2,252만명)까지 불어난다. 이후 20년에 걸쳐 동일 수준을 계속해서 유지하는 거대집단을 자랑한다. 반대로 40세 이하의 후속인구는 격동적인 출산감소의 여파로 급감세를 피하기 어렵다.

중년인구의 거대화는 베이비부머와 밀접한 관계를 갖는다. 한국의

1차 베이비부머(1955~63년생)[15]는 2019년 기준 56~64세에 포진한 상태다. 원래대로라면 2020년 이후 선두주자인 1955년생부터 65세의 고령인구로 접어든다. '중년→노년'으로 전환되는 셈이다. 해당인구는 이후 9년에 걸쳐 대략 740만명[16]이다. 이때 60대의 10년을 신중년으로 커버하면 이들은 여전히 중년으로 남는다. 베이비부머로 불리는 거대집단을 최소 5년에 걸쳐 중년인구로 잔류·편입하면 중년파워는 그만큼 건실해진다.

앞에서 벌어줬다면 뒤에서도 중년그룹의 덩치를 뒷받침해준다. 사실 한국의 베이비부머는 위에 언급한 740만명이 아니다. 연도별 출산아 수를 살펴보면 베이비부머의 실질적인 덩치가 확인된다. 1955~63년생이 이전 이후 출산아보다 돌출되게 많을 때 베이비부머란 명명이 허용된다. 하지만 64년생(84만명)이 63년생(80만명)보다 더 많다는 추

---

15 통계청의 연도별 출산아수와 관련된 공식통계는 1970년부터다. 1970년 이전통계는 따라서 정확성이 떨어지는 추계치다. 때문에 베이비부머(1955~63년생)의 숫자도 엄밀성은 낮다. 1960년 성별·연령별 추계인구로 추정할 정도다. 세계은행·UN·EU통계국 등 공개정보를 토대로 한 각종자료를 정리하면 일제 강점기부터 출산아수를 추정해볼 수는 있다. 당연히 1970년 이전자료는 연구·분석자의 특정조건이 개입된 추정·보정치로 연도별 숫자는 현재통계라도 얼마든 달라질 수 있다.

16 베이비부머의 규정·범위를 둘러싼 논쟁도 학계에선 잦은 이슈다. 해외의 경우 베이비부머 그룹군의 숫자가 '고출산율→고출산아수'를 반영해 그 덩치가 돌출됨으로써 부머(Boomer)로서의 의미부여가 가능하나, 한국은 출산율마저 정확하지 않은 추정치를 갖고 출산아수를 뽑은 것에 대해 이견이 많다. 따라서 연구자에 따라 1차와 2차 베이비부머의 구분이 무의미하며, 구분한다면 1980년대 초반까지 80만을 기록했으니 20~30년간을 부머집단으로 보는 게 낫다는 의견도 있다. 단 거의 한세대에 걸쳐 출산아수가 늘어난 걸 부머로 보기보단 하나의 트렌드라는 평가가 더 합리적인 듯하다. 결국 베이비부머는 엄밀한 숫자가 아닌 사이즈의 크기, 그리고 대략적인 추세를 보는 정도에 그쳐야 한다는 입장이다.

정통계도 존재한다. 특히 63년생 이후에도 매년 베이비부머(1차) 이상의 출산아 수가 반복된다. 연구자·학자마다의 개별적인 추정·보정치로 동일연도라도 현격한 편차의 출산통계가 있으나, 대체적인 흐름은 비슷하다. 정부의 공식통계가 시작되는 1970년은 사상 최초로 실측된 출산아 수가 100만(100만6,645명)을 기록했다. 이후 1976년 80만(79만6,331명)이 깨졌고, 1983년 2.1명의 인구대체선을 하향돌파한 것에 맞춰 이후 몇 년을 빼고 60만대로 굳어졌다.

〈그림〉 출산아 수로 본 새로운 베이비부머의 규모와 추이

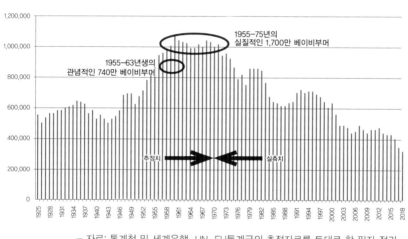

– 자료: 통계청 및 세계은행·UN·EU통계국의 추정자료를 토대로 한 필자 정리

소외·방치된 중년인구를 왜 재조명하는가?

따라서 한국의 베이비부머는 다소 억지스럽다. 필요하다면 1955~63년생보다 폭넓게 설정하는 게 옳다. 따라서 뚜렷한 출산하락이 시작된 1975

년까지를 포함, 이전 20년을 베이비부머의 출산연도로 보는 게 타당하다. 이렇게 분석한 1955~75년의 베이비부머를 도합하면 모두 1,700만에 달한다.

　수정된 실질적인 베이비부머가 계속 중년인구에 포진하면 그만큼 사회·경제적 영향력·에너지는 거대해진다. 중년덩치는 앞으로도 계속 불어난다. 일례로 40만대로 내려앉은 원년인 2002년생(2019년 현재 17세)까지, 즉 1975~2002년 60~70만대의 출산아 수를 봐도(30만을 걱정하는 지금보다 2배 이상) 최소 ±2040년까지는 중년덩치가 한국사회의 핵심주축일 수밖에 없다. 이를 뒷받침하듯 2017년 40~70세 중년인구는 2,252만명으로 사상 최대치의 기록을 갱신 중이다.

　작게 봐 1,700만 베이비부머, 크게는 2,200만 중년인구의 실측자료는 당분간 중년 파워가 한국사회를 쥐락펴락할 수밖에 없음을 의미한다. 엄청난 양적덩치는 한국사회의 제반구조를 지배할 것으로 보인다. 불어난 머릿수와 거세질 존재감은 중년의 욕구·지향에 맞춰 기존질서의 재편 압력으로 솟구친다. 묵묵히 가족을 위해 그림자처럼 역할하며 희생·인내해왔던 중년인구의 본격적인 입김강화는 행정수요는 물론 소비시장까지 '객체→주체'로의 인식변화와 전략수정의 토대로 작용한다. 여기에 가족구성의 변화까지 맞물리면서 탈(脫)가족의 중년등장도 예고된다. 중년인데 가족 없이 살아가는 비혼독신의 증가는 남녀불문하고 새로운 트렌드와 풍경을 야기할 전망이다.

　양만 많다고 중년시대를 강조할 수는 없다. 양적비중보다 중요한 게 질적 수준의 변화양상이다. 관념적인 740만 베이비부머이든 실질적인 1,700만 베이비부머이든 출산정점을 찍어온 거대 집단의 중년그룹화는 의미심장한 변화지점이다. 하물며 이들은 과거중년과 꽤 구분된다. 58년 개띠로 통용되는 베이비부머의 인생경로에 맞춰 한국사회의 교육·주거·고용정책이 변화했듯 이들 중년은 과거와 다른 격변기의 생애경험을 몸소 체득했다. 달라진 중년이미지를 선두에서 바꿔버린 질적 변용의 최초 세대다.

1,700만을 넘어 2,200만 거대중년의 힘

무엇보다 삶을 둘러싼 적극성과 주체성이 예전 중년과 다르다. 지금의 중년은 평균적으로 고학력인데다 다양한 인생경험을 쌓았을뿐더러 기대 수준이 제각각으로 각자 달라진 가치관을 지향한다. 그럼에도 길어진 평균수명과 불안한 미래생활은 공통 이슈다.

뭉뚱그려진 중년은 무의미하다. 환갑을 앞두고도 은퇴를 떠올리지 않고, 백세시대의 대응전략을 일찌감치 준비하는 세련된 엘리트 집단에 가깝다. 한국사회의 진화 흐름을 주도했듯 위기에 맞서 기회를 찾는 주체적인 삶에 익숙하다. 달라진 중년인구의 대거 등장은 그간의 일률소비로 커버할 수 없다. 다양한 인생경험이 축적돼 완성된 세분화된 개별욕구의 주인공이다. 획일화된 대량소비의 매스(Mass)집단으로 보면 곤란하다. 섬세한 미시시장의 집합체가 이들 1,700만 베이비부머이자 2,200만 중년인구의 새로운 규정이다.

중년을 잡아야 시장을 잡는다. 앞으로의 중년은 소비시장의 핵심주축이다. 그들이 돈이고 미래다. '중년=돈'의 의미는 복합적이다. 돈이 많을뿐더러 많이 쓰는데다 더 길게 쓸 한국사회 최초의 중년집단이자 중층 그룹인 까닭이다.

시장·기업으로선 고민거리가 늘어난다. 전략적 대응과 준비가 필요한 이유다. 중년시대는 더욱 길어진 경제활동을 예고한다. 한국은 OECD 평균보다 당장 경제활동도 길다. 늦게 시작하되 오래 활동하는 유형을 띈다. 55~59세까지 경제활동참가율은 OECD 평균이나 한국이나 비슷한 70%대 초반이다. 반면 30년 중년의 마지막 10년차인 60~69세는 OECD 평균보다 더 많이 일한다. 65~69세는 OECD 평균이 26.8%인데 비해 한국은 46.9%가 경제활동에 참가한다. 이것만 봐도 60대는 은퇴가 아닌 활동이 전제된 중년연령임을 뒷받침한다.

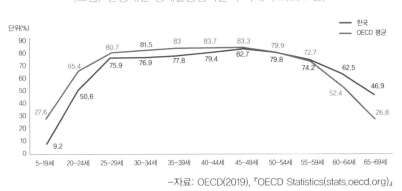

〈그림〉 연령대별 경제활동참가율의 국제비교(2017년)

단위(%)

—자료: OECD(2019), 『OECD Statistics(stats.oecd.org)』

4. 전대미문의 간병사회

중년사회는 그래도 낫다. 늙음에 맞설 수 있다. 다만 언제까지 그럴수는 없다. 언제까지 중년일 수는 없는 노릇이다. 덩치가 큰 만큼 시간경과에 따라 놀라운 속도로 하나둘 늙어갈 수밖에 없다. 예외는 없다. 그래서 중년공화국의 내일은 고령대국으로의 진입을 뜻한다. 지금까지와의 고령인구와는 꽤 다른 상황에서 노후를 맞겠으나, 그럼에도 신체적 노화와 경제적 곤란은 이들을 비켜서지 않는다. 즉 길어진 중년생활의 대거 출현은 그만큼 노년시대·고령사회의 위기경고와 일맥상통한다.

다만 아직은 상상력·염려치의 영역이다. 노화현상이 지배적이지 않을뿐더러 본격적인 고령대국까진 적어나마 시간이 있다. 한국은 아직 고령사회다. 2017년 최초로 65세 이상 인구비율(고령화율)이 14%를 넘겼다. 고령사회 진입원년이다. 통상 20%를 넘겨야 초고령사회로 불리니 괜찮다면 괜찮은 수치다. 국제통계가 있는 2015년 기준 한국보다 더 늙은 국가도 수두룩하다. 가장 늙은 국가로 손꼽히는 일본은 2018년 28.7%까지 급증했다. OECD 국가로만 보면 한국은 아직 꽤 젊다.

문제는 추세다. 이게 걱정스럽다. 앞서 언급했듯 한국의 인구변화는 늙음을 향해 한 치의 망설임도 없이 치닫는데, 그 속도와 범위는 상상초월이다. 당장은 거대집단인 베이비부머의 편입결과에 따라 중년화가 먼저겠지만, 이들이 70세에 진입하는 시점부터는 곧 고령사회로의 시대재편일 수밖에 없다. 즉 한국의 인구변화가 갖는 독특한 유력특징 중 하나인 중년사회의 대량개막은 곧 얼마 후의 고령인구 전성시대로 자연스레 연결된다. 지금까지 예견됐던 고령사회와는 차원이 다른 신세계로의 진입이다.

차원이 다른 고령 신세계로의 진입

분자(후속인구)의 급감은 분수값을 드라마틱하게 뒤흔든다. 분모(고령인구)가 그대로라도 바뀔 판에 급증까지 예고된 터라 분수값의 증가는 당연지사다. 늙음을 뜻하는 상징통계인 고령화율은 아직 괜찮다지만, 앞날은 천정부지로 치솟을 전망이다. 고령화율(65세↑/전체인구)은 2025년 20.3%로 초고령사회에 진입한 후 2030년(25.0%), 2040년(33.9%), 2050년(39.8%), 2067년(46.5%) 등 매년 급증한다. 그나마 분자감소를 제한적인 범위에 두고 추계한 자료인데도 결코 낙관적이지 않다.

중년을 40~70세로 제안했듯 늙음은 확실히 유예대상으로 자리 잡았다. '환갑=늙음'은 수정대상이며, '일흔=젊음'조차 낯설지 않은 시대다. 적어도 '60대 청년'은 지향적인 슬로건이 아닌 실체적인 트렌드로까지 안착된다. 환갑잔치의 축하행렬은 빛바랜 유물로 넘어간 지 오래다. 그럼에도 70세부터 노년기로 보자는 건 그럴 만한 이유가 있다. 제아무리 저항·거부해도 신체·정신적 노화추세는 거스를 수 없는 법. 그 분기점이 사실상 70세로 정리된다. 70세, 더 정확히는 75세

대한민국 인구·소비의 미래

부터 자연노화를 피하기는 어렵기 때문이다. 적어도 현재 정황으로는 70세 이후부터 늙음은 본격화된다.

사상 최초의 거대 집단으로 부각된 중년인구의 대량 등장을 뒷받침하는 각종 수치통계를 감안하면 그들의 미래인 노년사회도 양적팽창이 불가피해진다. 1955~75년의 실체적 1,700만 베이비부머를 필두로 2,200만 중년인구(40~70세, 2017년 전체 인구의 43.8%)도 70세를 향해 저벅저벅 걸어가는 중이다. 2020년 선두세대가 65세를 돌파하며 법적인 고령인구에 들어가고, 이후 5년을 필자의 제안처럼 계속 중년인구로 봐도 2025년까지가 최대치다. 2025년부터는 베이비부머 막형에서 시작해 20년간 1,700만이 70세로 하나둘 진입함을 뜻한다. 지금의 40세가 70세가 되는 2050년까지 2,200만이 고령인구로 편입될 수밖에 없다. 70세 이상 노년인구의 비중추계를 보면 2015년(9.0%), 2035년(20.9%), 2050년(30.5%) 등의 규모·속도로 가파르게 증가한다. 이로써 중위연령도 나이를 먹는다. 2015~2060년 중위연령은 환갑을 육박한다(40.8세→57.9세). 동일기간 세계평균(29.6세→37.3세)에 비하면 한국이 열어젖힐 노화사회는 충분히 예고된다.

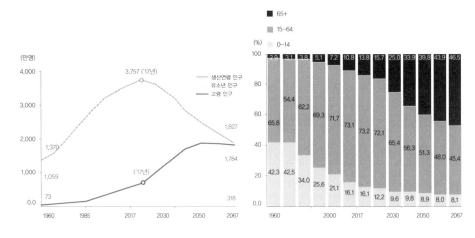

〈표〉 연령별 인구구조 추계

— 자료: 통계청(2019), '장래인구특별추계: 2017~2067년', 2019.3.28.

　물론 고령인구가 늘어도 긍정적일 수는 있다. 중년 인구를 70세까지 보자는 아이디어도 그들이 과거기준과 확 달라진 젊음공유에 동의하고 또 실제로도 그렇기 때문이다. 다만 70세부터는 얘기가 달라진다. 갈수록 노화로 무게중심이 옮겨가며 가령(加齡)에 걸맞은 상황변화에 직면할 수밖에 없다. 즉 능동적인 생활주체에서 수동적인 사회약자로 해당위치가 옮겨진다. 피부양대상으로의 상황전도다. 노년부양비(고령인구/생산가능인구)를 보면 2017년 18.8명에서 2036년 50명을 넘고 2067년이면 부양인구보다 더 많은 102.4명까지 늘어난다. 2017년 대비해 5.5배의 폭증세다. 급속한 고령화 탓이다.

70세부터 '늙음=피부양'은 본격화된다. 이는 2025년부터 한국사회의 중대한 해결과제로 부각될 전망이다. 베이비부머의 맏형인 1955년생이 2025년부터 70세로 진입해서다. 적극적인 생활주체로서의 중년은 2025년을 시작점으로 먹여 살려야 할 피부양의 보호객체인 노년으로 뒤바뀐다. 주지하듯 그 양만 초반 20년(~2045년)에 걸쳐 1,700만이다. 한국사회 곳곳에서 늙음이 목격될 수밖에 없다. 선진국 사례까지 찾아 멀리 갈 필요는 없다. 이미 소멸위기에 전락한 한국 농촌의 현실이다. 애기울음은 사라진 지 오래며, 기름졌던 농지는 일손이 없어 풀숲으로 방치됐다.

늙어질 사회로의 개막예고가 불편·불안한 최대의 갈등지점은 간병이슈로 갈무리된다. 늙어갈수록 아플 수밖에 없다. 아프면 모든 게 무용지물이다. 더 벌 수도 없거니와 더 써야 하는 상황이 펼쳐진다. 삶의 주체가 아닌 병의 객체로 살아간다는 건 그만큼 생활품질이 악화되는 스트레스를 유발한다.

문제는 대응 정도로 이게 만만찮다. 아직은 70세를 넘긴 인구가 10.6%(2017년 546만8,631명)에 불과하다. 유병비율이 75세를 전후해 급증한다는 평가를 감안하면 70~74세(175만6,166명·32.1%)를 뺀 371만 노년인구(371만2,469명·69.9%)가 잠재적인 유병그룹에 해당한다. 전체인구로 보면 7.2%에 불과하다. 이들이 현재 '노인 간병'의 직간접적인 해당인구다. 7.2%에 불과한 잠재적인 간병대상자를 모태로 간병 문제의 민감도·시급성이 부각될 정도인데 향후의 후폭풍은 유구무언이요 불문가지다. 환기하건대 70세 이상은 2035년(20.9%), 2050년(30.5%)의 규모로 확대된다.

따라서 본격적인 간병사회로의 진입은 이제부터다. 2025년부터 거대 집단의 베이비부머가 70세로 접어든다. 건강함을 유지할 확률이 높은 70~74세를 제외해도 2030년부터 1,700만 베이비부머가 75세(1955년생부터)로 진입한다. 간병공포는 현실화된다. 비켜서면 운이 좋을 뿐 절대다수는 어떤 질환·질병이든 유병노후의 그림자에서 자유롭지 않다. 그나마 가벼운 질환이면 다행이지만 그것도 60대나 가능한 기대 수준이다. 75세를 넘기면 치명적인 질환에 걸릴 확률이 급증하고, 그렇다면 이후 생활은 유병지옥과 다름없다. 탄탄한 경제력이면 좀 낫겠으나, 그래본들 불행은 공통적이다.

본격적인 간병사회는 준비됐는가?

75세부터의 유병확률은 치매 발병에서 그 심각성이 확인된다. 2017년 고령인구 중 치매환자는 9.94%(70만명) 수준이다. 10명 중 1명꼴이다. 12분마다 1명씩 발생한다. 그나마 확정이 아닌 추정치다. 치매특성상 감춰진 환자도 많다.

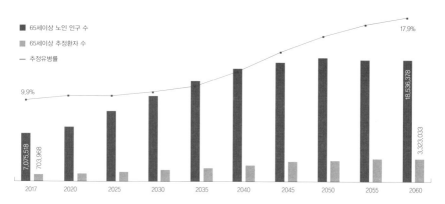

– 자료: 중앙치매센터(2019), '2018 중앙치매센터 연차보고서', 2019.2.1., p.3

연령별로는 65~69세⁽⁷·¹%⁾, 70~74세⁽⁶·⁹%⁾는 평균 이하지만, 75세 이후부터는 발생비중이 급증한다. 75~79세⁽²¹·³%⁾, 80~84세⁽²⁶·⁰%⁾, 85세 이상⁽³⁸·⁸%⁾으로 조사된다.[17] 역시 앞으로가 문제인데, 노년인구의 대량 등장과 평균 수명의 증가 흐름은 치매환자의 급증을 뜻한다. 잠재환자의 증가 속에 '경증→중증'으로의 질환 심화도 기정사실이다. 비용부담은 두말하면 잔소리다. 더 내고 덜 받는 복지개편과 무관하게 사회·개인비용 모두 천문학적 수준까지 오를 수밖에 없다.

---

17 중앙치매센터(2019), '2018 중앙치매센터 연차보고서', 2019.2.1. 및 '2017 중앙치매센터 연차보고서', 2018.2.13

유병노후는 한국의 인구변화가 낳은 유력한 특징이자 위기와 기회를 동시에 갖는 양면적인 사회 트렌드다. 절대인구의 노년화로 노후생활자의 볼륨이 급증하는 가운데 이중 상당수가 유병상황에 놓이는 건 사실상 한국에서 처음 맞는 환경이다. 늙으면 아프다는 건 모두의 상식이나 이게 사회 전체의 핫이슈로 떠오르는 건 최초경험이다.

유병노후는 '기대수명-건강수명'의 차이[18]로 이해된다. 건강한 장수가 중요하단 점에서 이 차이가 적은 게 바람직하다. 한국은 2017년 기준 '82.3세~73.2세'로 9.1년의 유병노후가 예상된다. 건강만 아니라 경제·활동·관계 등 종합적인 행복수명(74.6세)은 되레 선진국보다 짧다. '기대수명-행복수명'의 차이는 한국(8.5년), 영국(5.7년), 미국(4.3년) 등으로 추산[19]됨으로써 유병노후가 한국적 특징일 수밖에 없음을 뒷받침한다.

전대미문의 간병사회는 위기이자 기회다. 이대로면 한국사회의 지

18　한국보건산업진흥원(2019), '거점공공병원 확충을 위한 경남 진료권 분석 및 건립 후보지 검토 연구용역 보고', "거점공공병원 확충을 위한 연구용역 토론회, 2019.7.11. 건강수명과 관련한 또 다른 통계도 있다. 필자가 차용한 70대 초반의 건강수명과 달리 60대 중반까지를 건강수명으로 분석한 자료인데, 후자의 경우 가벼운 질환·질병까지 포함한 포괄적인 건강수명으로 추정된다. 이에 따르면 2018년 한국인의 건강수명은 '2012년 65.7세→2016년 64.9세'로 다소 줄어든 반면 평균수명은 '80.9세→82.4세'로 늘어났다. 권역별 '기대수명-건강수명'을 보면 서울(83.3세~69.7세), 경남(80.9세~64.3세), 전남(80.7세~64.9세) 등 차이는 있으나 공히 상당한 질병기간이 있음을 의미한다. 기대수명과 건강수명이 짧게는 10년 길게는 15년 차이가 난다.

19　정보통신기획평가원(2019), '미래형 건강인지 케어서비스 개발방향', 주간기술동향 2019.7.3., pp.28-30

　　　　　　　대한민국 인구·소비의 미래

속가능성은 사라진다. 모셔야 할 고령인구의 급증은 사회 전체에 부담일 수밖에 없다. 당장 재정악화를 심화시킨다. 벌써부터 예고된 미래 압박에서 비켜선 정치권의 포퓰리즘 탓에 국가채무는 천정부지로 뛰는 형국이다. 고작 15%를 막 넘긴 고령화율의 국가가 인기영합에 맞춰 미래고려 없는 퍼주기 식 재정남발을 반복한 결과다.

장기재정전망을 보면 2018년 718조원에서 2030년 1,241조원, 2040년 1,931조원으로 급증한다.[20] 기울기는 가팔라진다. 유례없는 인구변화가 당분간 계속될 수밖에 없어서다. 핵심이유가 고령화 혐의다. 복지지출의 급증과 무관하게 성장은 멈춰 세금에 기댈 수도 없다. 일본처럼 불확실성의 심화 속에 개별차원의 절약의 역설이 확산되면 상황은 훨씬 복잡해진다.

유병노후가 갖는 위기와 기회

물론 기회일 수도 있다. 미래는 양면적이다. 대응여하에 따라 확정된 위기조차 새로운 기회로 탈바꿈하는 사례가 적잖다. 본격화될 간병사회는 급격한 한국적 인구변화가 야기한 확정 트렌드다. 인구변화라는 거대한 흐름에 올라타 지속가능성을 확보하자면 패러다임 변화가 필수불가결하다. '고성장→저성장'에 맞춰 과거 만들어진 시스템을 수정해 성숙·수축사회에 맞는 제도변화가 필요하다.

---

20 매일경제신문, '고령화에 채무비율 3배 치솟은 日, 고령화 속도 더 빠른 韓', 2019.6.16

따라서 가족모델도 '4인→1인'으로 바뀐 판에 4인 체계에 맞춘 기존 제도는 그 자체가 불공정·역차별적이다. 유병노후도 '정책수요→경제활동'으로 전환하는 게 옳다. 노후 이슈를 생산적인 사회투자로 인식, 새로운 부가가치를 만들어낼 혁신모델이 중요하다. 늙음이 소비가 아닌 생산일 수 있도록 바꾸자는 얘기다. 시니어 산업만 해도 의료·간병만 아니라 생활전반에 걸친 공급체계가 바람직하다. 이럴 때 시장은 생겨나고 소비도 움직인다. 거대인구 노년집단의 다양해진 세부욕구는 한국의 내수산업을 주도할 유력후보다. '제조업→서비스업'의 흐름과도 일맥상통한다.

정부도 손 놓고 있을 수만은 없다. 유력한 건 고령인구의 연령조정이다. 65세에서 70세로만 올려도 시간 여유를 얻을 수 있다. 짧다면 짧지만 숨통을 틔울 계기일 수 있다. 정년연장을 생각해도 자연스런 수순이다. 현재 노인의 기준은 옛날 잣대다. 상황이 바뀌었으니 지속가능성을 위한 노인 기준의 변경도 당연하다.

선진국도 그랬다. OECD는 66~75세(Younger Old)와 75세 이상(Order Old_스펠링 확인, 검색에 안뜸)을 구분했다. 일본은 75세를 전후해 전기·후기고령자로 바꿨다. UN도 인류체질·평균 수명에 맞춰 연령 표준을 수정했다. 0~17세(미성년자), 18~65세(청년), 66~79세(중년), 80~99세(노년), 100세 이상(장수노인) 등이다. 공통점은 '65세↑≠노인'이다. 이제 초점은 한국에 맞춰진다. 어떤 수식어로도 설명되기 어려운 급격한 인구변화에 내몰린 한국의 카드 선택이 주목된다.

5. 그럼에도 정책무효론

'당분간'이 아닌 '순식간'이다.

인구문제를 둘러싼 현실인식은 '당분간'을 전제로 한 미루기가 지배적이다. 한국 사회의 체감수준은 "위기인 줄 알겠으니 신중히 모색하자"가 많다. 전형적인 지체 의도다. "찾아보자"로 끝나면 희망은 없다. 끝장토론처럼 결론을 찾지 못하면 끝내지 않는 자세가 필요하다. 그래도 해법이 나올지 말지다. 그만큼 꼬일 대로 꼬인 과제가 인구대책이다. '당분간'도 괜찮지 않을 뿐더러 예측무용의 변화수준을 볼 때 손쓰기 전의 '순식간'에 상황 종료될 우려마저 상존한다. 후회는 늦고 시간은 없다.

지금까지의 인구 정책을 총평하면 꽤 많이 아쉽다. 아쉬움을 넘어 안타깝고 답답하다. 왜 상황이 이렇게까지 치달았을까 싶다. 지금에 와 책임소재를 찾아본들 무의미하다. 앞으로가 더 중요하고 결정적이다. 그럼에도 실패 원인을 아는 건 중요하다. 일찍이 위험수위를 넘기며 경고등이 울렸건만 시대변화에 올라타지 못한 건 이유가 있다. 인구정책은 긴 호흡이 필요한 세대정책이다. 지금 유효대책을 내나도 효과 확인은 한참 뒤의 일이다. 즉 정책순위에서 밀릴 수밖에 없다.

반면 표심은 무섭다. '표심=정책'은 당연하다. 표심이 원하는 정책은 우선순위다. 강력한 덩치일수록 요구정책은 잘 반영된다. 관건은 표심향방이다. 인구변화를 보건대 지금은 물론 앞으로도 '고령 〉 청년'의 무게중심에 변화는 없다. 그 결과가 압도적인 고령정책이다. 정책순위는 언제나 그랬듯 고령우선·노년배려에 맞춰질 수밖에 없다. 직업으로서의 정치는 표심과 맞서기 어려운 법이다. 힘없는 청년 요구는 밀린다. 비명을 질러도 표심이 아니면 흡수되지 못한다. 출산 감소는 그 역풍의 결과다.

물론 청년용 인구대책도 많다. 갈수록 청년정책은 보강·확대된다. 진정성은 둘째 치고 사회 전체에 퍼진, 더는 미룰 수 없는 위기감의 발로·채택이다. 벌써부터 광의의 출산정책에 천문학적인 정부재정도 투여됐다. 앞으로도 증액되면 증액되지 줄어들 확률은 낮다. 인구변화의 추동지점이 출산감소란 점에서 출산회복을 위한 직간접적인 인구정책은 합리적이고 바람직한 지향점이다. 문제는 방법론인데 이게 마뜩찮다. 요컨대 돈만 주면 애를 낳을 것이란 정책은 달라진 청년인식을 반영하지 못한다. 몇 푼의 돈보다 중요한 건 가족구성을 위한 미래확신·환경구축이다.

그래도 청년의 변심을 되돌리기란 쉽지 않다. '그럼에도 백약무효'란 말이 회자될 만큼 기성세대에 대한 청년 그룹의 반감·반발은 만만찮다. 감정적 반발심을 넘어 구조적 패배감을 공유하는 이들이 흘러넘친다. 만나고⁽연애⁾ 맺어도⁽결혼⁾ 낳지 않는 현상이 문화현상으로 확산되며 이젠 새로운 라이프스타일로까지 회자된다. 와중에 헛발질에 가까운 정책항목은 백약무효론을 떠받친다.

어떤 세대보다 열심히 공부하고 다양하게 경험하며 미래를 준비했건만 그들 앞에 놓인 선택지가 볼품없다면 대세를 역전시키기란 불가능에 가깝다. 설득하고 애원해도 부족할 판에 그들의 변심은 확고부동이다. 따라서 지금대로면 인구변화를 뒤바꿀 근원적인 즉효 처방은 기대하기 어렵다.

출산은 밀릴 수밖에 없는 후순위정책

문제를 정확히 인식해야 정확한 해법도출도 가능해진다. 출산감소의 원인은 다양하고 복합적이다. 이젠 그 원인 분석에 집중할 때다. 수많은 상관·인과관계로 볼 때 청년 그룹의 출산기피·포기는 결국 불확실성으로 요약된다. 가족구성에 따른 체감위기는 다양한 사례·경험으로 충분히 학습된 상태다. 출산 카드를 버릴 수밖에 없는 핵심원인은 미래소득의 불확실성이다. 단기·주변의 불안·피폐한 일자리를 개선하는 게 최우선이다.

정부만으로는 풀 수 없다. 시장·기업 역할이 결정적이다. 따라서 양질의 청년고용을 위한 직·간접적인 정책지지가 복지기반의 재정투하보다 중요하다. 청년이 출산을 기피하는 이유를 그들에게 묻고, 듣고, 맡겨야 근원적인 해법도출이 가능하다.

결국 필요한 것은 시간이다. 시간도 없는데 시간이 필요하니 아이러니다. 이 딜레마를 풀어야 하는 과제가 남았다. 시행착오는 지금껏 충분히 경험했다. 더는 곤란하다. 그만큼 미세·정밀한 정책설계와 꾸준한 의지·실행이 절실하다. 예고된 가시밭길을 정해진 미래로 받아들이면 한국사회에 희망은 없다. 최선을 지향하되 차선도 동반하는 무차별·동시다발적인 정책세트만이 변심한 청년들의 속내를 위로·전환시킬 수 있다. 21세기 학생을 20세기 교수가 19세기 학교에서 가르칠 수 없듯 전향적인 총동원 카드가 필수다. 눈앞의 충격을 저지할 흡수장치를 갖추는 현실 카드는 물론이요, 길고 힘들어도 고용안정 등 실효적인 실질해법을 내걸고 그 길을 묵묵히 걸어가는 리더십이 요구된다.

인구변화는 인구감소로 통칭된다. 줄어드는 인구로부터 위기·불안이 구체화된다. 생산가능인구 등 인구감소가 국부훼손의 출발이란 인식이다. 그래서인지 대책 중 절대다수는 인구감소의 대응방안으로 모아진다. 정확히는 생산가능인구의 하락저지다.

크게 5대 대책으로 나뉜다. △구조적인 출산증가 △정년연장 범위확장 △경력단절 여성고용 △인구수입 이민확대 △노동대체 로봇활용 등이다.

'인구감소→노동부족→임금증가→매출하락→생산감소→실업증가→소비감소→활력감퇴'의 악순환이 우려될 경우 이들 5대 인구대책은 다소나마 숨통을 틔워줄 수는 있다.

　다만 5대 인구대책을 하나하나 뜯어보면 모두 만만찮다. 효과적인 건 방법론이 복잡한 가운데 고비용·장시간을 요할 뿐더러 제도개혁·사회타협까지 전제된다. 반면 채택 허들이 낮은 건 효과성이 의심된다. 근원책은 출산증가를 위한 환경조성이다. 추진하되 당장의 결과 도출이 어려워 차선책이 모색된다. 현재로선 정년연장과 맞물린 은퇴연령의 연기로 고령숙련을 활용할 방법이 본격논의 중이다. 기업협조·청년반발이 숙제다. 경력단절 여성고용은 '비경제활동인구→경제활동인구' 차원에서 유용하다. 역시 관건은 동일노동·동일임금 등 고용환경과의 부합여부다.

　정치권에서 속편한 건 이민확대다. 언제든 맘만 먹으면 비교적 손쉽게 인구수입이 가능하다. 단 평생이민과 단기노동(산업연수생)은 구분된다. 잠깐 일하고 떠나는 노동과 뼈를 묻는 이민은 다르다. 로봇활용도 노동부족을 벌충할 유력대안이되 기술확보·인간상실 등 논쟁거리가 적잖다. 결국 5대 인구대책 모두 상상력·가능성의 영역으로 당장의 현실 카드가 되기엔 한계가 많다.

　인구감소를 나쁘게만 보지 말자는 쪽도 설득적이다. 시대흐름이 그렇다면 상황 반전보다 조류편승을 통한 기대효과의 업그레이드가 낫다는 논리다. 나눠 가질 사람이 적어지면 되레 1인당 배분자원이 많아지니 더 좋다는 얘기다. '인구감소→노동부족→임금증가→소비확대→매출증가→생산증가→실업감소→고용확대→활력증진'의 순환 고리를 뜻한다. 이 경우 5대 인구대책 요구여론과는 결이 달라진다. 한정 자원을 넉넉히 가질 때까지 인구감소는 필요하며, 남북통일 시 북측 인구까지 감안하자는 쪽이다. 역시 상상력·가능성의 영역이다. 통일 이슈는 현실화될 때 반영·수정하는 게 옳다. 또 선진사례를 볼 때 인구하락인데 생산성·부가가치가 유지되는 경우도 없다. 유럽·미국 등의 경우 자국민은 자연감소라도 국제이민의 사회증가로 노동공급이 계속되며 성장토대를 지켜왔다.

요약하면 예측무용의 속도·범위로 진행 중인 급격한 인구변화가 한국적 특징인 만큼 그 대응과 관련된 실망적인 정책무용론도 자연스런 한국적 특수성으로 규정된다. 긴급한 해결과제는 신속한 상황대응이 일반적이다. 그렇잖다면 몰이해·몰상식의 안이한 상황대처일 수밖에 없다. 그렇기 때문에 정책무용론의 지속·확대는 결코 바람직하지 않다. 상황이 만만찮아진 만큼 발본·근원적인 대응 시스템의 구축이 시급하다. 정부도, 기업도, 개인도 마찬가지다. 단발의 논란회피적인 대증요법은 내성만 키운다. 더 값비싼 비용과 엄청난 노력을 요구할 뿐이다. 인구는 상수(常數)다. 상수가 악재인데 방치할 수는 없다.

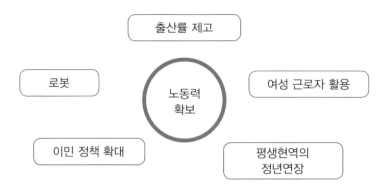

〈그림〉 인구변화에 맞선 5대 정책항목 – 노동력 확보방안

출산률 제고

로봇

노동력
확보

여성 근로자 활용

이민 정책 확대

평생현역의
정년연장

인구부총리가 절실한 이유[21]

인구해법은 쉽지 않다. 대단히 복잡하고 지난하며 오랫동안 다방면에 영향을
미치기에 그만큼 근원적인 문제해법도 어렵다. 이런저런 당면한 고려사항을 모두
생각할수록 인구갈등의 해법모색은 멀어진다. 지금 한국사회가 딱 이 모습이다.
인구문제의 심각성은 높아졌지만, 구체성은 되레 옅어진다. 총론엔 찬성하되 각론
은 분열천지다. 결코 만날 수 없는 평행선처럼 이권고수적인 자기주장만 난무한
다. 아무리 둘러봐도 인구문제를 해결하려는 진정성과 의지발현은 찾기 어렵다.

이때 필요한 게 명확하고 확실한 철학이다. 지속가능한 한국사회를 미래 세대
에 물려주겠다는 철학 없이 이쪽저쪽에서 던져지는 견제와 압박은 피할 수 없다.
그토록 중시하는 명분조차 완벽하건만 이렇듯 인구정책이 지지부진한 건 철학의
부재 없이 설명하기 어렵다. 인구정책은 퍼주기 식의 인기영합으로 유지될 수 없

---

21 브릿지컬럼, '인구문제 해결할 인구부총리 절실하다', 전영수 컬럼, 2017.10.9

다. 결국 한정자원의 배분문제일 수밖에 없다는 점에서 반발과 거부 그리고 저항은 필연적이다. 이를 뛰어넘지 않고선 개별구성원의 합리적인 선택일 수밖에 없는 출산파업은 저지하기 힘들다.

인구정책은 애초부터 이중삼중의 허들 통과가 불가피한 숙제다. 세대정책인 까닭에 오랜 시간이 필요하고, 상당수준의 자원투입이 불가피하며, 무엇보다 정책단위에 채택될 만큼 성과유인이 별로 없다. 당장 조직을 키우고 예산을 따내는 게 관료사회의 절대선인 상황에서 먼 훗날에야 성과가 확인되는 인구정책은 결코 따뜻하지도 달콤하지도 않다. 한국만이 아니라 많은 국가에서 투입대비 산출효과가 낮은 이유다. 그럼에도 손 놓고 있어선 곤란하다. 옷이 다 젖은 후에 우산을 찾아본들 무용지물인 법이다.

지금 절실한 건 강력한 정책실현의 철학을 갖춘 확고부동한 정치 리더십이다. 범접하기 어려운 리더십이 전제될 때 이해관계의 조정과 장기실현의 궤도를 구축할 수 있다. 지지부진한 진도를 빼자면 리더십의 일갈과 이를 뒷받침할 실행제도를 갖추는 게 시급하다. 시험날짜는 다가오는데 성적이 고만고만하면 부모의 선택카드는 말발이 아닌 결과를 만들어낼 교육리더를 찾는 수만 남는다. 장기간 거금을 들였는데도 성적표가 별로면 가만히 있을 부모는 없다. 누구도 자유로울 수 없는 인구문제의 당사자성을 볼 때 무관심한 방임은 두고두고 뒷덜미를 잡을 수밖에 없다.

인구문제의 해결에 어정쩡한 대증요법은 곤란하다는 게 지금까지의 결론이다. 대통령제의 1인자가 직접 총대를 메지 못한다면 그 다음의 권위·권력을 갖춘 책임자라도 지정해 인구문제를 전담시키는 게 바람직하다. 가칭 '인구부총리'의 제안이다. 이 정도가 아니라면 복잡하게 얽힌 이해관계와 우선순위를 조정하기 어렵다. 중앙부처를 실질적으로 호령함으로써 인구문제의 진정성과 철학수립은 가능해진다. 주지하듯 한국의 인구문제는 세계적인 관심사다. 이토록 절망적인 인구변화는 동서고금의 전대미문이다. 엄청난 문제는 엄청난 실력이 아니면 해결하기 어려운 법이다.

제2부

인구변화로 등장한
신고객 5

제3장

새로워지는 '요즘어른'에 주목하라!

미래사회는 고령사회다. '늙음'이 일상이슈일 수밖에 없는 부인할 수 없는 시대명제다. 아직은 고령인구 법적기준^(65세↑)을 넘어선 숫자가 100명 중 15명^(2019년 6월 15%)뿐이라 실감하긴 어렵다. 많다면 많기에 '고령사회^(14%↑)'로 규정되지만, 절대비중은 아니다. 20%를 훌쩍 넘긴 국가도 6개국이니 특수상황도 아니다. 다만 앞서 반복했듯 늙어가는 속도·규모가 예측추월은 물론 타의 추정을 불허한다. 초고령사회^(20%↑)로의 진입^(2025년)까지 채 5~6년밖에 남지 않았다. 그나마 낙관적 추계다.

인구구성이 바뀌면 사회풍경은 달라진다. 일본은 고령풍경이 일상적이다. 어디든 고령인구가 지배한다. 실제 2018년 현재 세계에서 가장 늙은 사회다^(28.1%). 2006년 초고령사회 진입이후 가속도가 붙었다.

3명 중 1명이 고령인구다. 근무시간이 아닌 주간타임 땐 소비활동의 핵심주체가 고령인구로 중첩된다. 좀 과장하면 일본경제를 먹여 살리는 게 고령인구다. 금전·신체·정신 모두 여유로운 은퇴세대로 불리며 이전세대의 노후생활과는 확연히 달라진 역할·존재감을 자랑한다. 늙음이 펼쳐낸 새 트렌드다.

'미래소비=고령인구'와 새로워지는 요즘어른

한국은 이제 시작이다. 늙음시장의 본격 개막이 예고됐다. 일본조차 가볍게 뛰어넘는다. 해당인구의 경우 2060년 한국(40.1%)은 일본(36.9%)을 넉넉히 압도한다. '미래소비=고령인구'에 동의하면 이 길에 먼저 들어선 일본 연구는 유효할 수밖에 없다. 일본사회가 직면한 늙음의 사회경제적인 패턴을 읽으면 앞으로의 시장 트렌드도 보이는 까닭이다.

고령사회는 거리·간판 등 기존 풍경을 뒤흔든다. 사람이 바뀌었으니 그들의 행동양식이 달라질 뿐더러 맞춤대응도 자연스럽다. 대중교통부터 소매유통·음식료업까지 고령지갑이 호령한다.

일본 사례를 몇 가지만 떠올려보자. 버스발차는 착석 이후 천천히가 상식이다. 쇼핑 공간 곳곳엔 의자 설치가 증가세다. 노인고객을 집중 응대하는 고령직원도 많다. 동네공원은 놀이시설이 운동시설로 대체됐다. 초등학교는 간병시설로 간판을 바꿔 단다. 신문광고는 장례대행·묘지선전이 태반이다. 폐업한 산부인과엔 정형외과(접골원)가 들어선다. 사라진 새벽잠을 대체할 아침시장도 성황이다. 편의점은 간병상담까지

해준다. 늙음을 특별 대우하는 소개 문구는 어디서든 목격된다.

다만 아직은 어설프고 낯설다. 당위론은 맞는데 현실론은 뾰족잖다. 시대변화는 맞는데 공략지점이 애매하다. 불확실성이다. 그래서 한발은커녕 반보 떼기도 고민스럽다. 이때 유효한 수식어가 바로 '새로운' 혹은 '새로워지는'이다. 인구변화발(發) 새로운 고객 출현에의 주목인 셈이다. 예전 잣대를 버리고 달라진 늙음을 이끄는 신고객의 포섭·정복이 곧 닥칠 본격화될 고령사회의 출발일 수 있어서다. 요컨대 '새로운 어른시장'의 가치발굴을 통해 고령시장의 생존전략은 시작된다. 변화를 알면 출발과 종착까지 연장선이라 새로운 어른의 미래욕구뿐만 아니라 기존욕구까지 무난하게 커버된다.

탈(脫)늙음과 향(向)젊음의 공존욕구

'요즘어른'은 달라지고 있다. 갈수록 '예전어른'과는 뼛속까지 다름을 표방한다. 어제와 다른 중년이 늙어가며 하나둘 새롭게 노년에 진입한 결과다. 당분간은 '어제어른+요즘어른'이 공존하겠으나, 요즘어른의 양적증대가 예고되면서 무게중심은 '어제어른→요즘어른'으로 정리된다. 즉 결이 다른 고령인구의 맞물림이 예상된다. 많은 점에서 요즘어른은 신인류에 가깝다. 제도기준으로는 늙음인데 현실인식은 젊음을 지향한다. 탈(脫)늙음과 향(向)젊음의 공존세대다. 그래서 요즘어른은 부정적이기보다 긍정적이고, 소극적이기보다 적극적이며, 폐쇄적이기보다 개방적이다. 극적인 인식변화에 익숙한 욕구주체이자 예전패턴을 거부하는 상식파괴의 소비 주역이다.

그렇다면 요즘어른은 뭐가 달라졌고 또 달라질까. 40~70세를 중년이라면 이들은 사실상 현역세대 소비지점과 대부분 일치한다. 예전어른과 비교해 상대적으로 늙지도, 아프지도, 외롭지도 않은 신인류다. 단순한 고령·노년·은퇴의 부정적인 이미지에 함몰돼선 곤란하다. 이들이 열어젖힐 '어른시장'은 늙음을 거부한다. 지금처럼 '노인=늙음'의 인식으론 대처불가다.

즉 요즘어른은 늙어가는 유형·욕구·지향이 제각각이다. 살아온 경로 자체가 어제어른과 다르니 그 관성에서 차별화된 소비지점을 만들어낸다. 고령인구라도 연령별로 차별화된 소비지향은 제각각이란 점에서 더욱 세밀·구체적인 욕구충족에 주목할 필요가 있다. 일례로 프리미엄시장(65-74세), 미드시니어시장(75-84세), 업시니어(85세↑)[1] 등의 구분처럼 단순히 매스고객이 아닌 차별수요의 발굴이 관건이다.

---

1 日本政策金融公庫(2015), '少子高齢化時代の新ビジネス', p.15. 고령시장의 수요가 다양해지면서 과거의 단순한 연령구분에 따른 필요품목의 발굴은 지양되는 분위기다. 같은 고령인구라도 연령별로 선호되는 소비품목이 달라진다는 점에서 최근 일본에선 고령인구를 연령대별로 더 세분화해 맞춤형 소비지점을 분석하는 연구가 잦아지는 추세다.

시장	대상	개요
프리미엄 시장	65-74세	시니어보다 Hyper Middle(초중년) 지향. 직능훈련센터, 전문직교육산업, 체력유지·보완상품, 여행, 교양세미나, 피트니스클럽, 항노화상품의 확장소비
미드시니어 시장	75-84세	자산유무로 소득격차 발생. 자산운용서비스, 가사간략화가전, 배리어프리주택, 여유여행, 풀서비스카페, 오락실, 유희형데이서비스 등 수요증가
업시니어 시장	85세↑	자유시간이 균일적으로 증가. 생활지원가사, 재택생활지원, 주택간병·시설간병, 슈카츠(終活), 간병부가여행, 시설형예능·오락서비스 등 증가예상

– 자료: 日本政策金融公庫(2015), '少子高齢化時代の新ビジネス', p.15

욕구별로 늙음을 더 분해하라

따라서 늙음은 분해될 필요가 있다. 갈수록 어른시장의 관심사·확장력은 넓게 포진될 수밖에 없다. 요즘어른은 평균적으로 고학력이다. 많이 배웠으니 경험의 폭과 기대수준이 높다. 해외트렌드에도 밝고 익숙하다. 다양한 인생경험은 까다로운 고객출현과 맞물린다. 매스 시대의 다수시장이 아니다. 달라진 가치관을 토대로 차별화된 기대수준을 시장·기업에 요구한다. 제품이든 서비스든 매한가지다.

그럼에도 공통점은 있으니 불안한 노후생활과 길어진 평균수명의 대처욕구다. 덩치는 커졌는데 속내는 달라진 거대고객의 출현이 지금부터 본격화될 어른시장의 메가트렌드다. 또 당분간은 어른시장의 파워를 중년이 쥐겠으나, 갈수록 노년화될 전망이다.

어른시장의 세세한 차별욕구는 다양한 소비변화를 잉태한다. 크게 필수욕구와 선택욕구로 구분된다. '필수욕구→선택욕구'로의 확장은

매슬로의 욕구 5단계에 맞춰 경제력·건강력·지향점을 반영해 점진적으로 넘어간다.[2]

먼저 필수욕구(1단계)는 기본적인 생활품목으로 생존을 위해 필수불가결한 소비항목이다. 어제어른이든 요즘어른이든 모두 해당되는 반복구매의 소비재화다. 단 현역소비와 달리 가령(加齡)한계를 반영해 삼시세끼·구매대행·가사대행·안부확인 등으로 확장된다.

건강욕구(2단계)는 필수욕구가 해결되면 자연스레 발휘되는데, 이때부터는 어제어른과 요즘어른이 구분된다. 빈곤환경의 어제어른은 최소한의 기초수요와 생활불편을 해소하는 필수욕구에 급급한 반면 탄탄한 경제력의 요즘어른은 일상생필품은 가볍게 소비하며 다음단계인 건강욕구까지 손쉽게 관심사를 확장한다. 소비지점은 예방운동·간병대책·전용주택·사후준비 등의 키워드로 정리된다.

생활욕구, 굳이 넓힌다면 건강욕구까지는 필수소비다. 어른시장을 구성할 일반·범용·기초적인 소비지점이다. 고령사회 초기시장에선 이들 1~2단계 소비욕구가 급성장한다. 특히 2단계 건강욕구는 불가피한 장기유병에 맞춰 의료·간병아이템으로 부각되며 시니어마켓의 핵심파트로 이해된다. 실제 시니어마켓에서도 의료·간병은 여전히 중요한 범용수요다. 일본의 경우 시니어마켓은 2007년 62조9,000억엔

---

2 전영수(2016), 『피파세대 소비심리를 읽는 힘』, 라의눈. 여기서부터 5가지 욕구단계별의 설명은 졸저의 6장부터 10장에 자세하게 기술되어 있으니 그 내용을 추가해 참고하기 바람.

에서 2025년 101조3,000억엔으로 61% 성장하는데, 이 중 의료·간병 산업이 얼추 절반(50조2,000억엔)을 차지한다.[3] 아플 수밖에 없고, 쓸 수밖에 없어서다. 여기엔 의료·간병보험에 의탁한 공적지출이 절대다수를 차지한다. 개별적인 사적지출보다 공적보험에서의 지출확대가 뚜렷해진다.

〈표〉 고령자시장의 규모와 내용별 구성추이(단위:억엔)

산업별	내용별	2007년		2025년	
전체시장	–	62조9,000억엔		101조3,000억엔 (61.0%↑)	
의료·의약산업	· 서비스:의사인건비/조제보수 · 의료기구:진단기기/처치·수술필요기기 · 의약품:치료약/진단약/예방약 · 시설관련비용:입원비	16조 2,000억	·공적: 19조8,000억 ·사적: 2조8,000억	35조 (116.0%↑)	·공적: 44조 ·사적: 6조2,000억
간병산업	· 재택간병:방문·통소서비스/예방지원/복지용구 · 거주간병:단기입소서비스/그룹홈 · 간병시설:간병서비스/입주비용·시설관련비용	6조 4,000억		15조 2,000억 (137.5%↑)	
생활산업	· 식료:식료품제조업/음식점 등 · 가구·가사용품:제조업/도소매업 · 피복·의류/섬유업 등 · 교통·통신:운수업/정보통신업 등 · 교양·오락:교육/서비스업 등	40조3,000억		51조1,000억 (26.8%↑) ·전액사적	

– 자료: みずほコーポレート銀行(2015) '高齢者向け市場規模', p.52

3 みずほコーポレート銀行(2015) '高齢者向け市場規模', p.52

대한민국 인구·소비의 미래

현역감각 연장해주는 시니어시프트 주목

그럼에도 2단계까지는 어쩔 수 없는 고령수요의 기본수요다. 늙어 아프면 누구든 지출할 수밖에 없는 토대산업이다. 지금부터 등장할 요즘어른도 예외는 아니지만, 주목해야 할 새로운 어른시장과는 결과 격이 다르다. 부유하고 건강한 신인류적인 요즘어른은 필수재에서 선택재로 소비전선을 확대한다. 시니어시프트(Senior Shift)[4]로 요약되는 '현역대상→고령반영'의 흐름과 일맥상통한다. 현역대상 제품·서비스에 은근슬쩍 고령의 신체특성을 반영해 티 나지 않게 어른수요를 잡으려는 전략이다. 이는 판에 박힌 부정적 의미의 고령시장이 아닌 새로운 의미의 적극적인 현역연장식 소비유형으로 귀결된다. 어제어른과 요즘어른의 달라진 상황·인식·욕구를 커버하려는 형태다.

결국 3단계 관계욕구부터가 사실상 요즘어른이 개막시킬 다가올 어른시장의 차별·선택적인 포인트의 출발점이다. 어제어른 중에선 극히 일부 노년만 해당됐다면 2020년부터는 잠재적 고객규모·시장파이가 본격적으로 확대될 파트다. 달라질 어른시장의 핫이슈인 건 물론이

---

4 최근 일본에선 실버·시니어·고령자로 불리는 고령인구의 눈높이에 주목한다. 그간의 오류시정과 전략수정도 신중해졌다. 철저한 수요분석의 결과다. 통칭하면 시니어시프트(Senior Shift)로 불린다. 무게중심을 현역고객에서 노인고객에 맞춰 옮겨가기 시작했다는 의미다. 미래시장의 주인공이 누군지 인구변화로 확인했으니 기업전략도 여기에 맞춰 전환하겠다는 움직임이다. 즉 현역인구에 맞춰 제품·서비스를 제공할 게 아니라 고령인구까지 끌어들여 그들이 사용하기 편한 형태로 내용을 조금씩 수정하는 전략이다. 그렇다고 현역차별은 아니며, 현역소비와 고령소비를 한꺼번에 배려한 형태다.

다. 3단계는 관계욕구로 소비지점과의 연결키워드는 가족주의·손자 사랑·효도상품·황혼인연 등이다. 새로운 고령본능임과 동시에 반복 적인 소비여력이 확인되는 마법의 지출지점이다. 생활불편이 없는데 다(1단계) 건강하기까지 하니(2단계) 비로소 주변가족·인연관리에 지갑을 여는 고령 특유의 상황반영적인 소비다.

4단계는 개별적인 행복욕구다. 노화방지·생활유희·취미학습·추억 반추 등의 키워드로 청춘시절의 만기를 연장하고, 잉여시간을 즐겁게 보낼 수단으로 지적환희를 추구하는 수요다.

최종적인 5단계는 밝고 즐거운 노후생활을 최대한 장기간 유지하려 는 희망욕구가 해당된다. 이동권리·여행욕구·거주이전·자산운용 등 의 키워드를 본인화함으로써 고령임에도 미래를 준비하고 맞춤행복을 추구하려는 소비지점이다. 독특한 건 5단계 희망욕구가 그간의 생애 주기론·라이프사이클이론과 결별하는 새로운 반발현상이란 점이다. 늙는다고 행동반경을 줄이고 삶을 정리하지 않아서다. 그간의 고정관 념과 달리 70~80세인데 부동산을 사들이고, 과감하게 여행하는 경우 가 대표적이다.

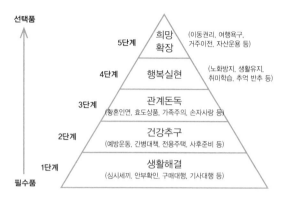

5. 이동권리/여행욕구: 행복의 맞춤경험
   거주이전/자산운용: 새로운 미래준비

4. 노화방지/생활유지: 청춘의 만기연장
   취미학습/추억반추: 잉여의 지적환희

3. 가족주의/손자사랑: 마법의 지출욕구
   효도상품/황혼인연: 새로운 고령본능

2. 예방운동/간병대책: 병을 이기는 방법
   전용주택/사후준비: 건강한 최후소비

1. 삼시세끼/구매대행: 최소한의 기초수요
   안부확인/가사대행: 생활불편의 해소

– 자료: 전영수(2016), 『피파세대 소비심리를 읽는 힘』, 라의눈. p.262

'고령화+단신화+무직화'→'경제력+신체력+시간력'

일본은 요즘어른이 시니어마켓을 쥐락펴락한다. 한국보다 빨리 가처분소득·구매력을 갖춘 달라진 어른시장이 펼쳐진 결과다. 한국도 조만간 과도한 자녀부양과 부족한 은퇴준비로 빈곤나락에 빠진 어제어른과 완전히 달라진 신인류적인 요즘어른의 대량등장이 예고된 상태다. 상황이 이러하니 여전히 간병·의료에만 천착해선 곤란하다. 그 시장은 그 시장대로 두고 생활·건강욕구를 넘어 관계·행복·희망욕구로 확장되는 요즘어른의 새로운 관심사에 주목하는 게 바람직하다.

이렇게 되면 그간 상식이었던 내향·폐쇄적인 노년생활은 설 땅을 잃을 전망이다. 앞으로의 소비주역은 달라진 광범위한 어른소비로부터 시작되고, 시장장악도 여기에 맞춰 재편될 수밖에 없다. 힌트는 주어졌다. 벌써 지금의 중년은 완전히 달라졌다. 시나브로 요즘어른의 등장이다.

요즘어른의 본격 부각이 주목되는 최대배경은 역시 탄탄한 경제력이다. 일본은 '시니어=경제력'이 일반적이다. 1,800조엔의 가계 금융자산 중 60% 이상을 고령인구가 장악했다. 베이비부머의 고령가세로 갈수록 해당 비중은 증가세다. 탄탄한 소비능력은 노후생활의 불확실성 탓에 절약지향을 심화시켰던 예전어른과 달리 적극적이고 활동적인 소비주체로 변신시킨 배경이다. 은퇴 이후의 뒷방퇴물을 거부하고 늙어감에도 중년·현역지향의 소비주역으로 잔존해 내수시장을 주도한다. 신체연령은 노인이되 소비지향은 중년·현역시절을 지향함으로써 시니어시프트를 추동한다.

가계실태조사를 보면 2016년 가구주 세대분포 중 60대 이상이 53.6%로 커졌다. 2001년 37.7%보다 증가했다. 동일기간 고령인구도 17.3%에서 27.4%로 늘었다. 이로써 '고령화+단신화+무직화'의 전형적인 고령특성은 희박해진다. 요즘어른은 '경제력+신체력+시간력'을 무기로 새롭게 변신했다.

사례는 많다. 장난감브랜드 반다이(バンダイ)는 세계적인 지명도를 갖췄지만. 판매환경은 갈수록 어려워졌다. 출산 감소로 유력고객(아동)이 줄어 시장 위축의 위기감이 고조된 것이다. 그 타개책이 '어린이→고령자'로의 고객전환이다. '고령자+장난감'을 연결시킬 절호의 아이디

어가 필요했다. 결국 신체를 움직여야 하는 장난감일 경우 칼로리 표시를 넣어 운동효과를 알려주는 식으로 요즘어른의 예방의료 욕구를 자극했다. 소형장난감은 어른 손에 맞춰 크게 키워 접근장벽을 낮추고. 설명서 등 글자 확대도 노안대비책으로 제안됐다. 광고 키워드에 손자와 즐기는 장난감이란 말을 넣어 내리사랑을 강조하는 전략까지 도출됐다. 약간의 발상전환과 섬세한 생활관찰로 새로운 욕구발굴에 성공한 셈이다.

유명한 여행대리점 HIS도 요즘어른에 주목했다. 거대상대인 JTB와의 경쟁구도 타파차원에서 돌파구로 어른고객을 지목한 셈. 출발은 고정관념의 탈피다. 현역인구, 특히 청년세대를 중심으로 일등공신이된 커플여행 등 젊은 이미지 불식부터 시작했다. 여행사의 유력한 판매수단인 전단지 레이아웃도 어른고객 친화적으로 개편했다. 각종 정보를 총망라해 복잡하고 작게 구성한 정보종합지로써의 전단지로는 어른고객을 설득할 수 없어서다. 현역인구야 종합정보가 좋지만 고령고객은 여백이 많고 글자가 적으면서 일부 특징만 강조한 걸 선호한다는 사실을 적극 채택했다.

새로운 어른시장을 주도할 소비지점들

달라진 요즘어른을 둘러싼 시장·기업반응은 적극적이다. 고정관념을 탈피한다는 점에서 '새로운 어른(新しい大人)시장'의 탄생이다. 단순한 고객규모로써의 양적증대만이 아니라 달라진 질적변화에 포커스를 맞

취 요즘어른을 분석한다. 새로운 어른시장의 소비규모가 60%에 달한다는 점에서 놓칠 수 없다. 길게 봐 이들 새로운 어른이 만들어낼 문화를 리드함으로써 거대한 인구변화에 직면한 해외시장까지 공략한다는 전략이다. 대부분 기업은 일찌감치 요즘어른을 연구하는 전문부서를 만들었고, 몇몇은 시장선점을 위해 대량의 광고홍보와 차별적인 신제품·서비스를 제공한다.

대체적인 접근자세는 △시니어·정년·은퇴·세컨드라이프 등 기존의 고령자 키워드 배제 △향후인생의 방식에 희망을 던져주는 '인생 지금부터'라는 감각 제시 △동년배의 유명인물을 통해 발신효과를 키우도록 새로운 어른의 라이프스타일 제시 등으로 압축할 수 있다.

더불어 새로운 어른이 관심을 갖는 소비지점과 관련된 키워드는 다음과 같다. 3세대 커뮤니케이션, 라디오, 부부만의 사치, 온라인(컴퓨터·휴대폰 등) 활용급증, 돈 걱정 없는 생활, 남편만의 아내신뢰, 식생활 우등생(삼시세끼의 기대·만족감), 현재건강·향후질병의 불안감, 세대교류 강력의지, 정년 이후 남자로망, 성숙에서 센스로, 부부관계 개선, 저축노인에서 투자소비로, 소식에서 육식으로, 미디어로의 발신 주체, 사회공헌 엘더, 조용한 노후에서 라이프스타일의 창조자로, 여행은 명소관광에서 아내 우선 자유체제로, 간병불안에서 간병예방으로, 손자바보에서 손자친구로, 중고령여성의 자기폭발 레이디성, 시니어를

거부하는 당사자성, 효도선물은 가족동반식사로 등이 있다.[5] 지면관계
상 자세한 설명은 생략하지만, 키워드만으로 요즘어론의 달라진 소비
지향은 충분히 확인된다.

다만 한국은 아직이다. 요즘어른의 등장은 2020년부터 점차 세를
불릴 전망이다. 그럼에도 이미 달라진 중년소비를 보건대 요즘어른이
펼칠 새로운 소비잠재력은 충분하다. 그들은 50%에 육박하는 상대빈
곤율로 고전하는 옛날의 노년인구가 아닌 까닭이다. 덩치도 크고 돈도
상당한 인구집단이다.

앞서 설명처럼 광의의 베이비부머(1955~75년생, 1,700만명) 중 선배세대
가 은퇴연령인 60대에 이미 진입했고, 2020년부터는 공적연금 수급연
령인 65세, 2030년이면 75세로 착착 들어선다. 발 빠른 기업은 몇몇
포인트에서 이미 요즘어른과의 접촉빈도를 높이며 사업모델을 실험
중이다.

2018년 AK플라자 분당점은 시니어고객을 위한 전용 스터디클럽을
개업했는데, 이는 백화점 업계 최초다. 50~70대 매출이 전체의 40%
에 육박하자 서로 배우고 가르치는 '아름다운 인생학교'를 설치한 것
이다. 심리학, 일본어, 서양미술사, 아이리시 휘슬 등 여러 강좌개설

---

5 http://hakuhodo-seniorbussiness.com/project/shinotonaken.html(검색일:2019.08.24.) '새로
운 어른'의 등장과 그들의 소비성향 등에 대해서는 하쿠호도(博報堂)가 전문적으로 연구하고 있다.
2000년 광고회사로는 최초로 고령사회를 집중·분석하는 부서(エルダービジネス推進室)를 만들었
고, 이후 2011년 '새로운 어른문화연구소(新しい大人文化研究所)'로 확대·개편했다. 통신·물류·금
융·식품·주택·화장품 등 성공사례를 소개하며 주목을 받는다.

후 등록자는 봄학기 39명에서 가을학기 62명으로 급증했다. 매출효과도 기대되는데 봄학기 수강생의 평균구매액(3~5월 기준)이 일반회원보다 6배나 증가한 것으로 확인된다.[6]

　실버 편집숍으로 실패했던 롯데백화점은 젊고 날씬해 보이길 원하는 요즘어른의 심리를 읽고 체형보정청바지를 내세워 반전에 성공했다. 내용은 실버라도 포장은 젊음으로 치환한 게 먹혀들었다.[7] 돋보기·안경줄 등 시니어 전용상품에 유니크한 디자인을 덧입혀 기능적 물건에서 패션아이템으로 진화시켜 올드이미지를 없애버린 이플루비 사례도 요즘어른의 기호와 감성파악에 성공한 사례다.[8]

요즘어른의 라이프변화에 틈새힌트

　나이를 먹어갈수록 라이프패턴은 달라진다. 그 미묘한 차이에 신시장의 힌트가 있다. 역시 중년 이후부터 본격적인 생활변화가 시작된다. 대표적인 게 아침을 활발하게 보내려는 조활(早活)트렌드다.

　먼저 스포츠 및 레저 시설이 적극적이다. 오픈시간을 앞당겨 고령인구의 새벽활용에 대응한다. 도쿄의 탁구장(업티탁구스테이션)은 주중 아침 7시20분부터 교습을 개최한다. 주택가에 위치한 전통음악·피아노 등의 교습소도 아침을 즐기려는 고령고객을 위한 각종 혜택을 제시한다.

6　서울파이낸스, 'AK플라자 스터디클럽 열어 시니어 단골 만든다', 2018.02.19.

7　매일경제신문, '[탈실버로 실버를 공략하라] 내용은 '실버'라도 포장은 '젊음'으로', 2013.07.16

8　포춘코리아, '액티브 시니어 비즈니스가 뜬다 (3) Case Study 이플루비', 2019.02.28

종합레저업체(라운드원)는 주말 및 휴일아침 5~8시에 볼링게임 할인제도를 실시해 고령고객의 수요확인에 성공했다. 계열노래방(후쿠오카노래방)은 아침 6~12시 풀타임에 400엔 마케팅을 펼쳐 고령고객의 호응을 얻어냈다. 아침식사까지 포함한 690엔짜리 할인권은 발매와 동시에 매진사태까지 낳았다. 전국 공통 713엔에 노래·음료 무제한은 물론 동반할인까지 적용해준다.

극장체인(TOHO시네마)은 빌 수밖에 없는 아침시간 영화관을 활용한다. 유효활용의 극대화를 위한 프로그램(Senior Voyage)으로 인기가 높다. 일본의 절과 골목길 등 추억을 반추하는 화면으로 눈길을 모은 후 역사인물·전통문화를 소개하는 상품이다. 극장이 비는 8시부터라 800엔 저가에도 남는 장사다. 항공운임의 아침할인까지 생겨났다. 스카이네트아시아항공은 만 55세 이상에 한정해 아침 6~7시 출발편의 국내선 일부 노선 항공요금을 1만2,000엔으로 설정해 화제를 모았다.

24시간 영업하는 국민밥집 규동(牛丼)체인도 아침수요에 주목한다. 아침산책길에 식사를 해결하도록 맞춤형 메뉴를 선뵀다. 스키야는 영양밸런스를 맞춘 화식(和食, 일본식)을 미니사이즈 170엔 파격가로 제공한다. 뷔페체인(코코스)은 평일·주말의 가격정책을 달리하자 고령고객의 평일방문이 늘어난 데 주목, 신선메뉴를 대폭 보강해 눈길을 끌었다. 수제빵을 비롯해 메뉴에 신선한 생선요리를 추가해 음식에 민감한

요즘어른의 입맛을 배려했다는 후문이다.[9]

중년 이후 레저 수요가 많다는 점도 요즘어른의 차별점이다. 어릴 적 충분히 못 즐긴 게임센터에 눈을 돌리는 신규 접근이 증가세다. 원래 게임센터는 고급화·대형화로 효율성을 추구했지만, 출산감소로 사양화에 접어들자 그 대안고객으로 고령인구에 집중하기 시작했다. 실제 이렇다 할 취미·유희대상이 없고 구매력이 상대적으로 낮은 경우 게임센터가 훌륭한 대안이다. 매출감소를 막고자 고령특전을 내세워 재미를 본 경험도 한몫했다. 그 연령대를 낮춰잡으며 중년고객까지 적극 흡수한다는 전략이다. 요금할인은 물론이고 음료·과자를 무료로 제공하거나 새로운 게임의 경우 직원이 세세하게 가르쳐주는 서비스도 있다. 선두주자인 다이이치흥상은 게임센터와 노래방·요가교실까지 병설해 종합공간을 지향하며 고령고객의 관심권에 들었다.

테마파크도 마찬가지다. 도쿄디즈니랜드·하우스텐보스 등의 유명한 놀이시설은 최근 저출산에도 불구, 매출을 증진해 화제인데 그 일등공신이 새로운 고객집단으로서 등장한 고령인구로 정리된다. 주력시설을 수정하고, 맞춤서비스를 강화한 덕분이다.

찾아가야 열리는 어른채널의 신풍경

달라진 요즘어른의 신규 수요가 미래사회의 신시장을 주도할 것이란

---

9 전영수, '조활로 불리는 틈새시장', 신용사회, 2014년 11월호.

전망은 하나둘 현실로 체화된다. 요즘어른이 본격적인 구매 주체로 등장하면 지금까지의 시니어산업이 보여준 한계극복도 충분히 가능해진다. 관련 움직임은 확대될 수밖에 없다. 눈앞의 고객발굴과 함께 향후의 입도선매라는 다목적성을 볼 때 신시장으로써의 성장조건을 두루 갖췄다. 요즘어른을 위한 우대서비스와 틈새욕구 발굴은 인구통계를 볼 때 결코 놓칠 수 없다. 중년부터의 반복구매는 이용경험·감동확인이 전제될 때 가능하다. 한국은 초기단계이자 분기점에 섰다. 다만 일본보다 더 급속한 요즘어른의 대량부각이 예고됐다. 기존의 연령마케팅으로는 성장담보가 어렵다. '청년→중고령'으로의 중심이동도 확인됐다. 달라진 시대의 새로운 고객집단에 주목하는 건 당연지사다.

요즘어른을 위한 공략방향은 두 가지로 요약된다. '집에서 기다리되① 눈앞에서 직접 확인한 후②' 구매결정을 내리는 형태가 유력하다. 즉 배달·택배는 익숙하고 편한 구매방식으로 계속해서 선호하되, 그렇다고 전적으로 흡수하지 않고 직접 눈앞에서 일일이 재본 후 구매한다는 얘기다. 이율배반적이지만, 어른 특유의 한계·선호가 반영된 새로운 소비스타일이다.

즉 요즘어른은 온라인쇼핑에 익숙해 클릭으로 소비한다. 생활반경의 골목상권은 이렇다 할 소매점포도 별로 없다. 거점형 대형할인점으로 재편된 지 오래다. 나이를 먹을수록 교통권·이동권의 제한도 염려스럽다. 이 욕구해결의 접점에 온라인쇼핑이 있다. 반대로 온라인쇼핑은 어쩔 수 없이(?) 께름칙하다. 접근성은 좋아도 간접쇼핑인데다 비대면이라 제한적이다. 눈앞에서 직접 확인·경험한 후 구매할 때 만족도가 높아진다.

따라서 ①과 ②는 차별적인 소비채널이지만, 요즘어른을 모두 품어안을 절대적인 선호채널은 아니다. 온라인과 오프라인의 한계이자 나이를 먹고 상권이 변할 요즘어른의 불편·불안·불만 지점이다.

실제 한 컨설팅업체가 제안한 요즘어른이 선호함직한 10가지 공략지침을 보면 몇몇은 ①과 ②의 욕구해결로 연결된다.[10] 복잡성을 제거하되 최첨단을 내려놓지는 말고, 네트워킹처럼 아지트를 제공하되 주체적인 성장·발전을 위한 장을 만들라고 조언한다. ①과 맞는 흐름이다. 반면 신체변화·생활방식의 변화에 따른 불편을 해소하는 소비방식을 제안하고, 가까운 곳에서 일상소비를 해결해줄 뿐만 아니라 사람과의 상호작용을 통한 스킨십을 강조하는 대목에선 ②와 연결된다. 따라서 '집에서 기다리되 눈앞에서 직접 확인하는' 달라질 요즘어른을 위한 특화채널을 준비할 필요가 있다.

---

10 https://www.mk.co.kr/news/economy/view/2013/07/589892/(검색일: 2019.08.26.)

〈표〉 탈실버를 위한 10가지 공략지침

구분	지침	내용
1	실버를 버리라	노인전용 제품·서비스의 강한 반발심 존재
2	최첨단 아닌 복잡성을 제거하라	첨단·최신제품의 과시욕과 복잡성의 비선호 공존
3	디자인·스타일을 포기하지 말라	신체불편의 효율·세련된 해결형 스타일상품 선호
4	똑같은 남자와 여자로 인식하라	아름다움에 대한 보편적 추구현상 정착
5	아지트를 제공하라	네트워킹 공간에 대한 절대적인 수요존재
6	무위고(無爲苦)에서 해방시키라	은퇴이후 주체적인 성장·발전 위한 적극투자 실행
7	가족을 만들라	여생을 외롭지 않고 보내려는 열망존재
8	소비방식을 배려하라	신체변화·생활방식 변화에 따른 일반적 고령불편
9	가까운 곳에서 팔라	최소한의 활동반경에서 일상소비 해결의향
10	스킨십으로 마음을 움직이라	구매과정에서 사람과의 상호작용 매우 중시경향

– 자료: T–Plus

새롭게 조명받는 방문판매의 미래학

신시장을 주도할 유력한 어른친화적인 판매채널은 방문판매가 아닐까 싶다. 사견이지만, '집에서 기다리되 눈앞에서 직접 확인하는' 방식은 방문판매가 꽤 유력하다. 달라질 1,700만 요즘어른의 상황변화·선호패턴을 두루 짐작컨대 방문판매만큼 겹치는 형태도 없다. 바꿔 말해 '찾아가는 판매서비스'다. 찾아가되 직접 보고 구매여부를 결정한다는 점에서 ①과 ②의 딜레마 모두를 해결할 수 있다.

아직은 젊다지만 1,700만 요즘어른도 2030년이면 노인유병비율이 높아지는 75세에 진입한다는 점에서 교통·이동권의 제한이 불가피하다. 구매공간으로 직접 가 쇼핑하지 못하는 시대가 다가온다는 얘기다. 그렇다고 모든 걸 인터넷쇼핑만으로 해결할 수도 없는 노릇이다.

특히 인터넷 구매환경은 나날이 복잡해질 수밖에 없어 이를 캐치업한다는 것도 어렵다.

동시에 골목상권의 유통변화는 일상다반사다. 과소화된 농촌·시골마을은 물론 도심권역에서조차 구매난민이 출현하기에 찾아가는 판매서비스의 방문소비는 더 확대될 수밖에 없다. 일본(30%대)보다 수도권 인구집중도가 높은 한국(52%)의 경우 과소지방에 사는 구매약자로서 어른고객의 대량출현은 기정사실이다. 따라서 찾아가는 판매서비스로써 방문판매는 역발상이되 기대효과도 충분하다.

실제 일본에선 편의점의 이동판매가 활발하다. 사전주문품을 집까지 배달해주기도 하지만, 동네 인근의 약속장소까지 특정 일시에 찾아가 판매하는 형태가 많다. 세븐일레븐은 2011년부터 이동판매서비스(세븐안심배달편)를 실시하고 있다. 경트럭을 개량해 이동판매차량을 개발한 후 품목을 4대 온도별로 구분해 까다로운 어른욕구에 맞춘 신선도를 유지·공급해준다. 편의점 냉장고에서 파는 것처럼 다채로운 상품을 적재할 수 있게 만들어졌다. 과소지역·고령인구의 한계고객 구매수요에 대응하는 차원이다. 동시에 판매상품의 재조정은 일상적인데, 달라진 구매욕구를 반영하기 위해서다. 2018년 현재 55대가 영업 중이다.

로손은 복지차원에서 접근하는 지자체와 연대해 28개 광역지자체의 81개 점포가 이동판매를 진행하고 있다(2017년 10월). 일용품·잡화 등 상온상품 취급차량과 냉동상품 등으로 구분해 대응한다. 특히 별도의 타이틀^(케어로손)을 붙여 간병용품까지 품목을 확대하는 차별화 전략도 펼친다. 패밀리마트는 2011년부터 이동판매 영업^(패미마호)을 시작하면서 더 작은 경자동차까지 도입해 맞춤식의 찾아가는 서비스를 강화했다. 출발은 사회공헌 차원이었으나 매출증진까지 확인되는 일석이조의 기대효과를 실현했다.

압권은 홋카이도를 거점으로 하는 편의점 세이코마트다. 소속 지자체의 80%가 과소지역인 홋카이도에서 찾아가는 서비스를 넘어 찾아가는 매장으로 관점을 확대시켰다. 가령 2018년 인구가 900명에 불과한 홋카이도 동부지역에 점포 3곳을 오픈했다. 어른채널을 위한 지역 착근적인 유대관계에 주목한 조치다. 매장도 만물상을 지향한다. 요구하면 모든 걸 직접 공급하는 형태다. 179개 기초지자체 중 홋카이도에 매장이 없는 곳은 4곳에 불과하다. 상품배송·점포판매의 채널전략도 수정했다. 농수산물의 직접구매·자체생산으로 비용절감과 상품차별에 성공했다. 조리반찬·도시락^(핫세프)도 어른시선에 맞춰 제공한다. 집객효과의 극대화를 위해서다.

그래도 흑자는 어렵다. 임대료·인건비가 안 나온다. 경쟁 점포가 어른집객을 포기한 이유다. 다만 세이코마트는 임대료 중 일부를 지자체와 분담해 편의점 시골출점을 인구유출 방어장치로 설득·벌충한다. 집 근처에 편의점이 생겨나니 이동판매보다 고객만족은 더 높다. 지역주민과의 밀접한 관계는 세세한 니즈충족과 만족서비스를 통해 증진된다. 찾아가는 매장출점을 통해 회사는 홋카이도의 강력한 편의점으로 부상했다. 점유율 1위(37.5%)로 전국 기반 대형편의점 1위인 세븐일레븐(32.6%)보다 높다.

<표> 브랜드별 홋카이도 편의점 점포추이

	세이코마트	세븐일레븐	로손	상크스	훼밀리마트
2006년	909	832	500	211	13
2007년	929	819	496	205	23
2008년	939	821	498	203	30
2009년	967	815	518	194	40
2010년	1001	831	532	191	45
2011년	1030	844	550	191	52
2012년	1051	881	576	192	58
2013년	1064	900	595	191	68
2014년	1068	922	619	192	75
2015년	1084	941	628	188	47

– 자료: Real Economy

슈퍼마켓과 은행이 택한 방판스토리

찾아가는 판매서비스는 연일 확대일로다. 지금은 소매유통을 필두로 배달서비스를 넘어 방문서비스로까지 확장된다. 단순한 물품배달로 시작했지만, 방문해보니 다양한 추가적인 해결욕구가 산적했음을 확인한 이후부터다.

이렇듯 어른채널로 방문판매에서 성공한 대표사례는 지방 슈퍼마켓인 헤이와도(平和堂)다. 헤이와도의 찾아가는 서비스는 단순한 방문판매가 아닌 생활 전반의 지원서비스로 새로운 수익창출원으로도 유명

대한민국 인구·소비의 미래

하다. 2011년부터 시작된 용건청취로 불리는 주거지원(Home Support) 서비스[11]가 그렇다. 이는 단순한 상품배달이 아니다. 상품배달 때 필요한 기타용건을 청취해 추가적인 부가가치를 찾는 서비스다. 잔디정리, 전구교체, 지붕수리 등 소소한 것부터 중대한 고민처리까지 커버한다. 요금은 하루 1,500엔이 기본인데 가벼운 작업요청은 1시간당 2,500엔부터다. 서비스 전담직원은 퇴직한 OB들이다. 콜센터는 퇴직여직원이, 배달원은 퇴직남직원이 맡는다.

인기비결은 콜센터다. 아침 9시면 전화에 불이 난다. 유통기한 등 까다로운 신청까지 전부 받아들인다. 받자마자 직원이 장을 봐 포장까지 한 후 배달원에게 넘긴다. 단순배달만으로 끝나지 않는다. 고령의 독신남성에겐 콜센터 퇴직여직원이 자필로 적은 맞춤식 조리법까지 동봉해준다. 간단한 메모지만, 소중한 생활정보다. 배달과 함께 냉장고에 넣어주는 건 기본이다.[12] 덕분에 회사는 151개점, 당기순이익 85억엔을 기록(2019년)하며 사세를 확장한다.

대규모 건강식품통판업체인 야즈야(やずや)는 중년 이상을 아우르는 어른시장의 대표적인 성공모델로 회자된다. 주력사업이 어른선호 건강식품이기도 하지만, 더 중요한 건 회사가 축적한 고객맞춤형 공략노하우 때문이다. 찾아가서 배달해주고 끝나는 게 아니라 그 과정에서

---

11 https://mobile.heiwado.jp/homesupport/(검색일: 2019.08.27.)

12 전영수, '일본 실버시장 달구는 유망테마 10선', 한경비즈니스, 2014.09.04.

고객변화의 기초자료를 축적하는 게 차별적이다. 이를 위해 연구소까지 설립해 어른고객의 일거수일투족을 분석한다. 덕분에 최근엔 축적노하우의 자사독점을 넘어 타사자문에까지 시장을 키우고 있다.

1,400만 고객 중 60%가 50대 이상 중고령인구로 정리된다. 야즈야 BM의 핵심은 찾아가는 서비스다. 월평균 100가구가량 고객가정을 방문한다. 방문목적은 제품판매가 아니라 불만과 바람을 솔직하고 다양하게 취합하기 위해서다. 이를 통해 복잡한 취급설명서의 개선요구나 전화주문 때 기계적인 안내버튼 누르기의 불만사항 등이 취합·개선됐다. 앉아만 있어서는 찾아내기 힘든 욕구변화를 찾아가서 읽어낸 셈이다. 당연히 새로운 제품출시와 서비스혁신으로 연결된다. 덕분에 차별화된 중년욕구를 일찌감치 파악했다. 지금은 업계상식이 된 '시니어로 불리는 것에 저항감을 가진 건강하고 행동지향성이 높은 중장년'의 욕구포착이 대표적인 방문성과다.[13]

찾아가는 서비스는 금융권도 예외는 아니다. 오가키쿄리츠(大垣共立)은행은 은행 기능을 탑재한 이동점포로 찾아가는 금융서비스를 제공

---

13 https://www.yazuya.com/(검색일: 2019.08.27.) 어필하는 포인트는 눈높이 상담이다. 오전 10시 시작되는 전화주문 중에는 상품과 관련 없는 대화도 곧잘 등장한다. 다만 기계적인 매뉴얼의 주문진행 대신 어떤 주제든 응대하도록 회사방침을 정했다. 콜센터안내원은 시민단체의 전문상담자처럼 대화에 화답하며 필요하면 생활정보까지 알려준다. 길게는 30분 이상 대화한다. 노림수는 단순한 제품구매가 아닌 그 제품이 필요한 환경과 이유에 대한 데이터를 획득하기 위해서다. 물건을 파는 것만이 아니라 대화로 추가니즈를 파악하기 위한 조치. 어른고객의 생활양태를 읽어 추가적인 제품개발로 연결하기 위해서다.

한 사례로 인기다. 2000년 시작한 혁신실험으로 이동차량을 편의점 형태의 디자인으로 만들어 친근감을 높였다. 2018년 모두 4대의 이동은행(OKB슈퍼히다)이 영업 중이다. 최근엔 '수성에서 공략으로' 영업방침이 전환, 이동점포가 최일선을 도맡는다.

내부에는 ATM 외에 은행원이 앉는 창구와 차를 마시는 라운지까지 설비해 지점기능을 완비했다. 점포까지 이동하기 힘든 어른고객에게 호평을 받는 이유다. 커피대접과 정겨운 일상대화의 유도로 주민교류의 장으로 변신한다. 생채인식으로 도장 없는 계좌개설까지 커버한다. 긴급상황시의 구조활동도 지원한다. 지점방문이 어려운 어른고객을 위한 드라이브 스루지점도 개설했다. 승차한 채 ATM은 물론 창구직원 응대업무까지 가능하며 정차장소에 맞게 상하좌우 테이블을 조작해 눈높이를 맞춘다. 덕분에 금융기관 지역만족도 조사에서 단골 1위다. 은행이 '금융+서비스'임을 강조한 대표사례다.[14]

---

14 週刊ダイヤモンド, '移動銀行が攻めの営業! 激戦区に乗り込み新規顧客を獲得', 2019.03.31.

제4장

고령사회는 '중성고객'을 양산한다!

인구변화엔 복잡한 셈법이 내재된다. 특정상황이 인구변화를 낳지만, 인구변화가 또 기타상황을 변화시키기도 한다. 대표적인 게 경기변화다. '고성장→저성장'으로의 고착적인 상황변화가 인구변화를 초래해서다. 물론 인구변화가 재차 성장 기반도 훼손한다. '경기침체→고용악화→비혼심화→출산감소→인구감소'도 맞지만, '인구감소→소비하락→매출감소→소득악화→경기침체'도 맞다.

문제는 이대로면 저성장이 뉴노멀(New Normal)로 정착된다는 점이다. 과거처럼 고성장은 이제 불가능해졌다. 그렇다면 인구변화도 심화된다. 인구변화가 트렌드·문화로 안착하면 경제구조도 수정될 수밖에 없다. 이른바 감축경제의 불가피성이다. 좋게 말해 성숙경제다. 어차피 욕구는 사람에서 나온다. 시장도 인구가 토대다. 즉 인구변화는 신형소비를 뜻한다. 성장동력을 유지하자면 새로운 인구와 욕구를 읽는 게 필수다. 달라진 인구는 새로운 욕구를 원한다. 제조업보단 서비스업이 희망적이다.

이미 웬만한 한국가정엔 없는 게 없다. 내구소비재를 밀어내 돈 벌던 시대는 지나갔다. 일부 교체수요를 빼면 충분히 많은 걸 소유했다. 다만 서비스업은 다르다. 까다로워진 세대 불문 신고객의 대량등장은 더욱 섬세하고 감정적이며 눈높이를 맞춘 저마다의 차별 서비스를 원한다. 선진국 경제가 일찌감치 '수출→내수'로, '제조→서비스'로 무게중심을 갈아탄 건 그만한 이유가 있다. 대표적인 게 초고령화에 따른 의료·간병서비스로 이는 굴뚝에서 제공되지 않는 법이다.

돈벌이를 위한 전인경제 참가 심화

미래사회엔 근육보단 미소다. 제조업보단 서비스다. 탈(脫)제조는 반드시 향(向)서비스와 만난다. 제조는 남성우위다. 고성장은 굴뚝에서 비롯됐다. 그래서 고도성장기 한국가족의 상징모델이 4인형 남성전업·여성가사로 완성됐다. 아빠는 돈 벌고 엄마는 살림하는 이미지는 유교문화와 맞물려 오랜 전형으로 자리 잡았다. 더는 아니다. 이미 4인 가족은 표준모델에서 밀려났고, 외벌이는 설 곳이 없다.

와중에 저성장은 고착된다. 즉 먹고살기 힘들어지면 돈벌이를 위한 전인참가가 대세로 굳어진다. 결과는 감축성장이 동반된 여성권력의 강화다. 힘으로 만들어내던 대량생산의 내구제품은 수출이 아니면 힘들다. 반면 여성형의 섬세한 대응서비스가 필요한 산업은 성장세다. 고성장은 끝났다. 벌써부터 시장은, 수요는, 산업은 전환 중이다. 출발점은 남성약화요, 지향점은 여성강화다. 단 미리 밝히는데, 남성성·여성성 자체에 대한 찬반론은 거부한다. 고정된 성역할도 마찬가지다. 섬세한 남성도 있고 활발한 여성도 있다. 여기서는 한국 상황이 반영된 경험적 변화경로에 주목할 뿐이다.

그간 생산·소비의 무게중심은 남성성이 공고했다. 남성전업형 가족모델 속에 입김·영향력은 가부장제를 공고히 했다. 남존여비는 1980년대까지만 해도 일반적이었다. 그러니 시장도 남성화될 수밖에 없었다. 물론 가사경제의 결정권을 쥔 여성도 많았지만, 대부분 살림살이를 위한 세세한 일상소비에 한정됐다. 고액소비의 최종결제는 남성위주였다.

경제력·구매력의 남저여고(男低女高)로의 전환계기는 1990년대부터다. 제2기 인구자질 향상기(1996-2003년)에 인구정책 방향을 남녀차별 해소로 잡았는데, 이때부터 '잘 키운 딸 하나 열 아들 안 부럽다'는 슬로건이 한국사회에 안착된다. 여성의 고학력화·취업균등·사회활동 등이 확대되면서 전통적인 성역할도 변화조류에 올라탔다. 유리천장, 독박육아 등 성차별적 관행이 적잖지만, 인구보너스·고도성장기 시절과 비교하면 상전벽해가 따로 없다. 여성파워는 갈수록 향상된다. 몇몇에선 역전 상황도 비일비재다.

다가올 미래사회는 '남성→여성'으로의 시점변화가 자연스럽다. 즉

성차별적 고정관념은 파기대상이다. 기업도, 시장도 이 변화에 주목하는 게 합리적이다. 성별구분이 아닌 욕구구분이 중요해진다. 그럼에도 돋보이는 흐름은 여성화다. 고용·소비에서의 강화된 여권파워는 결정권·주도권의 무게중심이 여성에게 쏠림을 뜻한다.

이런 점에서 '미래사회=여성사회'다. 경기가 나쁠 땐 모계사회의 정합성과 생존력이 높아진다는 점에서 개별가계의 경우 '미래소비=모계의지'로 연결된다. 남성도 시대변화에 올라타자면 여성화가 불가피하다. 물론 남성화도 상당하다. 생존·만족을 위한 여성의 전투력·영향력이 강화된 결과다. 과거였다면 남성전유물이었던 분야·항목에 도전하는 여성소비가 일상적이다.

모계소비 속 중성 및 반성고객의 출현

인구변화는 메가톤급이다. 본능에 가까운 성징(性徵)마저 뒤흔든다. 남녀성별로 고착화된 '…스러움'은 통하지 않는다. 여성은 남성화되고 남성은 여성화된다.

이때 출현하는 새로운 소비주체는 '중성고객'이다. 혹은 성징에 반하는 소비를 원하는 '반성(反性)고객'이다. 양성측면을 모두 가진다는 점에서는 '유니슈머(Universial+Consumer)'로도 이해된다. 여성의 남성화와 남성의 여성화다.

과거의 성별관념은 무의미해진다. 소비지형은 대거 뒤바뀐다. 전통적인 남성품목에 여성소비가 늘고, 여성상품·서비스를 애용하는 남성고객도 증가세다. 요약하면 중성소비다. 향후 성별접근에서 벗어난 중성시장의 성장세는 불을 보듯 뻔하다. 외생변수에 흔들리는 수출일변도의 산업구조도 장기·지속성장을 위해선 '제조업→서비스업'으로 눈길을 돌릴 수밖에 없다. 이때 내수확대의 유력후보가 서비스업이다.

28%^(고령화율)를 웃도는 초고령사회 일본은 이미 성징변화가 일상적이다. 남편·가정에 충실한 다소곳한 아내·엄마 이미지를 떠올린다면 오산이다. 전통유산·관념에 익숙한 일부 중고령여성은 몰라도 대부분의 여성은 그렇잖다. 생존과 성장을 위한 여성의 남성화가 본격화된지 오래다. 역시 경기침체가 본격화된 버블붕괴 이후 1990년대 이후 30년의 생존경험이 만들어낸 새로운 시대트렌드다.

한국만큼 성별역할·남녀차별이 컸던 일본이지만, 인구감소와 맞물린 시대변화는 의식개혁·활동혁신을 자연스레 정착시켰다. GDP대비 85%의 내수비중 속에 서비스업으로의 대세전환 이후 모계소비·여성경제가 획기적으로 확장됐다. 2012년 이후 경기회복^(아베노믹스)에 힘입어 생산·소비 양측 측면에서 활동적인 여성인구의 경제참여가 확연히 증가, 일본이 여성사회임을 보여줬다.

여성입김을 뒷받침하는 통계도 있다. 20대 남녀의 가처분소득이 2009년 사상최초로 역전^(남성 21만5,515엔, 여성 21만8,156엔, 전국소비실태조사·2009년)되기까지 했다. 물론 이후 경기회복과 맞물려 다시 남성소득이 더 늘었지만, 성별 격차는 과거보다 확실히 줄어들었다. 소득증가는 인구변화와 밀접하다. 의료·간병서비스 등 새로운 소비욕구가 늘면서 여성인구의 고용흡수력이 증가했기 때문이다.

일례로 일본영화·드라마를 보면 직장무대 중 상당수가 간병시설이고, 남녀주인공의 직업도 당연히 그 속에서 정해지는 경우가 많다. 다분히 개인적인 견해지만, 2010년 이후 의료·간병이슈는 생활이슈로 확실히 자리 잡은 분위기다.

이러니 2030대 여성의 결혼선호는 떨어진다. 동년배 후보배우자의 소득이 본인보다 낮거나 같다면 경제력에 의탁할 확률은 줄어든다. 1986년 남녀고용기회균등법에 따른 차별금지 문화와 남녀평등(임금·직무·승진 등)적인 노동조건의 격차축소 및 남녀동일 적용의 시간외근로 등도 여성의 상대적 지위향상을 뒷받침한다.

남성품목 넘보는 근육여성의 등장

여성파워의 향상은 무차별적이다. 경제력이 따라주면서 남성화를 지향하는 욕구발현도 잦아진다. 여성의 남성화. 생산무대인 회사에서의 근무양태·지위향상은 물론 소비시장에서도 성징변화에 맞는 욕구실현을 강제한다. 요컨대 근육여성은 갈수록 증가할 전망이다. 여전히 상당한 일이 남성행동에 맞춰진 상황(Work Style)이라 여성직원의 남성화 추세는 심화될 수밖에 없다. 남성화된 행동양식이 비교우위라는 판단에 실제로 그 스트레스가 호르몬 붕괴로 연결되기까지 한다

.́ 남성사회에서 여성생존을 위한 선택카드가 남성화인 셈이다. 결국 2030세대는 성징에 따라 규정된 과거의 '…다운 이미지'를 거부한다. 시간이 지나면 남녀역전은 더 잦아진다.

일본에선 '수컷화(オス化)[2]'라는 신조어까지 등장했다. 여성을 중심으로 한 여성호르몬 감소보다 남성호르몬 증가에 주목해서다. 여성의 사회·경제활동 확대에 따른 생활습관 파괴와 스트레스 증대 탓이다.

가령 25~35세 미혼여성의 약 60%가 '본인이 수컷화되고 있다'는 걸 느낀다고 했다.[3] 남성처럼 굵은 수염이 나면서 일상생활이 힘들다는 호소도 증가세다.[4] 2030세대 여성이 집에서 자작하거나 라면집에 홀로 가는 건 물론 데이트보단 일을 우선하는 경향도 증가세다.

수컷화 경향을 분석하면 △난폭한 언어사용 △지는 걸 싫어함 △식사는 덮밥(규동) 선호 △연애에서 이탈 △타인 시선을 신경 쓰지 않음 △조바심 및 바로 화를 냄 △술을 많이 마심 △스킨십이 줄어듦 등으로 압축된다. 심지어 중년남성의 전유물로 알려진 통풍환자도 여성

---

1 여성체내에서 만들어지는 남성호르몬의 양은 남성의 1/10로 알려졌다. 반면 남성체내에서 만들어지는 여성호르몬의 양은 여성 분비량의 절반이다. 결국 여성의 남성화는 남성의 여성화보다 신체적으로 힘든 상황임에도 불구, 최근 남성화 경향은 뚜렷하다.

2 日刊SPA, 「男の草食化」と「女のオス化」原因は同じ', 2012.10.16, 및 ハフィントンポスト, '働く女はオスは、なぜダメなのか', 2019.03.02.

3 https://wezz-y.com/archives/48557 (검색일: 2019.08.30.)

4 マイナビニュース, 'オス化がますます進行!? 20～40代女性に"ヒゲジョが急増中', 2012.08.13.

에게서 급증세다. 100만 통풍환자 중 여성은 6% 수준이지만, 1992년
(1.5%)보다는 4배나 증가한 것으로 알려졌다. [5]

가정에서의 수컷화도 사회 이슈로 떠오른다. '아내의 아저씨화(オッ
サン化)'를 실감한다는 남편이 절반에 육박한다. 기혼남녀 1,300명에게
설문조사(Imagination Creative · 2017)를 했더니 무려 41%가 공감했다. 결혼
후 5년 이내에 아내의 아저씨화를 느꼈다는 응답이 25.1%로 압도적이
다. NHK 설문결과(2017년)는 86%의 여성이 본인을 아저씨화가 진행된
여자로 응답할 정도다. 90%는 아저씨화 여자로 불려도 신경 쓰지 않
는다고 답한다.

당연히 부부의 역학관계에선 변화가 목격된다. 가정의 종합결정권
은 남편(1988년 72.4% → 2018년 38.7%)은 줄어드는 반면 아내(1988년 10.1% →
2018년 30.3%)는 증가세다. 조만간 상황역전이 머지않았다. 아내가 30대
이하 부부인 경우 최초로 '아내 〉 남편'의 역전도 발생했다. 맞벌이,
자녀출산, 부모동거 등 결정권이 남편에게서 아내로 전환되고 있는 것
은 최근 30년 내 최고수준으로 알려졌다. [6]

---

5   J-CASTニュース, '働く女子の「オス化」現象 10人に1人「あごヒゲ生えてきた」', 2009.12.10.

6   博報堂生活総合研究所(2018), '「家族30年変化」調査結果を発表－『妻は強く、夫は弱くなった
30年', pp. 1-6. 부부관계의 이상과 현실은 친구부부 이상(남편 64.9%, 아내 79.5%), 친구부부 현실
(남편 53.8%, 57.3%) 등으로 모두 친구처럼 친근하고 동등한 관계를 지향한다. 한편 꼰대남편 추구
남편(1988년 50.2% → 2018년 17.8%)은 현격하게 감소했다.

〈그림〉 일본가정에서의 커져가는 여성파워

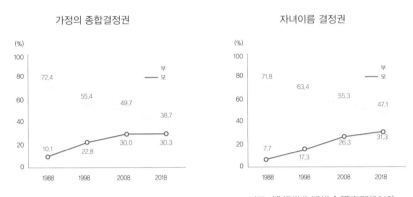

가정의 종합결정권

자녀이름 결정권

– 자료: 博報堂生活総合研究所(2018),
'「家族30年変化」調査結果を発表–『妻は強く、夫は弱くなった30年』, pp.1-6

신소비로 부각된 근육여성의 특화매력

여성의 남성화에 따른 근육여성의 경우 대부분 높은 경력지향성과
활발한 소비의욕을 특징으로 한다. 가령 식사·음주·여행 등 2040세
대 여성만의 활동모임을 뜻하는 여자회(女子会)의 시장규모(경제파급효과)
는 3조7,000억엔에 달한다(2018년). 내역은 쇼핑(1조1,676억엔), 여행(1조
1,254억엔), 저녁모임(5,549억엔), 점심(4,692억엔), 스포츠(3,414억엔) 등이다.
주부대상의 여자회만 놓고 봐도 1조7,000억엔으로 추산된다.[7]

한편 여자회의 소비와 관련된 욕구지점은 △일하는 방식개혁 △여

---

7 共立総合研究所(2013), '主婦における女子会消費に関するアンケート結果', p.14

성활약 추진 △생애현역 △인생백세시대 △미혼여성 △만혼·만산 △소득양극화 △디지털양극화 △글로벌상권 등이다.[8]

경제력을 갖춘 근육여성의 등장은 새로운 소비시장을 개척한다. 특이한 건 과거의 여성시장과 달리 여성성의 탈피욕구가 내재된다는 점이다. 이미 일본에선 여성고객 한정식당 및 여성전용 서비스를 제공하는 경우가 많다. 남성은 출입금지다. 이젠 여성전용 금융상품까지 등장하는 추세다.[9]

아저씨계열 여성(オヤジギャル)의 일상소비는 △매일아침 건강음료 △저녁식사 반주음주 △등산취미 등 중년남성 특유의 독점영역에도 무차별적으로 침투한다. 여성특화적인 아웃도어가 각광이며, 골드미스(독신 커리어우먼)와의 동거추세를 반영한 2.5세대 주택[10]도 나왔다. 중년 캥거루족이 결혼형제와 부모와의 동거카드를 선호한다는 흐름을 반영한 수요발굴이다. 60대 이상 여성의 운전면허 신규취득률의 급증도

---

8 ウーマンズラボ, '2019年 女性の消費トレンド', 2019.04.01

9 여성 한정 서비스 중 선호도 1위는 여성 특유의 질병을 폭넓게 보상하는 보험(45.5%), 2위 영화관 레이디스데이(37.5%), 3위 여성 대상 특전부가 카드(32.7%), 4위 여행사의 여성코스(22.3%) 등의 순서로 확인된다(JCB·2018). 한편 여직원 스트레스 해소 평균금액(6만3,838엔)은 남성(3만9,700엔)보다 약 2배나 높다(닛케이우먼·2010).

10 일본의 건설업체 아사히카세이가 내놓은 히트상품이다. 가족의 재구성이 새로운 거주공간을 필요로 한다는 점에서 혁신적인 세대융합의 다세대주택을 제안했다. '2.5세대주택'은 2013년 소개된 후 건설업계에 화제를 몰고 온 신형모델이다. 시대변화와 미래욕구를 반영됐다는 점에서 호평을 얻었다. 2.5세대주택이란 '고령부모+기혼자녀(손자손녀)'에 '미혼자녀'가 합쳐져 동거하는 거주형태다. 회사는 0.5의 평균모델로 '37세의 독신 커리어우먼'을 제시해 관심을 끌었다. 나이가 찼지만 결혼예정이 당분간 없는 딸과 살기 위해 독립공간을 강화한 형태다.

활동적인 중고령여성의 여행·교통권의 확보차원에서 고무적이다.

  '미래사회=모계사회'를 증명해주는 재미난 사례도 있다. 연구결과에 따르면 일본인의 노후생활은 모계파워에 의존한다. 2000년대 이후 근거(近居)라는 새로운 가족단위 거주스타일이 유행하는데, 이는 실질적인 가족기능·효과가 친가보다 외가에 있음을 의미한다. 즉 할머니·엄마·딸의 모계라인이 노후생활의 안전성·지지도를 높인다는 뜻이다. 동거갈등을 피하고 봉양·양육의 가족기능을 유지하자면 근거스타일이 최적인데, 이때 여성 입김이 절대적이다.

  실제 대도시 고령부부의 근거사례 중 거리감은 딸이 아들보다 가깝다. 노후생활 중 곤란호소도 아들보단 딸에 의존하는 경우가 일반적이다.[11] 한편 조부모와 손자와의 교류기회도 모계를 중심으로 형성된다. 손자와의 접촉기회가 가장 많은 게 손자자택에서 1시간 이내에 사는(近居) '모계조부모(43%)'로 '부계조부모(21.8%)'의 2배를 웃돈다. 외출·여

---

11 第一生命経済研究所(2012), '親を支える近居の「娘」~困ったときの頼り先、会話の相手は近居の娘', Life Desiga Focus, pp.1-4. 다이이치생명경제연구소에 따르면 대도시 고령부부의 근거(近居) 자녀 중 1시간 거리는 딸(75%)이 아들(55%)보다 많다(2012년). 30분 이내도 각각 51%, 42%로 딸의 승리다. 가까이 사는 딸이 부모와 일상을 공유하며 긴밀한 가족관계를 유지할 확률이 높다는 얘기다. 배우자가 없다면 딸에 대한 의존도는 더해진다. '곤란해질 때 누구에게 의지하느냐'에 딸(83%)이 아들(69%)보다 높게 나왔다. 기억력·판단력이 흐려진 것을 눈치 채는 것도 딸(86%)이 아들(76%)보다 낫다. 일상교류는 돈독한 모녀관계를 한층 뜻한다. 2~3일에 한번 이상 대화한다는 응답자는 '딸+엄마(60%)'가 압도적으로 높다. '아들+엄마(26%)'는 절반에도 못 미친다. '딸+아빠(42%)'도 '아들+아빠(23%)'의 조합보다 교류빈도가 높다(전영수(2012), '딸이 좌우하는 부모의 은퇴생활', 삼성생명 은퇴저널, 재인용).

행 등 여가·소비활동도 모계관계에 따라 편차가 차별적이다. [12]

한국도 시간문제다. 몇몇 현상은 이미 일본과 동행 혹은 선행한다. 내수와 서비스업이 아직까지는 일본보다 굉장히 미약한 규모지만, 인구변화 속 저성장 압박을 견뎌내자면 감춰진 욕구발현과 새로운 시장제안은 불가피하다.

이미 여성비중과 역할증대는 시대조류다. 따라서 여성의 남성화에 따른 한국형 시장확대 가능성은 충분히 확인된다. 가족·부부관계를 둘러싼 급격한 환경변화로 가사·육아 등 뚜렷해진 의식·행동변화가 목격되는 가운데 아빠 행위의 엄마 소비도 증가하기 시작했다. 즉 퇴근길 물건구매는 더 이상 아빠의 전유물이 아니다. 높은 업무강도와 가족과의 일상교류를 아쉬워하는 엄마 소비로 연결된다. 오피스가 등 유통채널에도 맞벌이 등 여성상품의 진열이 확대되고 있다. 근육여성의 등장까지는 아직이지만, 남성화의 넓이와 깊이가 확대될 건 명약관화다.

남성성 대신 여성화로 돌아선 중성남자

한편 여성의 남성화는 남성의 여성화를 만나 성징이탈적인 중성시장을 완성한다. 시대흐름·기본맥락은 '여성→남성화'와 '남성→여성

---

12 第一生命経済研究所(2010), '世代間関係にみる「子孝行」と「母系」シフト', Life Desiga Report, pp. 50-52

화'가 일치한다. 경기침체와 인구변화가 반복되는 가운데 특유의 경쟁력이 상대적 약점으로 변질된 결과다. 남성 특유의 외향·적극·도전적인 성징발현은 고도성장 때나 기능했다. 지금은 아니다. 성징발현에는 돈이 드는데, 경제력이 약화되면 무용지물이다. 연애·결혼·출산은 모두 경제적 선택카드 아니던가.

미래사회는 여성화에 가까울수록 되레 생존확률이 높아진다. 20대의 경우 취업악화로 경제상황이 악화된 게 원류다. 취업이 쉽지 않기에 가족구성을 포기하는 식이다. 30대부터는 그 영향이 생애 전체에 걸친다. 전통적 가장 역할을 부여받지 못한 새로운 독신남성의 출현이다. 아직 일본보다는 비율이 낮지만 생애미혼율은 점차 높아지는 추세다. 따라서 남성의 성징발휘 환경은 한층 느슨해질 전망이다. 2015년 남성(10.9%), 여성(5.0%)에 불과하지만, 2035년 남녀 각각 29.3%, 19.5%로 늘어날 전망이다.

경제력에서 출발한 남저여고(男低女高)는 당연히 소비력에 파장이 닿는다. 여성이 소비확대인 반면 남성은 소비축소로 귀결된다. 이런 점에서 '장기침체=남성불황'이다. 같은 불황이되 후폭풍이 남성에 집중된다. 여성이 인구도 많지만, 평균수명도 길기에 더 그렇다. 한국처럼 '개도국→선진국'의 성장 사이클이 일단락된 시장에서의 저성장은 '탈제조→향서비스'가 만든 전형적인 남성불황일 수밖에 없다. 인식변화도 한몫했다. 한국도 이미 떠들썩한 성장단계를 지나 조용·차분한 성숙경제에 진입했기 때문이다.

증거는 많다. 남성가치를 실현시키는 남성상품은 저성장 앞에 무릎을 꿇었다. 가족부양마저 힘들어진 판에 자동차, 술, 여행 등 특유의 남성청년의 소비욕구는 발현되기 어렵다. 핍박소비가 더 잦다. '불황파고→성징변질→본능퇴화'의 연결구조다. 소극·내성·폐쇄적인 혼자놀기의 달인들(은둔형 외톨이)은 이미 등장했다. 이들은 전통소비에서 완전히 벗어났다.

남성의 여성화에 주목해야 하는 이유는 전체적인 남성소비의 축소추세 속에 그나마 새로운 강력한 소비지점일 수 있어서다. 남성지향적인 소비시장은 줄어도 여성화를 좇는 달라진 남성욕구가 해당 감소를 벌충해주면 이를 놓칠 수는 없다. 남성의 여성화 지향소비의 확대 기대가 그렇다.

이런 남다른(?) 시장은 일본에서 잠재력과 가능성이 일찌감치 확인된다. 일본의 청년남성은 확실히 달라졌다. 아빠세대가 보기엔 이해 못할 별종그룹처럼 여겨진다. 응당 젊은 남자라면 본능적으로 사고픈, 하고픈 걸 손쉽게 포기·거부하는 대신 아빠세대에선 듣도 보도 못한 전형적인 여성전용 품목에 관심을 가져서다.

초식남자의 화장, 그 다음은 뭘까?

정황증거는 많다. 초식남(草食系男子)·도시락남(弁当男子)·물통남(水筒男子) 등 막강경제력을 겸비한 근육지향적인 예전 남성에겐 붙지 못할 수식어가 현대청년에겐 자주 붙는다. 모두 성징약화를 뜻하는 새로운 남성정의로 10~20년 전부터 고유명사로까지 인식된다. 공통점은 빈곤남성이다. 제조업 쇠퇴로 실업자·비정규직의 함정에 곧잘 빠질 수밖에 없는 청년남성에겐 저렴한 절약소비가 불가피해져서다.

최근엔 새로운 트렌드까지 나왔다. 안 쓰는 게 아니라 쓰되 여성화를 위한 소비에 적극적인 현상에의 주목이다. 가령 인형남자(ぬいぐるみ男子), 화장가방남자(化粧ポーチ男子), 양산남자(日傘男子)의 등장이다. 인형·화장·양산 등 전형적인 여성친화적 제품이 남성욕구로 만난 결과다. 실제 주변·본인의 판단 결과 자신이 초식남이라는 응답비율은 기관별 통계 종류를 불문하고 대략 60~80%에 달한다. 이른바 '청년남성=초식계열'의 등식완성이다.

청년남성의 여성화는 갈수록 확산된다. 초식계를 넘어 이성 관심을 끊은 절식(絶食)남자까지 출현한다. 가령 '미스터미소녀콘테스트[13]'라는 대회처럼 일부에선 여장남자라는 신인종까지 주목받는다. 이로써 화장품·에스테·요리·맛집탐방 등 전형적인 여성선호형 소비품목에 남성고객의 진입흐름이 가시적이다. 소비수요도 확대가 예상된다.

여기에 가치관이 달라진 거대한 베이비부머 남성도 미래사회의 생존전략으로 근육 대신 미소를 택할 확률이 높다는 점에서 시장성장이 기대된다. 4050세대의 만혼·비혼화를 거친 평생 독신의 남성그룹도

---

13 https://www.enjoytokyo.jp/life/event/1216595/(검색일:2019.08.03) 도쿄공대(東京工業大学)의 남학생 4명이 2015년 학교축제에 미소녀 선발대회(ミス東工大＆ミスター美少女コンテスト)에 출전한 이래 일본사회에 큰 반향을 낳았다.

잠재고객일 수밖에 없다. 이들은 경제력이 뒷받침되는 한 고정관념과 무관하게 자유 재량껏 소비하려는 의향을 유지할 개연성이 크다. 따라서 전통적인 남녀별 소비·구매행동의 차별화는 점차 동질화로 방향을 틀 전망이다.

유력한 소비지점은 여성시장에의 남성관심이다. 압권은 남성화장품 시장의 성장기대로 모아진다. 남성 피부용 화장품 출하액은 2003년 121억엔에서 2014년 222억엔으로 2배 증가했다^(화학공업통계연보). 화장품 전체출하액이 감소하는 가운데 독특한 현상이다. 미용관심의 증가에 힘입어 일상생활에 남성화장품이 정착하는 분위기다. 설문조사에 따르면 남성의 82%가 스킨케어에 익숙하다고 응답했다. 54%는 일을 잘할수록 피부도 좋다는 인식까지 있다. 실제 3050세대 중 연봉 600만엔을 기준으로 일상적인 스킨케어를 하고 있다는 응답이 상하 각각 40.4%와 29.2%로 구분된다^(브라시나·2015년).

스킨케어를 넘어 기초화장이 중요하다는 또 다른 설문조사에서는 20대의 50%, 30대의 40%가 동의했다.[14] 직장환경에서 인상이 중요하다는 인식이 높아지면서 초식계열 남성을 중심으로 한 미용남성의 추가적인 증가흐름은 시대조류로 확대될 여지가 충분하다.

---

14 SankeiBiz, '男性の美容意識に関する調査', 2018.10.03

<그림> 일본 남성의 여성화와 관련된 화장품 시장추이

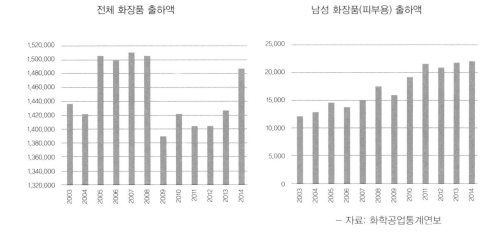

전체 화장품 출하액

남성 화장품(피부용) 출하액

— 자료: 화학공업통계연보

중고남학생 중 70~80%가 여자력남자

　화장하는 남자는 신조어까지 만들어낸다. 기레오(綺麗男[15]: 화장을 중시하는 아름다운 남자. 25~29세에 집중되며 미용관심이 높고 일상적인 세안화장품과 화장수 등을 사용), 사바미맨(サバ美ーマン[16]: 35~44세로 주위의 다양한 시선을 인식하고 직장생존의 무기로 미용을 선택한 샐러리맨. 냄새·체형·지질(脂質)변화 등 나이를 먹으면서 느껴지는 마이너스를 제로로 하려는 비즈니스 스킬), 기레오야지(綺麗オヤ

15　http://www.kyoeikasai.co.jp/kpa/agent/monosiri2011-35.htm(검색일:2019.08.03.)

16　週刊女性, '男性美容の定着「綺麗男·サバ美ーマン·綺麗オヤジ」男だって美しくなりたいんです', 2017.06.16.

シ[17]: 주로 50대로 버블을 경험한 세대. 화려함을 의식하고 소비의욕이 왕성. 노화를 감지하고 관련정보를 적극적으로 챙기는 부류) 등이 그렇다.

과거엔 콤플렉스 해소시장이 주류였으나 최근엔 여성화된 남성을 중심으로 세대불문의 일상관리 미용 트렌드로 정착한 느낌이다. 남성화장은 아직 2030세대가 주도하지만, 점차 연령대가 높아지면서 기대감이 고조된다. 유통도 적극적이다. 가령 이세탄신주쿠점은 8층에 남성전용 데이스파·꽃꽂이·카페·헤어케어·스킨케어·향수점포를 설치했다. 달라진 남성고객층을 의식한 신점포 출점전략이다.

'여자력남자(女子力男子)[18]'라는 신조어도 여성화되는 남성의 유력 트렌드를 반영한다. 여성특유의 장점·강점이던 영역에 진입해 이해력과 공감력을 키우는 남성을 뜻한다. 초식남과 도시락남의 계보를 잇는 현상으로 결혼 이후엔 육아에 적극적인 남자(イクメン)에서 그 절정에 도달한다. 상냥하고 친절한 자세를 지녔거나 신선식품·현미 등 건강식을 선호하는 남성도 유사범주에 들어간다. 중고교 남학생 중 70~80%가 여자력남자라는 응답도 존재한다(하쿠호도브랜드디자인청년연구소·2015년). 연령이 낮을수록 여성화 내지는 여성 이해를 위한 적극성이 높다는 반증이다.

마케팅에서 고려해야 할 이들 남성고객의 특징은 △높은 전문가 의

---

17   https://ameblo.jp/shinobu-sakagami/entry-12450573305.html(검색일:2019.08.03.)

18   Girlswalker, '近年増殖中の「女子力男子」とは！？', 2018.08.12.

존성 △높은 문자정보의 반응도 △여성평가를 잘 수용함 △오리지널 한정품 선호 △프로세스의 탐닉 등으로 압축된다(일본총합연구소·2018).

은퇴를 앞둔 중고령남성의 여성화도 중성고객의 덩치와 욕구를 키운다. 늙어갈수록 '남성성→여성성'으로 성징변화가 뚜렷해진다는 건 사실이다. 남성성을 채택한 아줌마·할머니의 등장과는 반대현상이다. 황혼이혼을 피하자면 근로소득이 있을 때 당연시됐던 회사인간·가정소홀·가부장제 등에서 서둘러 탈피하는 게 낫다는 우스갯소리도 있다. 돈을 벌 때는 남성성이 좋을지 몰라도 현역종료 이후엔 친구처럼 지내는 남편만이 황혼이혼에서 벗어날 수 있다는 의미다.

일본에선 황혼이혼 원인제공자로 남성성을 내려놓지 못하는 남편위상의 전략모델로 다음의 3가지를 비유한다. 정년퇴직 이후 집에서 놀며 아내와 원만히 지내지 못하는 경우를 일컫는다. '젖은 낙엽(濡れ落ち葉)'과 '대형쓰레기(粗大ごみ)' 그리고 '와시모이쿠(わしも行く)'로 불리는 경우다. 모두 천덕꾸러기 남편의 하찮음과 귀찮음을 표현한 말로 그 탈출해법은 여성성의 채택으로 요약된다.

젠더리스 챙기는 한국의 청년남성

패션·미용에 투자하는 그루밍족이란 신조어처럼 한국도 남성의 여성화 경로를 밟을 가능성은 높다. 일본처럼 △젠더 중시적인 사회억압의 감소(담배=남자의 이미지가 옅어지면서 남성흡연율 1990년대 70%에서 현재 30%대로 추락) △소셜미디어의 보급확대(인터넷 확대로 다양한 여성정보를 무저항으로 수용하는 기회증가. 취미·기호 등 여자화되는 남자 증가. 더욱이 소셜미디어는 토론형이 아닌 공감형 커뮤니케이션 중시) △생활 레벨이 일정수준까지 올라간 성숙사회의 도래(고도성장기엔 남성형 경쟁 에너지가 사회활력으로 요구되지만 성숙단계에선 정신적인 풍요와 생활품질 중시. 대화와 조화를 중시하는 여성형 사회로 전환. 여성도 남성에게 경제력을 의존하지 않아 일과 가정 모두를 중시하는 남성선호)[19] 등의 변화경로가 닮은꼴이기 때문이다. 선행적인 대응·전략 마련을 통해 여성적인 신남성시장을 장악해야 하는 필요이자 배경이다.

사례를 보면 시장은 무르익었다. 조사에 따르면 2030대 남성 5명 중 2명이 자신을 그루밍족이라고 인정할 정도다. 이 결과 남성전용 색조화장품부터 바버숍은 물론 전용네일숍까지 등장했다. 실제 화장품업계에선 남성제품이 효자상품으로 정착됐다.

2013년 남성화장품 시장규모는 1조원을 넘긴데 이어 2020년 1조 4,000억원까지 예상된다. 해외조류와 비교해도 놀라운 성장세다. 남성 1인의 화장품 구매비용이 세계 1위인 까닭이다. 미국·프랑스 등보다 10배 이상 높은 수치다.[20] 아예 일부 화장품 편집숍은 영포티(4050대) 남성고객을 위한 전용매장까지 구비했다.[21] 더불어 탈코르셋 선언

---

19 博報堂生活総合研究所(2018), '「家族30年変化」調査結果を発表 ―『妻は強く、夫は弱くなった30年', pp. 1-6.

20 KBS, '색조 화장에 남성 네일숍까지…남자는 관리 중', 2019.08.27.

21 이지경제, '화장품 편집숍의 화려한 변신…'VR스토어'부터 '가상 메이크업'까지 뷰티 놀이터라 불러다오', 2019.08.27.

처럼 여성다움을 거부하는 시대조류도 한창이다. 아직은 페미니즘적인 운동성격이 강하지만, 갈수록 규정된 성역할에서 벗어난 이들의 눈높이에 맞춘 중성시장도 커질 전망이다.

전체적으로 여성·모계화는 심화될 전망이다. 할머니·엄마·딸의 주도권은 물론 여성고객의 일반적인 구매력도 증진되는 추세다. 일본처럼 생활반경·접촉빈도만 봐도 시댁보다 친정이 가깝고 잦다. 개별상황마다 다르겠으나, 보편적으론 여성입김이 강화된다. 관련시장도 가능성을 꽤 타진한 상태다.

이미 여성·남성용의 구분접근은 특정분야를 빼면 일부에 불과하다. 남녀공용의 뷰티제품처럼 성별경계를 없앤 공용제품이 인기를 얻는다.[22] 이른바 젠더리스적인 마케팅의 본격 등장이다. 상품군에 남녀경계가 사라진다는 건 기존시장으로선 고민거리이자 어쩌면 생존힌트다. 당연히 받아들여야 할 일종의 유니버설디자인에 가깝다. 성징소비는 고도성장의 성공키워드다. 중성고객의 대거등장이 예고된 미래시장에선 중성욕구의 이해·대응이 필수다. 신고객이 만들어낼 신시장의 유력후보다.

---

22 부산일보, '여성용·남성용 이젠 옛말, "남녀 공용" 뷰티제품 뜬다', 2019.02.18. 및 DBR, '우리 회사 브랜드는 남성일까 여성일까…특성 알고 보완해야', 2016.05.12.

안 쓰거나 여성화, '청년남성=초식계열' 완성

남성성을 잃어버린 일본청년은 시장·기업을 혼돈에 빠트렸다. 일본에선 이를 '청년의 ○○이탈(若者○○離れ)'이란 신조어로 부른다. 청년 특유의 소비본능이 억제되자 기성세대에겐 잘 팔렸던 소비품목이 더는 안 팔려서다. 사실상 전통적인 청년시장은 개점휴업에 직면했다.

청년시절 인생 최초로 구매하던 거액의 내구소비재가 대표적이다. 자동차를 비롯해 고가의 전자기기 혹은 자가(自家) 등은 소비대상에서 벗어났다. 연애·결혼·출산 등 인생경로의 거부·포기가 생산·소비 주체로서 기대되던 청년지출의 패턴을 바꿔버린 것이다.

지출거부가 적용되는 소비대상은 갈수록 확대된다. 소액품목조차 이탈추세가 본격적이다. 신문, 외식, 범죄, 음주, 외출, 후식 등 일일이 셀 수 없다. 단 공통점은 필수품이 아니란 점이다. 즉 생활에 불필요한 곳에 쓸 여유가 없을 뿐 생필품까지 소비이탈이 보이진 않는다. 대체재 존재도 공통된다. 신문처럼 인터넷이란 강력한 대체수단이 등장한 경우다. 인터넷처럼 대체제가 청년선호에 유리할수록 이탈감도는 더 강해진다.

차만 해도 그렇다. 차 없는 20대 청년의 60%는 구입 예정조차 없다[23](일본자동차

---

23 이와 관련, 한 잡지(春秋)에 게재된 칼럼은 상당한 반향을 낳았다. 정년근처의 필자가 빨간색 스포츠카를 구입할 때 딜러와 나눈 얘기를 썼는데, 꽤 충격적인 스토리다. 딜러에 따르면 필자가 구입고객 중 가장 젊은 고객이라 증언했다. 3040세대 중 차를 사는 사람은 단순한 이동수단일 뿐 스포츠카에는 흥미조차 없다는 설명까지 붙였다. 논란은 "젊을 때는 멋진 차에 여자를 태워 달리고 싶지 않은가"라는 의문이었다. 딜러의 답은 "요즘 젊은이들은 스포츠카는커녕 애초 차를 사지 않는다"고 했다. 필자는 대학시절 조금만 아르바이트를 하면 차를 살 수 있었다는 기억까지 소개했다. "취미가 드라이브"라는 친구도 많았다고 했다. 반응은 싸늘했다. 인터넷에서 화제가 되면서 '노해(老害)'란 말까지 떠돌았다. "사지 않는 게 아니라 살 수 없다"부터 "어느 시절 얘기인지 정신 차려라"는 비난까지 쇄도했다.

공업회·2016년). 자동차는 대출 이탈과 맞물린다. 돈이 없어서다. 20~24세 평균급여는 1992년 300만엔으로 최대치를 찍은 후 2015년 271만엔까지 줄었다(민간급여 실태조사). "월급은 오르는 것"이란 상식(?)이 더는 통하지 않는다. 빌려서라도 차를 살 수 없게 된 셈이다.

구입목적도 달라졌다. 과시용이 아닌 실리용이 태반이다. 20대 차량보유자에게 물었더니 일상생활 이동수단(68.5%)이 압도적이고, 데이트 수단(19.5%)은 적었다(20대 소비행동리포트). 실제 2015년 차량구매자 중 60%는 남성이며, 70%는 40대 이상이다(닛케이신문 독자분석).

'청년≠차량'만이 아니다. 20대의 45%는 술도 거의 안 마신다. 자신감이 없을수록 더 그렇다. 외출도 감소세다. 20대 외출 빈도가 70대 외출 횟수보다 적다는 통계도 있다(국토교통성). 외출하면 돈이 들어서다. 집에서 인터넷을 하는 게 그들에겐 경제적이다. TV시청도 마찬가지다. 20대 TV시청은 선배세대보다 적어졌다. 2017년 기준 20대 남성은 'TV시청〈인터넷이용'으로 상황역전이다(닛세이기초연구소). 역으로 통신비는 버블경제기보다 2배나 늘었다. 안 보고, 안 사며, 안 먹는 남성성의 약화 트렌드다.[24]

〈표〉 일본 청년남성의 소비이탈 목격품목

구분	품목
음식	술, 외식, 조미료, 차, 맥주, 매실, 전통과자, 생선, 어묵, 겨자, 와사비, 껌, 절임반찬, 과일, 쌀 등
취미	여행, 파친코, 경마, CD, 영화, 게임, 노래방, 손목시계, 브랜드, 자동차, 담배, 오토바이, 전통악기, 록음악, 독서 등
스포츠	야구, 축구, 골프, 씨름, 낚시, 등산, 스키, 스노보드 등
일	영업, 회식, 단합여행, 제조(수제), 양복, 공무원, 잔업, 정규직 등
정보매체	TV, 신문, 잡지, 활자, 라디오 등
생활	헌혈, 반상회, 결혼식, 장례식, 기부, 이웃교류, 회람판, 상점가, 편의점, 백화점, 이발, 생명보험, 빚, 범죄, 대화, 면허, 부동산 등
성	연애, 여성, 섹스, 풍속업소 등
사고	정치, 낭비, 몽상, 종교, 이과, 해외, 연하장 등

- 주: 각종발표 취합결과

---

24 전영수, '日, 안 보고·안 먹고·안 사는 20대', 한경비즈니스, 2017.06.07.

제5장

장기불황은 '미분소비'를 불러온다!

'내귀의 캔디', '혼술남녀', '조용한 식사', '미운우리새끼', '나혼자산다'의 공통점은 혼족문화를 선도하는 프로그램들이다. 어느샌가 등장해 지금은 주요 방송 트렌드로 자리 잡았다. 싱글슈머(Single-summer)를 위시해 포미(For-me)족은 물론 편도족 같은 신조어까지 나왔다. 한편에선 공급차원에서 1인 미디어를 통해 틈새욕구를 충족시켜주는 '세포마켓'이란 신조류도 등장했다. 판매자가 일상을 공유하며 상품을 거래하는 형태로 온라인시대와 만나 확대된다.

나홀로 소비가 먼저 발생한 일본에선 관련시장이 더 크다. '오히토리사마(お一人樣)시장'으로 불리며 지금은 한층 분화된다. 결혼·연애커플

마저 자신만의 시간을 즐기고자 혼족시장에 뛰어든다.[1] 파트너·배우자 상관없이 자신만의 시간에 충실하려는 과도한 기호를 '솔로충'이라 얕잡아보는 말까지 나왔다. 상황이 이러니 대응전략도 맞춰질 수밖에 없다.

'인구변화→가족변화'는 자연스럽다. 인구구조가 변하면 가족구조도 바뀐다. 인구구조의 양과 질 모두에서 예측무용의 충격적인 변화경로에 올라선 한국사회는 특히 가족의 구성·유형까지 급변하는 추세다. 컨베이어벨트처럼 한번 올라타면 '졸업→연애→결혼→출산→양육'의 당연했던 인생경로가 붕괴된 결과다. '졸업→실업→만혼(비혼)→독신'의 새로운 라이프스타일의 등장이다. 이로써 가족구성의 결심은 대단히 위험한 선택지로 격상됐다. 웬만하면 결혼하지 않는 게 유리해진 셈이다.

가족이 당연하지 않은 시대다. 나부터 살아야 할 판에 먹여 살릴 가족을 꾸린다는 건 사치에 가깝다는 푸념이 많다. 진화학의 생애사이론에선 저출산을 생존경쟁과 연결해 적응현상으로 본다.[2] 치열한 경쟁환경에서 출산은 부담거리다. 때문에 미루거나 포기하는 대신 본인성장에 자원을 투입함으로써 경쟁력을 높이는 게 효과적이다. 즉 출산감소는 생존을 위한 적응과정이며, 곧 현대판·한국판 종의 진화라는 해석

1 오수연(2017), '나혼자 산다! 마케팅', 한국마케팅연구원, pp.56-57

2 조영태 외(2019), 「아이가 사라지는 세상」, 김영사, p.20 및 p.189

이다. 선배세대의 생존·재생산방식과는 전혀 다른 루트 개발이다.

위험한 선택지의 가족 구성과 적분소비

가족변화는 연결 파장이 만만찮다. 정책제도·생활토대의 변화초래
는 물론 고용체계·소비관행까지 일파만파의 상식파괴를 뜻한다. 인구
가 국력이라면 가족은 국가차원의 핵심적인 고려변수일 수밖에 없다.
이게 바뀐다는 건 지금까지의 표준양식이 재구성됨을 뜻한다. 일종의
바로미터이자 나침반이던 생활표준의 변경이다. 기축(基軸)이 변하면
무게중심도 변한다. 새로운 룰의 설정은 당연하다. 기업·시장으로선
새로운 표준에 올라타면 기회지만, 떠밀리면 위기로 전락한다. 가족
변화에 발맞춘 상황변신은 최소한의 생존전략이자 최대한의 성장기반
이다. 이해와 대응은 필수다.

가족변화는 소비시장의 대전환을 뜻한다. 익숙했던 가족소비는 실
종된다. 가족구성이 자연스러웠던 시절 정착된 핏줄·인연을 위한 복
수(複數)소비는 갈수록 옅어진다. 출산파업으로 아빠·엄마의 잠재후보
가 사라지니 가족소비는 형성되기 쉽지 않다. 가족이 없거나 적어져
복수소비를 할 이유 자체가 희박해졌다. 장기간 소비자 유형분석 중
기본전제였던 '4인 가족' 복수소비의 실종사태다.

가족소비를 대체할 대안모델은 단신·독거·싱글소비로 요약되는 개
별인구의 단수소비다. 적분(積分)의 가족소비가 미분(微分)의 단신소비로
대체된다. 원코노미·일코노미는 이미 대세다. 1인용·1인분에 특화된

혼밥·혼술·혼행·혼놀은 안착됐다. 싱글라이프에 힘입은 '미분소비'의 본격부각이다. 통계청에 따르면 1인 가구 소비지출은 2006년 16조원에서 2020년 120조원까지 커진다.

여기까지는 별로 새롭지 않다. 낯선 조류지만, 한국시장에도 충분히 확산된 소비 트렌드 중 하나다. 문제는 앞으로의 추세다. 단발 이슈가 아닌 장기흐름일 확률이 높다. 그것도 지금까지와는 더 달라진 모습으로 진화할 확률이 높다. 향후 개인화될 미분소비의 끝은 상상조차 어렵다. 설마 했던 분야·항목에까지 단수고객이 구매의향을 타진함으로써 시장·기업은 한층 미분화된 욕구충족이 필요해졌다.

미분수요의 확장세는 무차별·무영역적이다. 싱글라이프가 다양화되면서 나누고 쪼개는 소비욕구는 필수품은 물론 사치재까지 파장을 미칠 전망이다. 합리·정합성을 보유했던 가족기능·적분소비는 차라리 단순했다. 가성비·이해타산만 맞춰주면 그걸로 족했다. 반면 미분소비는 다르다. '따로'와 '같이'의 상반효과를 모두 아우르는 까다로운 고객출현을 뜻한다. 가령 이들은 아끼면서 사치하고, 혼자지만 함께하며, 나누면서 다 가지고, 불안한 채 만족한다.

미분소비의 욕구분출·소비지점과 맞물리는 키워드는 작고(Small), 똑똑하며(Smart), 나를 위한(Selfish), 특화된 서비스(Service)로 압축된다. 기아차가 2030세대 싱글여성을 노려 출시한 자동차(레이)나 캐논코리아의 초소형 프로젝터(레이요시리즈) 등이 이런 키워드를 제대로 공략해

성공했다는 평가다.[3]

원코노미 넘어설 더 세분화될 개인소비

단신가구의 미분소비는 이제부터 시작이다. 지금까지의 원코노미는 잊는 게 좋다. 출발상황일 따름이다. 당장 극한적인 미분소비가 펼쳐지진 않겠지만, 미분화의 욕구발현은 미래시장의 주요 트렌드다. '가족=비용'이 유지되는 한 그 반발기제로써 '개인=효율'의 싱글라이프는 심화된다. 가족구성의 한국적 미래예측만 봐도 그렇다. '가족포기→출산감소→자녀증발'은 시작됐다.

가령 2019년 출생아수는 ±30만명[4]으로 추산된다. 출산율은 ±0.90명 안팎이다. 2019년 출생아수가 30년 후 모두 결혼하면 2049년 출생아수는 출산율 1명을 반영해도 ±15만명이다. 누계하면 2079년 ±7만5,000명, 2109년 ±3만7,500명, 2169년 9,375명 수준이다.

전제가 과격해도 낭설은 아니다. 오히려 전원결혼과 지금보다 더 높은 출산율 1명(2019년 ±0.9명)을 반영했기에 더 낙관적이다. 즉 장기흐름만 보면 자녀동반 가족모델은 희귀사례에 가깝다. 결혼해야 출산하는

---

3 박현길(2016), '솔로 이코노미, 혼밥, 혼놀, 혼술?', 한국마케팅연구원, pp.37-38

4 조선일보, '1.05→0.98→0.89… 출산율 자유낙하', 2019.07.31. 2019년 7월말 현재기준으로 연초만 해도 통계청은 2019년 출생아수가 30만9,000명(추계출산율 0.94명)은 가능할 걸로 봤지만, 이후 매월 전년동월 및 전월대비 하락기록(41개월 연속감소)을 경신하며 출생아수 ±30만도 위협받는 처지로 전락했다. 출산율은 0.9명대를 하회할 확률이 갈수록 높아진다.

한국적 현행 관행이 계속되면 후속생산의 가족구성은 절멸위기에 놓인다. 역사 속에서만 남을 가족소비인 셈이다.

과거의 성공경험은 잊는 게 좋다. 더 빨리 더 많이 잊을수록 기회는 확장된다. 극한의 마이크로 소비자가 만들어낼 미분소비는 가족 전제의 적분소비와 기본적으로 상충된다. 가족해체·파괴는 이를 한층 추동할 수밖에 없다. 미분소비의 최전선을 달리는 일본이 그렇다. 집중적인 관심·연구 속에 새로운 소비욕구의 발굴과 기업대응에 열심이다.

이젠 제도변화까지 구체적이다. 가족변화로 과거제도의 설명력이 상실됐기 때문이다. '표준가족'의 폐기가 대표적이다. 일본은 그간 '남성전업+여성가사+자녀 2인'의 4인 가족을 표준모델로 봤다. 세제·복지(사회보장)·교육·행정·산업 등 각종제도를 설정할 때 이를 모태·평균으로 보고 가중치를 부여하는 식으로 운영해왔다. 더는 아니다. 표준가족은 1974년 14.56%(1위)에서 2017년 4.6%(9위)로 점유비중[5]이 떨어졌다.

---

5 4인 가족은 급부·부담 등을 계산하는 모델사례로 활용됐었다. 총무성 가계조사의 표준세대 집계가 시작된 1965년 이래 표준세대라는 용어가 일반화됐다. 1974년 기준 4인 가족 중 경제활동(有業者) 1인인 표준세대 비율이 전체유형 중 가장 많은 14.56%로 집계됐다. 이후 1988년 '경제활동 1인 가구'가 1위로 오르면서 '4인 가족+1인 경제활동'의 표준세대는 2위로 떨어졌다(9.67%). 2017년 현재 1위는 여전히 경제활동 1인 가구인 가운데 4인형 표준세대는 9위로 추락했다. 비중은 4.6%에 불과하다. 되레 '4인 가족+2인 경제활동'의 맞벌이가 6.82%로 증가했다.

1974년	1위	2위	3위		
	4인세대·직업자 1인	3인세대·직업자 1인	직업자 1인세대		
	14.56%	10.95%	9.42%		

1988년	1위	2위	3위		
	직업자 1인세대	4인세대·직업자 1인	2인세대·직업자 1인		
	15.78%	9.67%	9.00%		

2017년	1위	2위	3위		9위
	무직자 1인세대	직업자 1인세대	2인세대·직업자 0인	...	4인세대·직업자 1인
	16.95%	15.65%	13.67%		4.60%

– 자료: 大和総合研究所(2018) 재인용

신소비의 유력대안은 '적분→미분'형 욕구전환

실제 소비행동의 태도변화는 묵직하다. 일본의 최근 30년(1989–2019년)에서 확인되는 소비변화의 키워드는 가족, 여성, 청년, 인터넷 등 4개로 압축된다. 가족은 '2세대→1인화'로 정리된다. 표준세대였던 '아빠전업+엄마가사+2인 자녀'의 4인 가족은 전체 세대에서 5%도 안 되는 반면 단신세대는 35%까지 치솟았다.

이로써 소비는 컴팩트화된다. 4인분은커녕 2~3인분도 줄어드는 한편 1인용 상품·용기·기기가 히트상품이 됐다. 자녀양육 중인 세대도 1/4로 감소했지만, 맞벌이·무자녀(DINK족) 세대는 2배로 늘었다. 자녀소비가 설 땅을 잃는다는 의미다.

반면 조부모의 손자소비는 활황이다. 게다가 지금 3040세대는 저성장에 익숙해 가능한 소비억제형이다. 그러나 필수라고 여기는 통신, 주택 등엔 지출한다. 주목할 건 맞벌이소비다. 시간·수고를 줄여주는 가외(家外)·대행소비에 익숙하다.[6]

'적분소비→미분소비'로의 전환분야는 다양하고 광범위하다. 사실상 생활 전반에서 잠재적인 미분소비로의 욕구 전환이 예상된다. 초기단계는 일상생활 속에서의 필수소비와 관련된 미분소비다. 혼자 살기에 홀로 해결해야 하는 생활수요는 거의 해당된다. 삼시세끼부터 살림살이의 미분화다. 가족포기의 대체로 등장한 나홀로의 삶을 충실히 도와주는 재화가 후보군이다. 쪼개고 나누는 상품·서비스의 제안으로 연결된다. 포인트는 무엇이든 1인화다. 제한은 없다. 용량·포장의 세분화는 고객욕구별 미시차별과 연계될 때 빛을 발한다. 일본의 유명쌀집 아코메야는 1인분·2인분의 고급화된 포장판매로 고객발길을 잡았다. 10~20kg의 대용량에 익숙한 고정관념을 깼다.[7] 비단 쌀만이 아니다.

---

6 久我尚子(2019), '平成における消費者の変容(1)−変わる家族の形と消費〜コンパクト化する家族と消費、家族のモデル「標準世帯」の今', pp.1−7

7 전영수, '업의 본질을 묻다, 쌀 편집숍 아코메야의 변신이야기', 한경비즈니스, 제1198호, 2018.11. 지금껏 일본의 포장·판매 쌀은 최저분량이 450g이었다. 한국처럼 10kg, 20kg짜리는 없다. 이곳의 주력제품도 품종별 450g 초소량 포장쌀이다. 하지만 시대가 변했다. 홀로 사는 1인 가구가 늘었다. 외식도 대세다. 집에서 가족과 밥 먹는 행위가 급감했다. 쌀이라는 업의 본질을 뒤흔드는 엄중한 시대변화다. 달라진 가족구성에 맞춰 포장전략을 수정했다. 세분화된 사이즈를 제안. 다양한 미세욕구에 조응했다. 고정관념을 버리니 포장분량이 변했고, 새로운 스토리까지 부여됐다. 가령 300g 소포장을 선물용으로 선뵀다. 150g씩 나눠 소중한 이와 함께 먹자는 선물용 소구였다(1인분=150g). 연인이면 300g 소포장 선물은 감정전달로 승화된다.

둘러보면 여전히 가족전제의 적분소비에 함몰된 제품·서비스가 많다. 재검토가 필요하다.

다음은 상실된 연대욕구를 충족시킬 미분소비다. 혼자서는 힘들지만, 그래도 하고픈 소비영역의 발굴이다. 혼술이 대표적이다. 아무리 유행이라지만 밖에서 나홀로 마시기란 쉽지 않다. 외롭고 불편하며 부담 없이 누군가와 떠들고픈 욕구를 채울 수 없다. 이때 인테리어만 1인화에 맞춘 기존 대응과 달리 남과 섞여 쉽게 대화할 수 있는 현장 교류를 전제로 한 사업모델이 도출된다. 교류를 부추기는 배치·동선으로 가볍게 홀로 찾는 술집모델(호로요이토)이다. 혼자지만 외향적이고 적극적인 신인류의 참가형 미분욕구를 위해 가맹점을 모아 안내·표시한다.

혼자면 못할 유희대상까지 포섭해 1인이되 집단효용을 누리도록 고안했다. 혼자라도 즉석으로 팀을 짜 집단경기를 즐기는 모델까지 나왔다(래스트풋살시티). 축구를 하고 싶을 때 방문하면 같은 처지의 솔로들과 팀을 짜 즐기도록 했다. 물론 운동 후엔 깨끗이 헤어지며 다시 본연의 미분생활로 돌아온다.

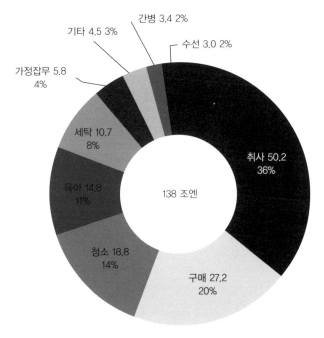

〈그림〉 일본의 가사노동 화폐가치 환산치의 세부내역

간병 3.4 2%

기타 4.5 3%

수선 3.0 2%

가정잡무 5.8
4%

세탁 10.7
8%

육아 14.8
11%

138 조엔

취사 50.2
36%

청소 18.8
14%

구매 27.2
20%

－ 자료: 日本政策金融公庫(2013)

먹거리부터 시작된 미분소비의 격전 양상

미분소비의 미래전망은 밝다. 감축경제 속 성숙사회의 본격 개막은
개인·파편·단신화의 정합성을 강화시킨다. 유력근거는 가족포기와
연결된 전인경제화의 압력이다. 모두가 돈 벌기 바빠 가사노동까지 해
결할 여력은 없다. 이때 가사해결의 외부화는 새로운 욕구발현이다.
가사를 맡기는 대신 확보된 여가시간을 재소비하려는 차원이다. 가사
노동의 화폐환산액(138조엔·2015년)을 보면 외부화는 충분히 잠재력을 보

유한 시장이다.

대상품목은 취사·청소·세탁·육아 등 다양하지만, 실현을 원하는 욕구 정도는 제각각이다. 장기적으로는 생활 전반의 세세한 관리대행이 포함된다. 처음에는 가사업무를 경감·대체하는 상품·서비스에서 비롯되지만, 갈수록 시간·노력단축 일변도에서 벗어나 종합적인 원스톱 솔루션의 제공창구로 확장될 여지가 충분하다. 제공 주체는 다양하다. 제조메이커, 서비스업자, 중간물류업자 등의 차별화된 접근이 가능하다. 가령 반찬키트·냉동식품이면 메이커와 물류업의 역할분담·사업연계로 시간단축과 품질확보의 양립이 기대된다.

'미래사회=독신시장'은 미분소비의 근본 토대다. 연령불문 미분소비를 추동할 잠재고객의 급증은 예고되었다. 40대까진 청년싱글이 자연스럽고, 60대까진 평생비혼의 중년독신이 자리 잡으며, 이후엔 독거노인의 노후생활이 불가피하다. 공통점은 독신 주체의 미분소비다. 달라진 인구변화에 따른 새로운 고객욕구의 등장이다. 일본은 독신소비가 2020년 100조엔을 넘길 전망이다. 2030년이면 복수·적분소비를 이끌던 가족지출을 넘어선다. 기업으로선 가족통계보다 개체화된 미분욕구의 발굴·제안이 필요하다. 연령대별 접근은 다르다. 청년싱글은 저성장·취업난 탓에 중년의 독신귀족처럼 압도적인 구매력은 적겠으나, 생애 전체에 걸친 반복소비와 절대비중이 매력적이다.

정리하면 차별화된 독거인구의 소비지향점은 다음과 같다. '고령남성=젊음화, 고령여성=활동화, 청년남성=주부화, 청년여성=남성화,

중년남성=휴식화, 중년여성=서비스중시화' 등이다.[8]

　미분소비가 최대 각축을 벌일 장은 먹거리 파트다. 필수재이자 보편 재인 까닭에 반복구매·일상지출이 특징이다. 한국보다 깊숙이 미분 소비에 돌입한 일본의 경우 편의점 판매액 중 1위 품목은 음식이다. 2017년 11조7,451억엔 중 패스트푸드·일일배식품(4조4,231억엔), 가공 식품(3조1,688억엔) 등이 비식품(3조5,071억엔)보다 2배 이상의 매출액을 찍 었다. 한국도 벌써 편의점의 일등공신이 음식품목[9]일 정도다. 저가의 삼각김밥은 물론 비싸도 고퀄리티의 도시락까지 삼시세끼의 간편식이 매출증진의 효자상품이다.

　한국의 미분소비는 구매채널을 소리 없이 뒤흔든다. 가족구성을 통한 적분소비와는 구별되는 그들의 선호채널이 존재한다. 정리하면 대형할인점의 소외와 골목상권·모바일·편의점의 부각이다. 통계를 보면 싱글가구는 신선식품의 경우 골목상권(31.6%)과 온라인(6.3%), 편의 점(6.5%)의 의존도가 높다. 2인 이상의 적분소비가 전제된 세대는 각각 27.7%, 3.6%, 1.4%에 불과하다. 반면 대형할인점(29.0%)은 2인 이상 가구(37.4%)보다 적게 방문한다.[10] 따라서 적분소비를 전제로 한 대형할 인점은 미분소비의 유도를 위해 한층 심혈을 기울일 필요가 있다. 상

8　日本政策金融公庫(2013), '2050年 日本の未来予想図', 調査月報(2013年11月号), pp.36~41

9　아시아경제, '불황에 초저가 찾는다…700원 삼각김밥이 편의점 1위 등극', 2019.07.03.

10　이계임 외(2015), '1인 가구 증가에 따른 식품시장 영향과 정책과제', 한국농촌경제연구원, p.8

품라인업과 특화서비스의 마련이 요구된다.

〈표〉 연령·성별 싱글세대의 식료품 구매비중 비교

	2인 이상 세대 (근로자)	단신세대					
		남성			여성		
		~34세 (근로자)	35~59세 (근로자)	60세~	~34세 (근로자)	35~59세 (근로자)	60세~
곡류	8.4	3.8	8.4	7.4	8.4	7.2	8.4
어패류	6.6	1.0	4.7	7.4	7.0	3.5	11.1
육류	10.3	2.1	9.7	4.9	10.6	5.4	9.5
우유·계란류	5.0	1.2	5.1	4.3	4.8	4.5	5.1
야채·해조류	10.5	1.7	9.2	10.2	10.7	8.6	13.1
과일	2.9	0.4	2.2	4.0	2.9	3.1	5.1
기름·조미료	4.6	1.2	4.4	3.6	4.6	3.7	4.8
과자류	8.1	4.8	9.6	4.8	7.5	9.2	6.7
조리식품	13.1	17.2	12.5	19.1	13.6	17.3	12.7
음료	6.1	8.1	6.2	6.0	6.2	9.0	5.6
주류	4.1	2.2	3.2	8.9	4.5	3.3	5.0
외식	20.3	53.3	24.8	19.5	19.1	25.3	12.8
합계	100.0	98.1	100.0	100.0	100.0	100.0	100.0

- 자료: ニッセイ基礎研究所(2018), '増え行く単身世帯と消費市場への影響(2)-勤労者世帯は食や買い物先で利便性重視,外食志向が強いものの近年は中食へシフト', p.3

주요고객은 싱글소비자다. 이와 관련, 먹거리와 관련된 미분시장은 '가벼운 식사(輕食)[11]'로 정리된다. 최적화된 업태는 패스트푸드점 · 편의점[12] 정도다. 다만 안심하긴 어렵다. 카페 등 음료제공업체가 가벼운 식사시장에 적극 뛰어드는 추세다. 가정에서의 내식(內食), 간편요리의 중식(中食), 식당에서의 외식(外食)으로 트렌드를 정리하면 중식화가 압도적이다. 절약 · 건강의식이 충족되면서 다양성과 편리성이 식생활 패턴까지 주도하는 형태다. IT강국 한국적 특수성을 넣으면 인터넷을 통한 음식품목의 배달서비스도 독보적이다.

절약피로 속 '작은 사치의 큰 시장'

그럼에도 불구, 미분소비의 주요고객으로 떠오른 싱글세대의 일상 구매가 기업매출로 연결되려면 시간이 필요하다. 평균적으로 부족한 경제력이라는 걸림돌 때문이다. 소득증대가 전제된 가족구성과 적분소비의 패러다임이 퇴색하며 등장할 미분소비의 잠재고객은 대개 저성장에 익숙해 핍박형 절약경제를 지향할 수밖에 없다. 돈이 없어 가

---

11 ニッセイ基礎研究所(2018), '増え行く単身世帯と消費市場への影響(2)－勤労者世帯は食や買い物先で利便性重視、外食志向が強いものの近年は中食へシフト', pp.1-6

12 2008~2017년 판매액 신장률은 패스트푸드점 14.3%(1조3,155억엔→1조5,041억엔), 편의점 중 식품항목 60.5%(2조7,555억엔→4조4,231억엔) 등으로 증가했다. 여기에 일본적 특징인 드럭스토어가 신형강자로 가세한다. 음식판매액의 업종별 증가율(2016년 및 2017년 대비)은 드럭스토어 8.4%, 편의점 2.8%임에 비해 백화점 −1.8%로 확실히 싸고 빠르고 간단하게 먹는 싱글고객의 미분욕구가 강화되는 추세다.

족구성을 포기할 정도니 넉넉한 경제·구매력을 기대하기란 어렵다.

부양가족이 없으니 자기실현적인 소비의향은 상대적으로 높겠지만, 미래불안을 감안하면 절약지향성은 일상적이다. 단 비용을 유발할 가족이 없다는 점에서 생활 전체에 핍박경영만 강조될 리는 없다. 찌든 삶의 탈출구로, 나를 위한 포상으로 몇몇 선호품목에 대한 사치경향도 부각된다. 트렌드로 확인되기 시작한 작은 사치의 잉태가 이를 뒷받침한다.

이는 아껴본들 삶이 더 팍팍하다는 체감경험의 반발사례로 등장한다. 그나마 본격사치까지는 여유가 없어 특정 품목에 한해 작은 사치가 실현된다. 절약피로의 반발 결과이자 핍박소비의 대응기제로써 본인가치를 증명하는 품목에 한해 비교적 사치로 평가되는 고가소비를 적극적으로 단행한다. 불황형 소비형태로써 작은 사치를 실현할 수 있는 소비대상의 종류와 범위는 확장된다. 값비싼 내구소비재의 구매를 통한 행복보다는 일상생활에서 본인가치를 검증해주는 일부 품목에 가격저항을 없앰으로써 심리적 만족감을 획득하려는 욕구다.

과시적인 명품소비보다는 철저히 자발적인 소비행태란 점에서 차별적이다. 이들은 사치라는 단어에 동의하지 않을뿐더러 행복과 만족의 대가로써 기꺼이 지불한다는 점에서 새로운 소비욕구에 가깝다. 또 이를 통한 행복경험이 확인될 경우 웬만하면 반복구매를 행한다는 점에서 소비충성도가 높다는 점도 독특하다. 일본은 이를 '작은 사치^{(プチ贅}

沢)¹³'로 규정한다. 불황이 한창이던 2000년대 중반 이후 절약소비에 맞서며 등장했다. 지금은 고유명사로까지 안착하며 작은 사치의 방법론과 소비경험이 확산된다.

한국서도 안착한 시발비용과 소확행

한국도 막 사회에 진입했거나 싱글청년을 중심으로 무리하지 않는 범위에서 소비행복을 추구하는 유사패턴이 시작됐다. 시발비용·소확행(小確幸·작지만 확실한 행복)이 신조어로 부각된 게 그렇다. 작은 사치와 관련된 소비시장은 가성비(가격대비성능)를 넘어 가심비(가격대비만족)로 연결되는 추세다. 외식물가의 부담스런 급등에도 불구하고 고급뷔페가 인기인 것도 같은 이유다. 편의점 디저트가 나만의 작은 사치를 소구장치로 내세워 빠르게 성장한 배경이다. 도시락과 커피를 압도하는 디저트시장은 2016년 8조9,760억원으로 전년대비 14%나 커졌다.¹⁴ 불황 속에 소비를 통한 과시와 경쟁보다 스스로 만족하는 행복추구 트렌드가 작은 사치의 시장확대로 연결됐다.

한국적 '작은 사치의 큰 시장'을 알 수 있는 상징적인 키워드는 포미

---

13   weblio辭書 実用日本語表現辞典(검색일:2019.08.30.) 일상생활·행동범위 안에서 가능한 약간의 고급노선적인 상품·서비스가 대상이다. 거액의 소비지출이 아닌 조금 비싸지만 사보자는 감각이 주류다. 일종의 고급체험이다. 슈퍼마켓에서 고급브랜드의 식재료를 사거나 편의점에서 프리미엄스위츠를 사는 정도로 해석된다.

14   서울경제, '소비자 입맛 따라 무한변신··· 대한민국은 이색 디저트 열풍', 2018.07.07.

(For me)족의 출현이라 할 수 있다. 단순한 해석으로 나를 위한 소비로도 해석되지만, 실은 소확행이 반영된 미분소비의 욕구지점을 따서 만든 신조어다. 건강(For health), 싱글족(One), 여가(Recreation), 편의(More Convenient), 고가(Expensive)의 뜻이 있다. 본인이 가치를 두는 제품·서비스라면 비싸도 과감히 투자·소비하겠다는 의미다.

MZ세대만 적용되는 트렌드는 아니다. 4050세대조차 평소 누구를 위해 소비하는가라는 질문에 43%가 본인을 꼽았다. 자녀(37%)와 부모(5%)를 뛰어넘는 응답비중이다. 기존의 적분소비에 익숙한 세대라면 절대 나오지 않을 수준의 선호표현이다. 과시적인 보여주기와 구분되는 작은 사치가 먹혀듦직한 항목은 패션·뷰티·가구·여행·건강 등의 제품·서비스가 돋보인다.[15]

미분소비에 걸맞은 자기만족의 욕구충족은 기업·시장에겐 새로운 공략무대다. 적분소비에 맞춰진 가족만족은 갈수록 쪼그라들 전망이다. 싱글고객의 빈곤현실만 강조해 미분소비의 확장성을 폄하해서는 곤란하다. 미래사회의 고객은 가난해도 쓸 땐 쓴다. 새로운 마케팅은 이렇듯 시대변화를 충분히 고려하는 게 필수다. 가령 소비자극용 기간한정·수량한정·지역한정 등 희소성을 내세운 특별한 소비만족을 자극하는 전략이 좋다.

---

15   서영은 외(2017), '내 인생의 주인공은 나야 나, FORME족을 잡아라', 한국마케팅연구원, pp.55-57

지금은 외식·식재료·음주·과자·디저트·에스테틱·호텔 등의 업계에서 작은 사치가 강조되지만, 그 영역파괴는 무한하다. 여행·취미는 물론 금융·가전·주택·교육 등에까지 파급될 수밖에 없다. 이에 동의한다면 타사가 펼치는 일상생활에서 즐기는 작은 사치 제안 프로그램을 주도면밀하게 분석하는 게 바람직하다. 당장 자사의 사업모델과 직결되진 않아도 가격·품질을 적절히 배분한 접근전략만으로 힌트가 얻어진다. 동시에 작은 사치가 먹혀들 만한 자사제품의 라인업을 분석해 외부와의 협업구조를 택하는 것도 방법이다.

현재 기준으로 작은 사치가 확인된 무대는 음식·여행·취미 등에 한정된다. 일본의 경우 남녀불문 80%가 일상생활 중에 작은 사치를 구매하는 걸로 알려졌다. 84%는 작은 사치가 일상생활에 필요하다고 했다. 남녀 모두 외식과 식품·술·과자 등에서 작은 사치의 만족감을 느낀다. 다만 여성은 과자·디저트의 응답률이 가장 높다.[16]

실제 성별로 작은 사치의 선호품목은 구분된다. 고급식당에서의 작은 사치적인 식사는 여성(64%)이 남성(48%)보다 높다. 연령별로도 구분된다. 70대(40%)가 가장 낮은 것에 비해 젊을수록 증가해 2040세대는 60% 초반까지 높아진다. 특히 30대는 64%의 지지율로 작은 사치의

---

16 アサヒグループホールディングス(2013), 「プチ贅沢(ちょっとした贅沢)」に関する意識調査', お客様生活文化研究所, pp.3-4

선호도가 높다.[17]

가격대는 어떨까. 2040세대 여성 대상 설문조사에서 가격대로 본 작은 사치의 수준은 아이스크림(보통 100엔→작은 사치 250엔), 평일점심(보통 700엔→작은 사치 1,000엔) 등으로 정리된다. 결국 20~30%대의 추가가격 지불로 작은 사치의 만족감을 느낀다.[18]

작은 사치를 위한 상황은 얼추 정리된다. △스트레스 쌓일 때(457명) △좋은 걸 봤을 때(291명) △월급날(235명) △일찍 퇴근한 날(75명) 등이다. 작은 사치라고 생각하는 순간은 △하겐다스(697명) △초콜릿전문점(298명) △백화점 식품관(286명) △회전초밥 아닌 초밥(266명) △미용실 트리트먼트(247명) 등이다.[19] 이를 토대로 유통업계는 과거 사활을 걸었던 절약지향의 저가제품(PB상품)에서 작은 사치를 반영한 프리미엄 PB상품으로 품질과 만족을 세분화한 라인업을 강화하는 추세로 방향을 틀었다.

17 NRC(2016), '日本人の食」調査, Part4 : 食へのこだわりと満足度', NRCレポート, p.8

18 ITmedia(2013), 'みんなで"プチ贅沢"を楽しみたい―20～40代の女性の間で広がる'
(http://bizmakoto.jp/makoto/articles/1304/18/news089.html: 검색일 2019.09.05.)

19 VoCE(2017), '世知辛いこの世の中のプチ贅沢事情1000人調査'
(https://i-voce.jp/feed/9880/: 검색일 2018.09.07.)

<표> 성별 작은 사치의 선호품목 비교

	작은 사치 남성 선호품목	작은 사치 여성 선호품목
1위	외식(고급점심/음주모임, 54.8%)	과자/디저트(케익/초콜릿, 62.1%)
2위	식품/신선식품(쌀/야채/고기, 41.8%)	외식(고급점심/음주모임, 57.7%)
3위	술(프리미엄맥주/와인, 38.1%)	식품/신선식품(쌀/야채/고기, 40.0%)
4위	과자/디저트(케익/초콜릿, 32.3%)	술(프리미엄맥주/와인, 29.8%)
5위	여행/레저(호텔/온천/유원지/캠프, 21.0%)	여행/레저(호텔/온천/유원지/캠프, 24.1%)
6위	취미/문화(자전거/낚시/영화/DVD, 10.1%)	패션(양복/구두/주얼리, 20.5%)
7위	패션(양복/구두/주얼리, 7.1%)	미용/건강(마사지/에스테/스포츠클럽, 9.5%)
8위	가전/AV기기(4.5%)	취미/문화(자전거/낚시/영화/DVD, 7.3%)
9위	서적/잡지류(2.5%)	서적/잡지류(3.6%)
10위	미용/건강(마사지/에스테/스포츠클럽, 1.5%)	가정일용품(휴지/비누/샴푸, 3.5%)

– 자료: アサヒグループホールディングス(2013),
'プチ贅沢(ちょっとした贅沢)」に関する意識調査', お客様生活文化研究所, pp.3-4

매섭게 질주하는 싱글코리아의 미분욕구

싱글코리아의 미분소비는 매섭게 질주하는 동시에 교묘히 변한다. 이 변화 지점을 읽어내는 게 중요하다. 일례로 미분소비의 전제인 1인화가 심화되면 부동산은 어떻게 될까. 소형평형의 선호가 자연스레 떠올려진다. 역세권의 소공간이 그렇다. 다만 방의 크기는 고정관념을 깰 태세다. 1인화 당사자는 의외로 큰방을 선호한다. 집에 자주 많이 있으니 좁은 공간은 곤란하다. 학습(이러닝)부터 운동(홈트레이닝), 시청(유튜브)까지 집에서 처리하자면 홀로 살아도 방은 큰 게 좋다. 배달료가 비싸도 시켜먹는 데 부담도 없다. 대신 라면은 덜 팔린다. 가정간편식(HMR)이

뜰 수밖에 없다. '따로 또 같이'는 심화된다. MZ세대를 필두로 공유하되 독립공간을 원한다. 스터디카페·코인노래방·스타박스의 성공비결은 싱글코리아의 미분소비가 낳을 미래트렌드를 알려준다.

한층 세분화될 미분소비는 대세흐름이다. 당연히 위기인 동시에 기회다. 방향성도 차별적이다. 비록 시대변화에 적응한 가족포기가 대세이긴 해도, 그 속에선 원심력과 구심력의 양방향에서 새로운 소비지형을 형성하려는 압력이 고조된다. 즉 단절·분화·해체의 미분소비적인 원심력과 융합·조합·결접의 적분소비적인 구심력이 상존한다. 원심력이 세지는 만큼 반발적인 구심력도 강해진다. 그래서 미분시장은 재미나고 독특하다.

공통점은 과거소비와의 뚜렷한 결별기조다. 깨지고 나누든, 모여서 합치든 달라진 1인화의 고객성향은 달라진 소비지점을 향해 내달린다. 가격일변도에서 품질중시형으로 바뀐 지 오래다.[20] 이 순간조차 싱글코리아는 소비변화를 반복한다. 지금 목격되는 작고 미약한 흐름 속에 미래시장의 트렌드가 녹아 있다. 가족소비에서 개인소비로의 소비전환은 거대한 '적분소비→미분소비'로의 이행은 물론 '관계단절 vs. 고립탈출', '상시빈곤 vs. 소형사치', '현실불만 vs. 행복추구'의 다양한 대결구도 속에서 발생한다. 고민의 출발지점은 달라진 고객의 면밀한 분석일 수밖에 없다.

20　りそな総合研究所(2014), '消費の高付加価値化の流れは不変か', 関西景気レポート, pp.1-2.

적분소비를 대체할 미분소비는 미래사회의 유력한 트렌드다. 장기 생존을 위해선 미분소비적인 시장주도가 절실하다. 적어도 지금이 개인·가계소비가 '적분형→미분형'으로 바뀌는 과도기란 점에 동의한다면 신수요·신시장을 위한 사업모델의 전환실험은 필수다. 본격적인 사업전환은 신중해야지만, 주도면밀한 상황인식·집중분석이 전제된다면 권유된다. 선점의 과실을 맘껏 맛볼 수 있는 잠재력 덕분이다.

강조컨대 일부·잠시의 반짝하고 사라질 트렌드가 아니다. 가족구성과 관련된 코페르니쿠스적인 상황변화가 없다면 미분소비는 한층 심화·강화될 게 확실시된다. 따라서 인구변화로부터 비롯되는, 세분화될 확장적인 미분소비의 이모저모를 저마다의 상황·환경에 치환시켜 다양한 시나리오를 만들고 적용해보는 실험은 소중한 자산일 수밖에 없다. 어제의 1인화와 오늘의 1인화는 다르다. 하물며 내일의 1인화는 더 달라진다. 그들을 지배하는 환경과 생각은 늘 바뀐다.

제6장

우울시장은 '현타소비'로 대처한다!

적어졌는데 독특해졌다. 표준편차에서 벗어난 후속세대의 소비성향을 분석하면 아마도 이런 결론에 닿지 않을까 싶다. 숫자가 줄었는데, 성향까지 제각각인 만만찮은 공략상대가 소비시장에 진입하고 있어서다. 기성세대 시선에선 이해불가의 신고객인 셈이다.

대표적인 일탈트렌드는 '무민세대'로 정리된다. '無(없다) + Mean(의미) + 세대'의 합성어다. 무자극·무맥락·무위휴식을 꿈꾸는 20대의 출현이다. 이들은 이제 본인들이 싫어하는 것까지 존중해달라는 '싫존주의'를 내세워 또 한 번 파격을 던진다. 포인트는 우울한 세상을 대충 살며 즐기겠다는 의지표현이다.

무민세대는 시대변화와 맞물려 급격한 인구변화 속에 태어난 이들이다. 지금은 일부지만, 갈수록 세분화된 욕구분출을 주도할 기세다.

그렇다고 숫자가 많지도 않다. 저출산의 누적·축적으로 덩치 자체가 급감세다. 그럼에도 미래시장은 이들이 먹여 살릴 수밖에 없다. 당장은 몰라도 시간 경과는 그들 편이다. 적어졌는데 독특해진 후속세대의 사회진입은 기존시장에겐 쉽지 않은 공략숙제·도전과제다. 그만큼 이들의 속내와 지향을 읽어내는 건 지속가능성을 위한 중차대한 허들일 수밖에 없다.

줄어든 후속세대가 미칠 후폭풍은 상당하다. 소비시장뿐 아니라 사회 전체의 세대부양·세대교체의 미스매칭도 심화시킨다. 사회는 세대별로 바통을 주고받으며 역할을 교체·완성한다. 그 속에서 특정 연령대별 소비항목이 시장토대를 형성했다. 가족을 위한 집이 대표적이다. '졸업→취업→결혼→출산→양육'이 보편적이던 성장시절엔 3040대에 자연스레 내 집 마련을 시도해왔다. 반면 조촐해진 은퇴세대는 부동산을 중고로 내놓고 노후를 대비했다. 이 역할구조가 붕괴될 찰나다. 은퇴세대의 양도부동산을 받아줄 후속세대가 줄어들어서다. 길게 봐 시장재편의 유력 신호일 수밖에 없다.

적어진 후속세대의 확 달라진 소비 개막

후속세대의 양적감소만 시장재편을 추동하진 않는다. 그들의 달라진 가치·인생관이 반영된 질적변화도 소비·시장의 기존질서를 뒤흔든다. 부동산의 경우 '소유→사용'으로의 인식전환이 중고주택의 세대교체를 가로막는다. 저성장 속의 소득불안과 맞물려 구매 허들이 높아

대한민국 인구·소비의 미래

진 부동산을 아예 포기하는 인식변화가 후속세대에선 보편적인 까닭이다. 사더라도 꽤 제한적인 물건에 한정될 여지가 크다.

새롭게 출현할 신고객의 중성소비·미분소비와 비슷하게 달라진 후속세대는 기성세대와 구분되는 소비의향·지향을 갖는다. 생애주기별 특정소비는 무의미해진다. 완전히 개편될 새로운 소비지점이 이를 대체한다. 달라진 사람의 달라진 생활은 달라진 욕구와 달라진 소비를 뜻한다.

'성숙하지 못한 세상에서 성숙한 아이로 살아야 하는 청춘들.

이기는 법을 배우기 전에 졌을 때 이겨내는 법을 먼저 배워야.

스물이면 인생을 살면서 알아야 할 모든 것을 다 들었다. 그게 피부로 느껴지는 나이가 마흔일 뿐.

어루만져주고 토닥거려주는 것마저 찌증나고 귀찮아지고 화나는 지점까지 도달한 이 시대 청춘들.

독일은 너 살고 나 사는, 일본은 너 죽고 나 사는, 한국은 너 죽고 나 죽는 방법을 찾는다.

눈을 감으란다. 발을 묶으란다. 그리고 100m 달리기에서 이겨보란다.

부모는 해준 게 없어 울고, 자식은 해줄 게 없어 울고 그렇게 부둥켜비가 내린다.'

달라진 후속세대의 몇 가지 경로·경험·인식을 이막(2018)은 이렇게 말한다.[1] 이에 동의하지 않거나 끄덕이지 않는 2030세대는 없다. 잃어버린 꿈은커녕 꾸지조차 못한 꿈을 품으며 살아가는 사실상의 최초세대다.

이들은 부모 조언대로 열심히 살았어도 웬만하면 비켜가지 않는 불행과 조우할 운명이다. 어지간해선 부모보다 더 부유해지기 힘든 사상 초유의 자녀세대를 열어젖힐 원년 멤버다. 태어날 땐 가난을 몰랐으나 빈곤하게 졸업·데뷔하고, 학교 안팎에서 열심히 살았어도 주어진 일자리는 마뜩찮다. 이성을 사귀고 싶어도 언제일지 모를 뒷일에 본능을 미룬다. 1990년대생의 사회 데뷔는 이런 복잡·다난한 감정·인식에서 시작된다. 성실이 생존을 담보해준 시대를 살아온 기성세대로선 이해하기 어렵지만, 이들의 미래한국은 뼛속깊이 달라질 거대변화의 현장일 수밖에 없다.

이 파장이 시나브로 한국사회에 시작됐다. 후속세대는 미래주역이다. 주인이 바뀌면 많은 게 달라진다. 그것도 길고 심한 변화예고다. 생산·소비현장만 봐도 핵심인구가 바뀌니 확연히 달라진 새판형성이 불가피하다.

이는 생산가능인구의 변화추세로 확인된다. 2017년 한국의 생산가능인구(15~64세, 3,757만명)는 최초로 감소·전환했다. 2019년의 장래인

---

1 이막(2018), 『X세대가 슬럼프세대에게』, 경향BP, p.10 등

대한민국 인구·소비의 미래

구특별추계는 50년 후(2067년 1,784만명) 2,000만 생산가능인구의 실종을 예고한다.

문제는 급락추세다. 거대집단인 베이비부머는 빠져나오고 저출산 당사자인 후속인구가 들어가니 감소폭이 훨씬 가팔라진다. 2020년부터 매년 70~80만명이 은퇴하는 반면 신규로는 40~50만명만 진입하니 연평균 30만명 넘게 줄어든다. 2030년부터는 연평균 50만명[2]이 마이너스다. 향후 20년에 걸쳐 연평균 30~50만명이 감소한다는 계산이다. 생산가능인구가 줄면 덩달아 생산·소비시장은 축소될 확률이 높다. 수축경제다.

수축경제 속 욕구해결용 우울시장 기대

줄어든 후속세대·청년인구가 만들어낼 미래시장을 한마디로 단언하기란 어렵다. 악재가 많겠지만 호재도 없진 않다. 인구감소에 맞서 부가가치를 유지한 전례가 없다는 점에서 면밀한 상황분석이 필요하다. 신기술적인 생산성혁명과 고부가가치 실현적인 인재혁명이 난국 타개에 도움은 되겠으나, 상황반전은 쉽지 않다. 그럼에도 시장은 존재한다. 사양화의 압력만큼 성장화의 기대는 공존한다. 어쨌든 후속

---

2 평균 70~100만명의 출생아수를 기록한 1955~75년생(1,700만 광의의 베이비부머)이 2020년부터 20년에 걸쳐 생산가능인구에서 빠진다. 반면 2000년대 초반부터 출생한 이들의 신규진입은 연평균 30~50만명대에 그친다. 2019년 ±30만명의 출생아수를 감안하면 생산가능인구의 하락폭은 갈수록 현격해진다. 저출산인구의 신규진입은 생산가능인구의 대체는커녕 보완으로도 미흡하다.

인구도 경제활동을 통해 살 수밖에 없다.

이와 관련, 주목해야 할 새로운 소비키워드는 '우울시장'이다. 달라진 후속세대로 꾸며질 이들 신고객이 원하는 최대의 욕구해결점이 우울해소에 있어서다. 우울한 현실상황을 탈피·개선해주는 비즈니스의 제안필요다. 비단 후속청년만은 아니다. 우울이란 게 생애 전체에 걸치기 때문이다. 소득별로는 물론 연령·성별 달라질 따름이다. 고객이 처한 상황이 달라졌고, 이게 답답하다면 관련한 해소욕구는 시장성립의 출발이다.

우울시장의 구성소비는 세분화된다. 크게는 '현타소비'와 '득도소비'로 나뉜다. 현타소비는 현실인정 후의 소극적인 대안소비인 반면 득도소비는 아예 일률적인 소비만족조차 거부하는 틈새소비에 가깝다.

먼저 예상되는 해결지향은 현타^(현실타협)소비다. 현실과의 타협을 통해 우울·암울한 절망현실에서 벗어나게 해줄 영역에의 소비지출이다. 맞설 수 없다면 받아들이되, 본인 수준을 지켜내며 무리하지 않는 범위에서 만족감을 추구·달성하는 차원이다. 현타소비는 냉엄해진 현실인식에서 출발한다. 더 나아질 희망이 없기에 가능한 적정 수준에서 최대효용을 얻는 현타소비를 지향한다.

따라서 향후 상황반전이 없는 한 우울시장의 영역확대는 기정사실이다. 일하면 돈이 생기고, 가족이 도와주며, 무엇보다 건강하니 좋아질 것이란 기성세대의 가르침(?)은 무용지물이다. 옛날엔 더 힘들었다며 젊어 고생은 사서도 한다는 투의 접근법[3]은 우울시장이 커질 수밖에 없는 민낯을 여실히 보여준다. 청년불안을 먹고사는 사업모델의 부각이다.

현타소비는 고독경제(孤独経済)[4]·수축사회와 함께 살아갈 이들의 맞춤형 생활전략이다. 생산가능인구의 하락반전은 수축경제로의 진입을 뜻한다. 잠재성장률의 하락안착이다. 제한적인 경제활동은 생산·소비무대에서도 소극·경직적인 활동을 의미한다.[5] 한국보다 빨리 생산가능인구의 하락 속에 고령사회에 진입한 선행국가도 그랬다. 게다가 고독·수축현실에서 나올 현타소비는 사실상 세대불문으로 확산된다. 이 새로운 소비현상을 주도할 주역은 후속세대지만,[6] 갈수록 독거현상

---

3 후지타 다카노리(2016), 『우리는 빈곤세대입니다-평생 가난할 운명에 놓인 청년들』, 시공사, pp.97-125. 우울시장과 현타소비의 현실적 접근으로 책은 생활보호대상자의 신청증가, 활개치는 블랙기업, 탈법하우스의 조용한 성장, 유흥업소를 직업으로 삼는 청년 등을 꼽는다.

4 사와카미투신(2018), '고독과 경제'(https:www.sawakami.co.jp.webmagazine.201803column(검색일 2018.09.06) 고독경제의 부각은 인구변화가 겪은 많은 국가에서의 공통이슈다. 이를 뒷받침하듯 고독문제를 사회의제로 격상시키자는 움직임도 있다. 2018년 1월 영국정부는 '고독담당장관'이라는 직제를 신설했고, 이후 일본에서도 유사요구가 늘어났다. 인구 6,560만의 영국에서 고독인구 900만으로 추산되는데, 고독이라는 감정문제를 정면으로 맞서려는 움직임으로 해석된다.

5 출생자수 50만대를 최초로 하향돌파한 2002년(49만명)을 필두로 이들이 속속 생산가능인구(15~64세)로 편입되면서 총수는 뚜렷이 감소할 수밖에 없다. 성장률 하락 속에 이들의 경제활동은 제한적일 수밖에 없고 소비도 마찬가지다. 전체 소비규모는 청년인구의 비중감소(2017년 기준 20~24세 275만명, 25~29세 311만명, 30~34세 321만명, 35~39세 390만명)로 연이어 하락이 예상된다.

6 젊을수록 고독감을 강하게 느낀다는 통계결과(Cigna·2018)는 세계공통이다. 18세 이상 미국인구 2만명을 조사한 결과 72세 이상은 38.6%인데 비해 18~22세는 48.3%로 나왔다.

이 세대 전체의 공통이슈란 점에서 시장확대가 예상된다. 결국 현대 고독을 품어 안으려는 다양한 방어체계가 현타소비로 확인될수록 관련한 산업·시장화도 커질 수밖에 없다는 얘기다.

사회 전체로는 건강하고 지속가능한 커뮤니티의 형성을 통해 우울을 해소하려는 움직임이 활발해진다. 실제 외로움을 탈피하려는 차원에서 친사회적인 소비에 돈을 쓰는 행위는 자연스럽고, 행복품질도 높아진다는 연구결과도 있다. 친사회적인 소비행위를 통해 상호작용성이란 추구가치를 확보할 수 있어서다.[7]

고독경제 탈출구로써 현타소비의 부각

후속세대를 중심으로 우울탈출을 위한 현실반영의 현타소비는 그 잠재후보가 광범위하고 다양하다. 즉 미래불안·비용압박 등 우울심리의 해소·타파에 발맞춘 새로운 사업모델의 등장 토대는 무르익었다. 생산가능인구의 하락전환으로 수축경제가 본격화된 2018년부터 우울시장의 기반조성은 완성됐다. 불확실성에서 비롯되는 우울해소가 소비 과정에서 확인·공유되면 광의의 현타소비에 속한다.

우울감의 주요 원인이 고독·고립이란 점에서 초기단계엔 그 욕구해소에 한정된 협의의 현타소비가 주를 이루겠지만, 우울배경이 다양하다는 점에서 확장성은 넓고 깊다. 단순한 절약지향성과도 결별한

---

7 신지은(2018), '외로움과 친사회적 소비의 쾌락적 효용', 한국심리학회지, pp.79-99

다. 돈이 들어도 불편·불안·불만(3불)을 해소해준다면 기꺼이 쓴다는 게 현타소비의 특징이다. 3불을 적재적시에 해소해 편리·안전·만족의 새로운 가치제공을 제공하는 고민이 필요하다. 3불을 제거한 상품 생태계를 유효하게 제공하면 +α의 잠재니즈로의 연결효과도 기대할 수 있다.

일본은 초고령사회답게 현타소비의 출발로 고령자의 3K(경제, 건강, 고독)에 주목했다. 다만 구매력까지 연결되지 못함으로써 이렇다 할 재미를 보진 못했다. 지금은 후속세대의 3Y(욕구없음, 꿈없음, 해보자없음, 欲ない, 夢ない, やる気ない)를 현타소비의 유력후보로 설정, 공략에 열심이다. 뭔가를 해보려는 의지도, 꿈도, 욕구도 없는 청년인구의 등장에 주목한 결과다. 이대로면 갈수록 피폐·개별화될 수밖에 없다는 점에서 그 타개차원에서 새로운 비즈니스를 제안한다. 요컨대 안심·안정·안전 등을 제공하는 사업모델이다.

당장은 고독해소를 위한 관계회복을 서비스화하려는 움직임이 보편적이다. 관계서비스를 팔아 구매자의 라이프스타일을 한층 풍족하게 하자는 차원이다. 일본 GDP의 70%가 문제해법을 위한 서비스(제3차 산업)라는 점에서 기대감은 높다. 물질적 풍요에서 정신적 기아를 해결하는 관계성 회복이라는 공감대·가치관도 한몫했다.

대표적인 게 셰어하우스(집합주택)의 성장세다. 혼자 사니 외롭고 우울한데 그렇다고 가족구성은 더 힘들다는 현실곤란을 공동주거란 형태로 풀어낸 경우다. 혼자 자되 함께 사는 느슨한 가족형태를 지향한다.

가격도 다양화해 소비 허들을 낮췄다. 비싸고 좁은 독거청년의 보편적인 주거환경을 적절한 비용지불로 연결시킨 가성비가 높은 사업모델이다. 대체적인 셰어하우스의 소비패턴을 살펴보면 2030세대의 여성 고객이 압도적이며, 시장규모는 급격하게 확대되는 성장성을 검증받았다.[8]

미래만 생각하면 우울해진다는 점에서 현타소비의 한축은 금융산업일 수밖에 없다. 미래불안을 없애줄, 그럼에도 가격저항을 낮춰 현실과의 소비타협이 가능한 금융상품의 출현기대다. 소액단기보험[9]이 일단 가시권이다. 군살을 뺀 보험료와 짧은 보험기간을 내세워 특정 위험을 보장받는다. 값비싸고 묵직한 일반보험보다 필요할 때의 세부 욕구를 채워주는 미니보험으로 현타소비의 선두주자다. 우울해소를 염두에 둔 대면상담이 고객유치의 성공확률을 높여준다는 점에서 일상잡변·고민

---

8 国土交通省(2017), 'シェアハウス ガイドブック' 및 Moneyzine, 'シェアハウス市場が急拡大、2年間で39.3%増 新規参入企業も多く6割が業歴5年未満', 2018.06.16. '전용공간+공용공간'을 통해 독립성과 연결성을 동시에 추구하는 거주형태다. 최근 대형투자로 파산사태가 나올 정도로 기존시장의 진입경쟁이 치열하지만, 갈수록 다양화된 모델이 등장하며 청년세대의 우울탈출을 돕는다. 국토교통성은 쉐어하우스운영관리가이드북까지 공표해 안내한다. 자료(124개사)를 보면 여성)남성 입주 사례가 68%로 압도적이며 2030세대가 56%를 차지한다. 매출액은 2015년 579억엔에서 2017년 807억엔으로 확대됐다. 2015년부터 2년간 매출액은 39.3% 증가했다. 쉐어하우스의 시장규모는 급격하게 확대 중인데 포괄적인 통계(東京商工リサーチ·2018)를 보면 752개사가 주요업체로 활동 중이다. 이중 60.1%가 설립 5년 미만이며, 자본금 1,000만엔 미만 소규모가 84.4%를 차지한다. 시장은 공유공간을 늘리고 박형TV·대형소파·브랜드설비 등을 갖춘 고급형과 지방출신여성·학생타깃의 저렴한 보급형으로 양극화되는 추세다.

9 전영수, '소액단기보험으로 틈새 파고드는 보험사', 한경비즈니스, 2014.02.28.

상담을 금융상품 판매 때 필수과정으로 넣는 곳도 증가세다.

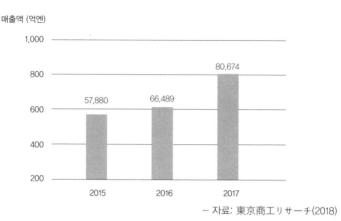

〈그림〉 일본의 셰어하우스 매출액 성장세(124개사)

매출액 (억엔)

- 자료: 東京商工リサーチ(2018)

한층 다양해지는 우울해소용 현타소비

우울해소용 현타소비는 온라인을 만나 무궁무진해진다. 무대면·가상접촉이 전제된 온라인공간이 아이러니하게도 우울해소의 가성비를 높이는 실천수단으로 등장한 셈이다. 청년세대의 우울해소에 어울리는 접근방식은 감각적이며 상호적이다. 이들은 일상을 기록·기획·생산하며 가상공간을 창의적인 교류채널로 활용한다. 인정과 협력의 커뮤니케이션을 즐기는 새로운 세대답게 공유·공감·협업을 통해 오프라인에서의 불편·불안·불만을 가볍게 극복한다.

이들 신세대·신고객의 혁신관점, 지적능력, 생산감성, 소비문화,

감각발현, 문제해결[10]은 스마트폰·인터넷의 현실상황과 맞물려 우울제거의 일등공신으로 위치한다. 즉 SNS를 통한 연대수요가 우울탈피를 위한 소비기회로 연결된다. 이들이 공감하고 참여할 수 있는 제반환경을 갖춘 모바일 공간의 제공이 바람직하다.

일례로 '게오HD'는 오락거리가 적은 교외를 중심으로 점포를 전개하는 DVD렌탈사다. 영화조차 저가로 구독하는 판에 사양압력이 거셀수밖에 없다. 하지만 부정기적인 초저가(1장 50엔) 캠페인으로 우울환경에서의 탈출 근거를 제공해 인기를 끈다. 온라인보다 저렴한 가격제시로 이용허들을 낮춰 현타소비를 유도한 결과다. '카브콘'은 휴대폰 소셜게임에 특화해 우울을 돈으로 바꿔냈다. 우울한 고립상황에서 탈피하고자 스마트폰의 신기술을 접목시켜 틈새공략에 성공했다.

우울감 등 멘탈 문제를 장기간 가질 수밖에 없는 청년인구를 대상으로 한 다양한 스타트업 창업도 관심대상이다. 가령 'Shine'는 피폐한 청년에게 용기를 갖도록 동기부여 명언 및 명상콘텐츠를 제공하는 온라인미디어인데, 상황별 유·무료서비스로 다양한 사업모델을 구현하고 있다.

우울탈피용 현타소비는 각종 서비스로 연결된다. 한국의 유튜브문화가 그 힌트를 제공한다. 금전대가를 지불하고서라도 유튜버와의 실

---

10 김경훈(2014). 『모모세대가 몰려온다 :생산하고 소비하고 창조하는 새로운 10대의 등장』, 흐름출판, pp.16–33. 모바일에 익숙한 10대의 가치관과 욕구충족을 통해 성공한 세세한 사업모델은 이 책을 참고하기 바람.

시간 맞춤·비용별 상호대화가 각광인 건 대화·관심을 통한 인정욕구 때문이다. 이젠 인터넷상의 커뮤니케이션을 넘어 직접 만나 교류하고 헤어지는 가벼운 만남을 주선하는 살롱문화[11]로까지 비유된다. 비즈니스화된 이슈별 소모임은 나날이 성장세다.

우울탈피의 현타소비는 왕왕 논쟁사업으로 연결된다. 서구적 시선에서는 청년인구의 우울한 고립상황이 변질된(?) 연애시장을 새롭게 조성한다고 본다. 의사(疑似)·유사 연애시장의 등장이다. 연애결별과 섹스리스가 우울을 낳는 원인으로 보고 그 욕구발현을 사업모델로 체화시킨 사례다. 시간당 요금만 지불하면 언제 어디서든 연애감정을 느끼도록 해주는 경우다. 가령 메이드서비스를 받는 마사지·카페가 그렇다. 한국에선 논쟁이 뜨겁지만, 리얼돌의 등장도 한번만 구입하면 돈도 안 들고 신경도 안 쓴다는 점에서 저렴한 우울탈피의 아이디어가 녹아든 일본적 특징이다.

부정적 의미의 빈곤산업도 덩달아 호황이다. 국가보조금을 부정수령하려는 사기사건이 대표적이다. 빈곤청년을 대상으로 지급되는 다양한 보조사업을 중간에서 알선·악용해 편취하는 경우다. 일종의 빈곤 비즈니스로 생활보호대상자의 부정수급도 마찬가지다. 청년인구가 우울산업의 주체로도 등장한다. 가치관 변화에 동반된 고위험·고수익 추구적인 청년인구가 늘면서 이들이 직접 전면에 등장하는 식이다. 임상실

---

11 매일경제신문, '밀레니얼 세대의 아지트 살롱에 가실래요?', 2019.08.08.

험·보이스피싱^(명의대여)·다단계·유흥산업 등이 자주 거론된다.

현타소비 다음은 '써본들 의미없다' 득도소비

현타소비와 함께 '득도(得道)소비'도 유력하다. 더 살아본들 인생 큰 의미 없음을 알고, 더 써본들 기대효과가 그게 그것이니 기존 관행에서 벗어나려는 청년그룹의 소비트렌드다. 고독경제 속에서 우울탈피를 위한 사업모델은 위기와 기회를 함께 갖는다. 현타소비가 기회라면 득도소비는 위기에 가깝다. 부모세대처럼 살 수도 없거니와 성취도 어려워 자괴감·박탈감이 소비현장에 체화되기 때문이다.

최선책은 각자도생밖에 없다. '취업실패→절망증가→의욕상실'의 악순환이 자연스레 인생무용론의 득도(得道)를 심화시킨 결과다. 취업해도 종신고용·연공서열 등 전통적인 생활급여의 붕괴로 승진·출세에 대한 실현욕구도 현저히 낮다. 눈치껏 버티다 가성비가 떨어지면 손쉽게 그만둔다. 그나마 처음엔 현타소비로 우울해소를 추구하지만, 득도상황까지 다다르면 얘기가 달라진다. 절약지향성을 넘어 아예 지갑을 닫아버린다. 순간순간 탕진잼을 부추기는 시발비용¹²만이 활로일 뿐이다.

---

12 충동성 지출로 스트레스를 푸는 청년비애에 주목해 비속어(시발)를 섞어 만든 신조어다. 출근하기 짜증나 대중교통 대신 택시를 잡아타거나, 과도한 야근에 스트레스를 풀고자 홧김에 비싼 배달음식을 시켜먹는 경우가 해당된다. 20대의 52%는 시발비용의 충동적 소비가 기분전환에 도움이 된다고 했다(http://www.newsprime.co.kr/news/article/?no=442665: 검색일 2019.08.19.)

주목해야 할 지점은 득도상황에서 지출하는 소비품목이다. 일종의 대안소비·대체소비로 해석된다. 그래서 득도소비다. 가령 연애·결혼의 대체소비로서 관계연결형 인연증진에 돈을 쓴다. 포기한 내 집 마련의 반대급부로 고가의 컴퓨터를 사는 것도 마찬가지다. 모아봐야 무의미하니 그때그때 존재를 확인시켜줄 값비싼 취미·여행 등에도 소비여력은 확대된다. 스트레스를 받지 않았으면 발생하지 않을 비용이란 점에서 시발비용에 가깝다.

다른 이에겐 휘발적인 소비지만 본인에겐 가치가 있는 것에 투자한다는 점에서 개별적 합리성을 강조한 '휘소가치[13]'와 비슷하다. 절약지향을 넘어선 소비포기가 현타소비와의 차별점이다. 득도세대의 소비저항은 전통적인 청년소비로부터의 탈출을 뜻한다. 청년이면 으레 지출하던 인기품목에의 거부경향이다. 이런 맥락에서 우울시장의 한축을 구성한다. 득도청년의 지갑열기를 부추길 대안소비의 제안이 절실해진다.

대표적인 게 청년그룹의 음주 거부다. 일본의 주류출하량 감소는 위스키 원주부족 등 특정브랜드의 공급부족이 회자되지만, 유력원인은 술을 즐겨야 할 청년인구의 음주회피 분위기가 자주 거론된다. 전형

---

13 휘소가치란 휘발되는 가치를 더욱 희소하게 생각하며 기꺼이 지갑을 여는 신세대의 소비트렌드를 뜻한다. 흩어진다는 뜻의 한자어 휘(揮)에 희소가치를 조합해 만든 신조어다. 남들에겐 충동적이고 즉흥적인 휘발성 소비지만, 나름대로 합리적인 가치를 추구하는 소비행위다. 가령 비싼 피규어나 캐릭터인행은 실용성과는 무관하지만 스트레스를 해소하고 정서적 만족감을 준다는 점에서 가치소비에 가깝다.(https://blog.naver.com/hyundai_blog/221255783235: 검색일 2019.08.19.)

적인 득도상황에 발맞춘 소비포기다. 반면 40대 이상 여성의 음주습
관율은 상승세다. 4050세대 여성은 20대 남성보다 높다. 여성의 사회
진출과 여성선호의 다양한 주류라인업의 가세로 일상적인 음주여성이
늘었다. 음주습관율은 20대 남성(10.9%)보다 40대 여성(15.6%), 50대 여
성(12.4%)이 높다. 세대지출을 보면 50대 이하의 음주감소가 뚜렷하다.
실제 30대의 음주기피가 본격적이다.

　반대로 60대 이상의 주류지출은 증가세다.[14] 따라서 득도소비를 유
도할 맞춤형 주류제공이 제안된다. 산토리의 고알콜캔음료 '스트롱제
로시리즈'처럼 캔 1개면 쉽고 빨리 취하도록 구성해 부족한 지갑사정
과 상대를 찾지 않아도 될 간편함을 모두 해결한 접근법이 대표적이
다. 청년세대는 전유물에 가깝던 운동도 포기한다. 가령 1020세대가
즐기던 볼링 등은 설 땅을 잃었다. 대신 6070세대의 은퇴그룹이 그 자
리를 꿰찼다. 득도소비를 이겨낼 새로운 고객으로 제격이다.

14　久我尚子(2018), '飲まない若者でも職場の飲み会は重視　縮小するアルコール市場、その活路
は?(2/3)', ニッセイ基礎研究所, pp.2-5. 전체적인 연간출하량은 감소세다. 식료품 제조와 비교해도
낙폭이 상대적으로 크다. 맥주의 국산 과세이출량은 2007년 346만키로리트에서 2017년 259만키로
리트로 25% 감소했다. 청년남성의 알콜이탈과 중년여성의 음주심화는 새로운 소비풍경이다. 전체적
으로는 건강지향성과 음주기회의 감소 등이 원인이다. 청년이탈의 경우 음주이외의 즐길거리와 음주
에 따른 리스크 관리차원으로 확인된다. 알콜소비의 내용도 변화한다. 과거엔 맥주가 절반이었지만,
세율문제 등으로 다양한 상품이 출시되며 본인기호에 맞는 차별화된 주류를 선택하는 경향이 뚜렷하
다. 주류시장 불황은 청년의 음주이탈도 있지만, 남성의 음주이탈 영향이 더 큰 것으로 확인된다. 음
주량이 많은 현역세대 남성의 음주습관율이 저하돼서다.

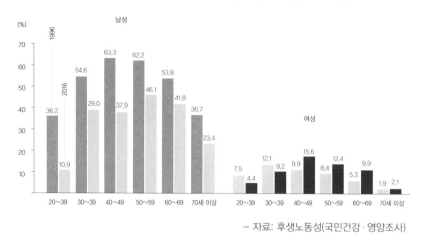

〈그림〉일본의 음주습관율의 세대변화(1996년 및 2016년)

— 자료: 후생노동성(국민건강·영양조사)

〈그림〉일본의 주류출하 추이 및 연령별 1개월 주류지출 비교

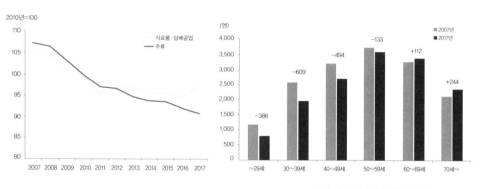

— 자료: 久我尚子(2018) 재인용

청년인구의 득도소비 유도·대체상품 절실

청년 그룹을 중심으로 한 후속세대의 소비저항은 갈수록 거세질 전망이다. 그 속에서 시대변화에 부응 혹은 반발하는 새로운 소비트렌

드를 주도할 수밖에 없다. 멀리 갈 필요는 없다. 1990년대 태어나 현재 2030세대를 구성하는 인구에서 다가올 한국사회의 변화양상을 끄집어낼 수 있다. 밀레니얼세대든 Z세대든[15] 기성세대에겐 이미 충분히 달라져 이해조차 힘든 인구집단이 사회 데뷔에 직면했다.

아직은 소비·생산여력이 약하지만, 중요한 건 지금부터다. 데뷔 후 적어도 50~60년의 핵심적인 중추인구다. 자라고 배울 때와 달리 본격적인 경제활동부터는 묵직한 사회변화를 이끌 수밖에 없다. 이들은 모두 인구 유지선인 출산율 1.3명 이하로 태어났다. 한국사회 초유의 저출산 당사자로 20~30년을 사는 동안 꽤 색다른 인생경로를 경험했고, 그 결과가 현재 시장에서 하나둘 확인된다.

우울탈피용 현타소비이든 현실반발용 득도소비이든 청년인구는 과거와는 완전히 결별한 형태의 소비행태를 보일 전망이다. 대개는 소비의욕이 낮은 가운데 일부품목에서는 대안소비로서 현타·득도소비가 틈새를 메울 수 있다. 다만 이들을 지배할 소비관념은 크게 3가지로 정리된다. 먼저 불완전한 인생이라는 사고방식이 폭넓게 각인됐다는 점이다. 이들의 소비지향은 가성비의 냉정한 판단이다. 명품 한 장보다는

---

15 종합해보면 밀레니얼세대는 1980~1995년에 출생한 이를, Z세대는 1996~2010년 출생한 인구를 뜻한다. 사실 엄밀한 구분법은 없다. 특정경험(Cohort)을 공유함으로써 이전·이후세대와 언어·문법이 다르단 걸 전제로 나뉘어진 세대구분법에 불과하다. 한편 세대명칭을 구성하는 건 어렵다. 특정 코허트에 대한 세대명칭은 그들의 주요 역사적 경험과 시대정신, 세대스타일을 잘 포착하고 반영해야 하는데, 그게 꽤 까다롭다. 때문에 학계에서 합의점을 찾는 게 어렵다. 박재흥(2017), 「세대차이와 갈등: 이론과 현실」, 경상대학교출판부, pp.23-26

패스트패션 여러 장이라는 위험회피적인 사고체계가 공통분모다.

태어날 때부터 풍족해 애초 물욕이 적다는 점도 특징이다. 성숙경제와 출산감소 등으로 부족함이 없는 시대에 출생한 덕에 선배세대보다 물욕이 적다. 저성장의 경험으로 디플레이션에 유리한 상품에도 익숙하다. 패스트패션·아울렛·저가안경·편의점PB·경자동차·LCC 등이 그들의 성장기에 집중적으로 침투된 결과다. 돈이 적어도 양질의 물건을 살 수 있다는 만족감이 상존한다.

마지막은 인터넷 정보범람으로 기시감에 따른 본격적인 의욕감퇴다. 인터넷 덕에 미경험인데도 경험한 듯한 기시감이 소비의욕을 감퇴시킨다. 자동차·해외여행·음식탐방 등도 간접경험으로 인해 소비를 감퇴시킨다. '고가격=고가치'의 가치관이 붕괴된 최초세대란 말이다.

제7장

소유거부의 '가치소비'가 확산된다!

참 열심히들 살아왔다. 멈추면 넘어지는 자전거처럼 열정적으로 살아왔다. 더 열심히 달려야 더 좋은 걸 더 많이 가진다는 경험법칙 덕분이다. 적어도 기성세대는 존재의 이유인양 남녀노소 불문 '열심인 삶'을 받아들였다. 그런데 과연 이것만이 삶의 진실일까? 더 좋은 걸 더 많이 가져본들 행복하지 않다는 반발기제도 설득적이다. 좋고 많은 물건에 예속되지 않으려는 반항·거부조류다.

이들은 최소소유로 최대행복을 추구한다. 물건소유를 위해 시간과 노력을 낭비하는 그간의 보편적(?)인 삶에 회의적이다. 필수품도 아닌 걸 필사적으로 가지려던 고정관념과의 결별을 선언한다. 허무주의를 넘어 실용주의로까지 인식된다. 미니멀리즘이 화두더니 버리는 기술까지 회자된다. 이들 신고객이 돈을 버는 이유는 하나로 정리된다. 더 좋은 걸 더 많이 가지려는 게 아니다. 본인이 꽂힌 가치를 사기 위함이다. 경험이든 시간이든 자신을 느끼고 집중하는 소비욕구의 발현이다.

어쩌면 당연한 흐름이다. 상황변화를 반영한 시대의제인 까닭이다. 한국상황을 뜯어보면 지금이야말로 크게는 패러다임, 작게는 인생모델이 달라지는 고빗사위다. '인구보너스→인구오너스'와 밀접한 '고성장→저성장'의 냉엄해진 현실 탓이다. 시대가 변했으니 존재이유·추구인생이 달라지는 건 당연지사다. 더 열심히도 어렵거니와 더 가지기란 더 힘들어졌다. 전형적인 성숙경제·수축사회의 현실이다. 웬만하면 다 가졌고, 다 해봤으니 굳이 현실노력을 인질로 미래행복을 꿈꾸는 무리수를 둘 필요는 없다. 어쩌면 희망고문에 가깝다. 결국 한계효용 체감사회에 맞게 소비지형은 달라질 수밖에 없다. 과거 인생성적표를 결정했던 성공셈법은 수정대상이다. 단순히 양적소유에 기초한 경제학 대신 질적만족의 새로운 인생함수가 유력한 대안으로 떠오른다.

웬만하면 다 가진 획기적 신고객의 등장

신인류는 신고객을 낳는다. 아직은 청년인구가 소비지형을 바꾸는 선도세력이다. 다만 나이를 먹을수록 이들의 낯선 소비트렌드가 전체 연령대의 유력한 범용욕구로 확대될 수밖에 없다. 물론 그 속에서도 차별화된 소비지향이 상존한다. 연령·세대별 시차는 더 좁아지고, 욕구는 더 나눠진다. 고객욕구를 발굴·제안해야 할 시장·기업으로선 고민스런 대목이다.

그럼에도 급격한 속도로 완전히 달라진 소비지향을 지닌 신인류의 대거등장은 절대 방치할 수 없다. 이들을 신고객으로 흡수할 끈질긴 분석과 정밀한 연구가 필수다. 아니면 2017년 생산가능인구의 하락반전에서 확인되듯 미래시장은 레드오션일 뿐이다. 고객감소의 악영향이다. 미래시장은 상식파괴만이 통용된다. 신고객이 왜 달라졌고, 어떻게 변하며, 언제 쓰는지의 구체적 확신과 전략적 접근이 요구된다.

신고객의 소비시장 데뷔는 시작됐다. 미래이슈가 아닌 게 이미 달라진 소비 트렌드가 곳곳에서 확인된다. 예전의 성공경험에 맞춰 내놓았는데 안 팔리거나, 가성비까지 갖췄는데도 덜 팔린다면 이미 신고객의 눈높이와 어긋났다는 증거다. 대량소비적인 매스(Mass)고객은 베이비부머에서 끝났다. 1955~63년생의 선배 베이비부머는 물론 1964~75년생의 후배 베이비부머 중 상당수는 스스로 매스소비에서 결별 중이다.

상황이 이럴진대 태어날 때부터 많은 게 베이비부머와 구분되는 1975년생 이후의 X세대, 밀레니얼세대, Z세대 등 후속세대는 두말하면 잔소리다. 인구변화에 따른 유력한 소비주체의 세대교체 발생으로 시장재편이 불가피하다. 이들은 달라진 시대상황·인식변화에 맞춰 소비성향을 적극적으로 튜닝하며 시장을 뒤흔든다. 양(量)으론 줄어들고, 질(質)로는 달라짐으로써 기존시장의 혁신을 요구한다.

안 사고 빌리는 사용가치에 열광

획기적인 신고객은 몇몇 특징적인 소비지점을 공유한다. 워낙 세분화된 소비욕구를 가져 일률·범용적인 규정은 어렵지만, 공통적인 소비지점은 몇 가지로 정리된다. 먼저 절약지향성의 강화다. 내핍적 일상생활은 감축성장·수축사회를 살아갈 신고객의 필수덕목이다. 가처분소득과 직결되는 불황여파가 구매소유욕을 억제한다. 최소 50년[(64세-15세)][1]에 걸쳐 신고객의 절약·경직적인 소비패턴은 대세로 자리 잡을 전망이다. 이들은 필수품 혹은 자아실현적 작은 사치를 빼면 덜 사고 안 사는 데 익숙하다.

없다고 박탈감도 크지 않다. 대부분 없으니 그러려니 여긴다. 희박해진 소유욕구가 일반적이란 얘기다. 더 많이 가지려는 물량적인 향상심(向上心)의 실종이다. 풍요로운 유년시절을 지내왔을수록, 젊을수록 더 그렇다. 부모 덕에 웬만한 걸 소비해봤다는 점에서 꼭 필요한 게 아니면 줄어든 가처분소득을 먼저 고려한다. 써봤기에, 가져봤기에 실제효용도 잘 안다. 그렇다고 계속해 내핍소비만 지향하진 않는다. 지금은 빈곤해도 좀 여유로워질 경우 신고객의 존재감은 상당하다. 미리미리 신고객과 소비 주파수를 맞춰 선점하는 전략이 좋다.

실종된 소유욕구의 한편에선 이를 대체할 새로운 소비지점이 잉태된다. 사지 않고, 소유하지 않아도 유사한 간접효용을 누리려는 욕구

---

1 양적소유에서 질적사용으로 인식 및 가치관의 전환이 본격적인 후속세대가 생산가능인구로 본격 편입된다는 의미다. 가령 출생부터 불황이던 2000년생은 2015년부터 생산가능인구로 편입됐다. 2000년 기준 0~14세 991만명(21.1%)이 생산가능인구로 들어와 2017년 현재 3,762만명(73.1%)으로 연결된다.

를 실현해낸 결과다. 요컨대 구매소유 없이 사용효용만 획득하려는 사용가치에의 주목이다. 그 끝에 '공유경제(Sharing Business)'의 경제합리성이 있다. '감축경제→절약지향→소유거부→사용가치→공유경제'의 연결구도다. 이들 신고객의 소비지점을 파악해 소유하지 않아도 사용할 수 있도록 제안하는 공유경제는 초미의 관심영역이 됐다.

이들은 위험한 구매결정 없이 필요할 때 손쉽게 빌려 쓴다는 점에서 틈새욕구일 수 있으나, 신고객 다수와 접점이 맞고 무엇보다 익숙해질 장기소비란 점에서 메인시장의 잠재력을 두루 갖췄다. 공유경제는 '중고선호(Reuse)'와도 통한다. 공유구매로 못 푸는 소유욕구라면 중고시장에서 가성비적인 소비효용을 끌어올릴 수 있다. 도덕소비·윤리구매도 전에 없던 신고객의 소비지점이다. 환경파괴를 필두로 정의·공정하지 않은 방식의 생산재화를 거부하거나 건강한 지속가능성에 우호적인 소비패턴을 선호한다.

'감축경제→소유거부→사용가치→공유경제'의 연결

소유가치보다 사용가치를 강조하는 소비지점은 확산될 전망이다. 추세적 저성장에 따른 절약지향성이 초기비용·유지비용이 낮은 렌털수요의 선호로 연결되지만, 생활스타일 자체가 소유에 얽매이지 않으려는 반발기제와 맞물려서다. 렌털재화의 품질관리와 안전성 확보 및 인구변화에 따른 달라진 가치관도 영향을 미친다. 특히 심리적 저항감보다 최신제품을 원할 때 빌려 사용할 수 있다는 공유경제 자체의 욕구공략이 주효했다.

종류는 다양화된다. 과거엔 고급품에 한정됐다면 지금은 공유되지 않을 게 없을 정도로 라인업이 확대된다. 확산배경을 정리하면 크게 3가지로 압축된다. △IT의 발전(공유정보의 매칭용이) △경제사회의 구조변화(소유보다 사용가치 중시관) △자원·환경문제의 심각화(환경부하의 절감필요) 등이다.[2] 덕분에 공유경제는 유력한 성장산업으로 떠오른다. 공유시장 세계규모는 매출액으로 2020년 10조1,000억엔대에 이른다. 연평균 29.5% 성장할 걸로 보인다(PWC·2014). 일본은 2016년 503억엔에서 2020년 967억엔으로 연평균 17.7%의 성장확대가 예상된다(야노경제연구소·2017).[3] 잠재시장을 공유대상으로 구분하면 이동(36%), 공간(20%), 물건(19%), 기술(18%), 돈(7%) 등으로 추정된다(정보통신종합연구소·2017).[4]

---

2 원래 공유경제의 대상은 자동차·주택 등 고가격 및 사용자가 많은 재화가 주류였지만, 최근 다양화되는 추세다. 물건이용에서 체험·경험중시의 가치관 침투, 공유경제의 인지도 상승. 매칭기술의 향상 등이 주효했다. IT기술을 활용한 공유대상의 양적확대와 품질유지도 규모확대의 일등공신이다. 정보·노하우 축적으로 편리성이 향상된 호순환경제를 실현한다는 평가다. 체험과 비슷한 서비스 제공업체 및 대상제품 제조업체 등에 영향을 미친다.

3 矢野経済研究所(2017), 'シェアリング・エコノミー2016年2月(共有経済)市場に関する調査結果', p.4.

4 三菱UFJ信託銀行(2017), 'シェアリングエコノミーとその特性', 資産運用情報, p.4. 공간공유는 홈·농지·주차장·회의실 등(Airbnb, STAY JAPAN, 스페이스마켓 등), 물건공유는 벼룩시장·렌털서비스(airCloset, 럭세스, 지모티 등), 이동공유는 자동차·운전자(Uber, notteco, Abyca 등), 기술공유는 크라우드소싱·가사대행·간병·육아(크라우드워크스, 아즈마마, 타스카지 등), 금전공유는 크라우드펀딩(Makuake, READYFOR, Crowd Realty 등) 등이 있다.

〈표〉 대표적인 공유경제 선행사례

	공유서비스	지역	개요
공간	Airbnb	미국발 각국	각국의 방을 IT로 게재·발견·예약하는 커뮤니티 마켓플레이스. 다양한 가격대로 191개국 6만 5,000개 이상 도시에서 연결. 독특한 여행체험 실현
	카우치서핑	미국	숙박제공 호스트와 숙박희망 서퍼(여행자)의 매칭서비스. Ainbnb와 달리 무료숙박이 특징
	STAY JAPAN	일본	아파트·단독주택의 빈 방 소유자와 숙박희망자의 매칭서비스
	토마리나	일본	여행자와 농가민박 등의 체험 매칭서비스
	Space Market	일본	고민가·영화관·구장·절·공공시설 등 장소대여의 플랫폼서비스
	akippa	일본	개인·법인소유 미이용 주차공간과 일시적인 주차장 탐색 운전자 매칭서비스
	노키사키파킹	일본	주차공간과 운전자의 매칭서비스
이동	Uber	미국발 각국	일반운전자와 이동희망자의 매칭서비스. 택시 등 승객매칭을 포함해 세계 382개 도시에서 이용
	Lyft	미국	일반운전자와 이동희망자의 매칭서비스. 미국 내 140개 이상 도시에서 이용가능
	미나포트	일본	교토시의 공유 자전거서비스. 4개 거점에서 대출·반납가능. 지정한 일시·장소로의 배송서비스
기술	TIME TICKET	일본	개인보유 기술셰어서비스. IT·마케팅·음악·요리 등 전문가가 빈 시간에 개별상담

— 자료: 三菱UFJ信託銀行(2017), 'シェアリングエコノミーとその特性', 資産運用情報, p.3

일본의 경우 공유경제의 창업과 대형기업의 진출은 꽤 가속적이다. 점진적이되 확실한 트렌드로 자리 잡는 추세다. 생활에 필요한 거의 모든 것이 잠재적인 공유대상이다. 물건이 아닌 서비스까지 공유되는 세상이다. 일각에선 염세적인 청년인구를 중심으로 소유 자체가 중과세에 벌금이란 자조까지 확인된다. 가령 맞벌이세대의 세탁·청소 등 대행서비스가 대표적이다. 이는 일종의 시간렌털로 여유시간을 취미·레저·쇼핑 등에 투입한다는 개념이다. 한편 유모차·침대 등 아기용품처럼 평범한 PB제품보다 고급품을 렌털하는 경우도 증가세다. 18~25세 설문조사 결과 63%가 저항감이 없다고 했다.[5]

공유대상의 재화특징은 소비기간이 중장기적이고 소유욕구가 높지 않은 것으로 규정된다. 자동차·집 등 소유욕이 적거나 가전제품·가구 등 내구소비재가 유력하다. 이밖에 자전거·양복·가방·시계·장신구·장난감·레저용품 등도 잠재대상이다. 법인용도로는 IT기기·발전기기·창고·공작기계·공조기구·선박·항공기 등 값비싸되 굳이 소유 필요가 없는 품목이 공유대상이다.[6]

---

5 株式会社ジャパンネット銀行(2018), 'ミレニアル世代の"シェア消費"事情は？ 利用意向・利用実態を調査', pp.1-4

6 みずほ銀行(2018), 'シェアリングエコノミーが日本産業に与える影響', Mizuho Industry Focus 209, pp. 18-22.

쉐어링기업		이업종진출		해외기업진출	
민박	햐쿠렌마	민박 · 주차장	라쿠텐	민박	(미국)Airbnb
공간	스페이스마켓	주차장	리크루트	민박	(중국)투지아× (일본)라쿠텐
주차장	akippa	자동차 · 카쉐어	NTT도코모	민박	(미국) Expedia× (일본)라쿠텐
카쉐어	타임즈24	자동차	소프트뱅크	민박	(네덜란드) Booking.com× (일본)라쿠텐
양복	에어클로젯	고급차	DeNA	자동차	(중국)Mobike× (일본)삿포로현지 기업
브랜드백	럭세스테크놀로지	공장 · 창고	미츠비스상사	자동차	(중국)ofo×(일본) 소프트뱅크
인쇄공장 · 운송	락슬	건설기계	도요타통상	택시배차· 운전사쉐어	(미국)Uber
창고	SOUCO	해운	미츠이물산× 웨더뉴스	택시배차· 운전사쉐어	(중국)디디추싱× (일본)다이이치교 통산업
중고시장 · 자동차	메루카리	오피스	JINS	오피스	(미국) WeWork

— 자료: みずほ銀行(2018), 'シェアリングエコノミーが日本産業に与える影響',
Mizuho Industry Focus 209, p.20.

불용자산 중고거래는 공유경제의 최일선

공유경제 중에선 중고시장이 신고객의 흡수에 성공했다. 스마트폰
에는 중고품 매매앱까지 등장했다. 한국에도 진출한 중고품 거래앱 메
루카리는 일본의 대표적인 유니콘기업으로 도쿄증시에도 상장하는 기
염을 토했다. 월 1,000만명이 이용하는데 하루 100만점 넘게 중고품

이 올라온다.[7] 2030세대를 위주로 특히 여성중심의 중고시장에서 현재는 고령자의 물품정리용 공간으로도 인기다.

반면 신품구입의 패러다임은 존재감을 잃었다. 아직 이용가치가 있되 갖고 싶은 건 중고로 사고, 불필요해지면 파는 게 현명하다는 인식이 확대된다. 고객·상품쟁탈전은 나날이 뜨겁다. 앱에선 가격이 붙지 않아 폐기했을 법한 중고품도 거래된다. 일부 명품은 희소성을 내세워 신품 출시 당시 가격보다 고가에 거래된다. 생활주변의 방치제품이 환금성을 갖춘 자산으로 변신하는 추세다.

일본정부도 GDP 산정에 중고품 매매시장을 넣을 것을 검토하고 나섰다. 원래는 소유권 이전에 불과해 GDP에 산정하지 않았다. 2016년 중고품 조사를 최초로 실시한 이래 인터넷경유 개인 간 거래(차·오토바이 제외)가 8,800억엔. 점포판매로는 1조엔에 육박한 결과다. 과거 1년간 사용하지 않는 제품가치만 7조6,000억엔으로 추정된다(경산성). 이 중 실제 중고매매 규모는 1.9조엔에 불과해 시장확대는 기정사실로 이해된다[8].

여기에 더해 중고거래는 신품시장에도 우호적인 영향을 미친다. 언젠가 팔 것을 전제로 신품을 사는 소비자가 늘어서다. 1만엔 상품인데 추후 5,000엔에 팔 수 있다고 생각해 실제로는 5,000엔에 샀다는 감

7 이투데이, '유니콘 천국으로 부상하는 일본', 2018.12.17.

8 日本総合研究所(2018), '拡大する個人間の中古品消費市場', リサーチ・フォーカス, pp.2-5

각으로 신품구입의 가격저항을 낮춰서다. 2018년 대형의류점(와루도)이 중고의류 스타트업을 매수한 것도 같은 맥락이다. 중고판매를 전제로 사는 자동차처럼 '구매=자산'의 인식도 신고객의 자유롭고 확장적인 소비지점과 맞물린다.

〈그림〉 중고품시장 규모와 앱 이용률·중고품허용도 인식

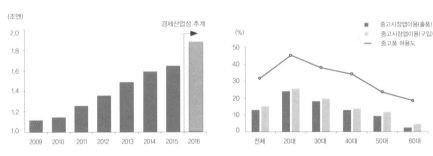

— 자료: みずほ銀行(2018), 'シェアリングエコノミーが日本産業に与える影響', Mizuho Industry Focus 209, pp. 18-22.

신고객의 드라마틱한 출현이 예고된 한국도 소유욕구와 결별하는 공유경제·중고거래의 부각을 주목할 필요가 있다. 고도성장이 끝나면서 대량생산·소비경제의 부산물로 잘 안 쓰되 넘쳐나는 저가동(低稼動)의 불용자산이 대량으로 존재한다. 2008년 중고시장은 4조원대에서 2018년 20조원대로 성장한 것이 그 증거다. 중고거래 전문기업에의 투자도 활발하다. 회원수 2,100만의 중고나라가 2018년 50억원의 자

금을 유치했을 정도다.[9]

저성장 속 신제품과 중고품의 품질차이가 적어진 것도 거래증가의 배경이다. 소유에서 사용으로 소비지점을 뒤흔드는 일본의 신고객과 그들로부터 시작된 공유경제의 활황은 한국에도 유력한 성장산업일 수 있다. 업계대립과 정부규제가 산업한계이긴 하나 어차피 시장은 열릴 수밖에 없다. 2030세대를 중심으로 소유욕구 대신 공유경제적인 사용구매와 중고거래가 무르익었다. 아직은 정수기·공기청정기·침대 등 고전적인 렌탈품목 위주지만, 이것만 계산해도 시장규모가 2011년 19조5,000억에서 2020년 40조원대로 커질 전망이다(KT경제경영연구소).[10] 물건에 이어 서비스까지 생활전반의 사용가치로 확산될 것은 시간문제다.

물건보다 체험중시의 무형가치 소비선호

'소유에서 사용으로'의 패러다임 변화를 한층 쪼개보면 '물건에서 경험으로'의 소비전환도 뚜렷한 추세다. 즉 '감축경제→인식변화→물건거부→미니생활→경험소비'의 순환흐름은 미래시장을 견인할 신고객의 달라진 소비행위로 정리된다. 후속세대의 차별소비 중 뚜렷한 건 성숙사회에 걸맞게 양적지향 대신 질적가치에 무게중심을 둔다는 점

---

9   조선일보, '불황에 크는 중고시장, 20兆까지 몸집 커졌다', 2018.08.28.

10 이뉴스투데이, '가구도 빌려쓴다…한샘 등 가구업계 렌탈 사업 본격화', 2019.05.19.

이다. 광란의 집값파동 속에 청년실업과 맞물려 잠재성장률 2~3%대에 출생한 2010년 이후 출생자는 특히 그렇다. 소유욕의 원천포기가 강제되는 상황이다.

따라서 애초부터 물건구매·과시소유는 힘들다. 더 많이 갖겠다고 미래를 담보로 현재를 포기할 수도 없는 노릇이다. 그 대안소비가 경험·체험에의 적극소비로 나타난다. 제품 소유보다는 서비스 경험의 부각이다. 소유욕구의 감소와 경험가치의 중시가 맞물린 시대 트렌드다. 이는 과거세대와 뚜렷이 구분되는 현역세대의 새로운 소비의향이다. 소유가치보다는 구입순간부터의 다양한 경험·서비스를 경험하려 하고, 그 행위 자체를 구입하려는 인식변화가 한몫했다. 같은 물건이라도 새롭고 독특한 감동·만족을 부가가치로 얹었을 때 지갑을 연다. 최근 회자되는 정리력(斷捨離)과 미니멀리스트 유행경향과도 관련이 깊다.

일본에서는 이를 '체험소비(こと小費)[11]'라 칭한다. 비교잣대는 물건소비(モノ消費)다. '물건→체험'으로의 시점변화를 일컫는다. 상품·서비스의 구매에서 얻어지는 경험·체험을 중시하는 소비경향을 말한다. 물질적인 충족사회에서는 소비가치관이 소유에서 체험으로 바뀌는 게 일상적이다. 대신 특별한 시간·체험·추억 등에 가치를 두려는 변화

---

11 経済産業省(2015), '平成27年度 地域経済産業活性化対策調査'. 이 보고서에 체험소비(こと小費)의 필요성이 확인된다. '인구동태의 변화에 맞춰 신수요의 감소, 사회의 정보·고도화에 따라 소비성숙화가 진행 중이다. 이로써 물건·서비스의 국내시장은 보다 힘들어진다. 이런 시장환경에서 소비자가 그 지불대가로 기능적인 가치를 제공하는 것뿐만 아니라 보다 직접적인 만족·고양감을 얻도록 정서적인 가치를 제공할 필요가 있다.'

다. 더 많이 갖기보다 더 알차게 느끼는 데 지갑을 여는 달라진 신고객의 의중 때문이다. 2000년대 전반에 퍼진 소비트렌드답게 지금은 당연시 받아들이는 신조류다. 구글에 '물건소비에서 체험소비로(モノ消費からコト消費へ)'를 넣으면 결과물만 3,580만개다.[12]

구체적인 체험소비는 여행·취미·음식·파티는 물론 교육(자격취득)까지 아우르며, 쾌적한 공간에서 보내는 시간이나 사회참여를 위한 비용지출까지 거론된다. 여행만 해도 지역경험을 느끼는 서비스를 선호하고, 아예 호콕·호캉스[13]가 제안될 정도다. 등장배경은 크게 4가지다. △소비의 성숙화 진행 △생활필수품을 가진 상황에서 체험가치만은 고르기 힘든 시대 △행복·생활만족을 정신적 충족감에서 찾으려는 욕구 △인터넷 보급에 따른 가치기준의 다양화와 체험공유에 가치를 부여하는 인식증대 등이다. 최근엔 더 나아가 시간소비(トキ消費)까지 제안된다. 즐기는 시간 자체를 사려는 청춘여성의 한층 특화·세분화된 소비의향을 뜻한다.

체험과 경험소비로 신고객을 부른 사례들

체험소비의 성공사례는 다양하다. 콘서트·연극 등 문화행사부터 야외스포츠 관람·여행 등 체험형 경험소비는 호황을 구가한다. 물건에

---

12 2019년8월14일 검색결과

13 동아일보, '호텔서 혼자 쉬며 뒹굴뒹굴… 2030 '호콕 혼캉스族' 떴다', 2018.08.10.

대한 소유욕구보다 여행·학습·에스테틱·마사지 등 경험욕구에의 주목결과다. 물건을 늘리고 싶지 않다(52%)거나 학습·자격취득 등 배우는 일에 돈 쓰는 게 유익하다(72%)는 응답이 과반수 이상을 차지한 의향조사도 있다(JR동일본기획·2016). 1980년대 이후 물건풍요는 감소하고 마음풍요는 증가하며 우군을 확보한다.[14] 특히 SNS 등 가상공간에서 경험소비를 통해 물건소유보다 체험소비가 더 새롭고 재미나며 만족스런 가치를 창출한다는 입소문도 기여했다.

책만 파는 게 아니라 다양한 체험공간을 제공하면서 핫스팟으로 뜬 츠타야서점(蔦屋書店)이 대표적이다. 맥주를 파는 게 아니라 워크숍·음악라이브·요리 등 다양한 콘텐츠이벤트로 승부수를 띄운 주점(YO-HO BREWING)도 인기다. 와인판매를 넘어 새롭게 즐기는 다양한 방법을 제안하는 체험형서비스(킷코만), 초콜릿 맛을 한층 제대로 체감하도록 VR기반 체험시설을 만든 과자회사(메이지)까지 생겨났다.[15]

청년인구만 체험소비의 주인공은 아니다. 공략 전략에 따라 전체세대 모두 체험소비의 잠재고객이다. 가처분소득을 겸비한 중장년인구를 노린 고액서비스가 대표적이다. 체험서비스가 강화되면서 크루즈

14 アイザワ証券(2017), 'モノからコトへ～増え続ける体験型消費', pp. 3-22.

15 https://womanslabo.com/marketing-20190123-2(검색일:2019.08.15.)

여행상품이 완판되는 사례가 이를 뒷받침한다.[16] 장기적으로는 가상체험도 확산될 수 있다. 게임·라이브 등의 이미지를 넘어 VR기술의 혁신결과 당면한 현실한계를 뛰어넘는 체험소비가 열릴 수 있어서다. 이미 가상의 해외여행은 물론 인공지능을 활용한 가상연애 등도 현실화될 환경을 정비했다.

〈그림〉 체험소비의 가능성이 확인되는 여론조사 및 관련시장 규모

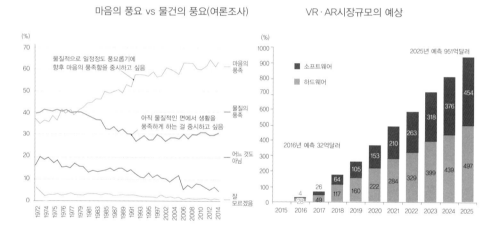

마음의 풍요 vs 물건의 풍요(여론조사)　　　　VR·AR시장규모의 예상

－ 자료: アイザワ証券(2017)

---

16 http://www.wave.or.jp/magazine/minato/minato_201610_no15.pdf 및
https://www.cruise-mag.com/news.php?obj=20181214_02(검색일: 2019.08.15.) 2017년 일본의 크루즈 승선인구는 31만5,000명으로 사상최고치를 기록했다. 특히 일본유센그룹의 크루즈는 872명 정원의 일본최대 규모지만, 2018년 9월분까지 모든 코스에서 만석을 기록하는 성과를 냈다.

체험서비스를 위한 선제적 제안필요

구매현장에서 먹힐 만한 체험서비스의 트렌드는 몇 가지로 요약된다. △버스 이동과 현장체험을 연결한 연애버스맞선(도칸교통) △영화개봉과 맞물린 체험이벤트(도쿄디즈니랜드) △음식만들기·산책프로그램으로 상점가 체험경험(난바에비스바시스지) △고객이 직접 만들도록 도와주는 반지제작서비스(케이우노) △링크장을 병설해 쇼핑·체험 동시제공 거대쇼핑몰(이온) 등 의 선행사례가 유명하다.[17]

동시에 소매유통업에서의 체험소비와 관련된 필승패턴은 크게 4가지로 정리된다. △체험·참가형(인근업체·지역사회와의 협력으로 입지특성을 활용한 추가적인 경험기회를 제공해 집객효과를 높이는 형태) △견학·극장형(제조과정의 견학 후 병설식당에서의 식사제공 등이 일반패턴으로 제품판매와 경험소비 모두가 가능하며 현장시현 등 구경거리를 제공하는 형태) △인스타의식형(SNS에 올리는 행위를 감안해 직원대응·청결공간 등 우호적인 환경을 조성하는 형태) △시간체제형(안락의자·소파 등과 널찍한 공간확보로 장시간 체제하고 싶은 쇼핑공간을 제공하는 형태) 등이다.[18]

체험소비로의 전환은 공유경제의 확대기반이다. 고가의 대량소유보다 공유·대여를 통해 유행에 맞게 체험하려는 소비의향이 커질 수 있어서다. 고도성장기 때 3종의 신기(神器)였던 냉장고·세탁기·흑백TV

---

17 ferret(2017), '2017年「コト消費」事例15選！体験型サービスのトレンドを掴もう'(검색일:2019.08.30.)

18 Canaeru(2018), 'コト消費」で潰れない店へ…「コト消費」の必勝パターン4点',(검색일: 2019.09.05.)

가 한때 가정필수품인 3C(컬러TV·에어컨·자동차)로 자연스레 전환됐듯 체험소비도 인식전환·경험공유를 통해 얼마든 확장될 수 있다.

앞으론 기능적인 물건가치만으로 소비욕구를 자극하기는 어려워진다. 많은 걸 다 갖추려는 시대상황은 이제 새로운 가치지향적인 소비스타일로 대체된다. 누구나 가진 물건보다는 색다르고 차별적인 경험과 기억을 중시하는 새로운 소비트렌드는 장시간 지속될 것으로 판단된다. 한국은 이제부터다. 달라진 가치관과 소비의향으로 무장한 신고객의 출현은 예고되었다. 시대변화와 맞물린 인구변화는 얼마든 새로운 소비풍경을 만들 수 있다. 미세한 현재변화로부터 읽어내는 미래사업을 위한 선제·미시적인 소비제안이 요구된다.

제3부

인구변화가
만들어낸 신시장 5

전체참가의 '무한경쟁'이 본격화된다!

인구변화는 뉴노멀(New Normal)을 요구한다. 시장을 지배하는 룰과 패러다임도 바뀔 수밖에 없다. 잠재고객의 숫자(量)와 인식(質)이 동시다발로 변하는데 예전처럼 대응해 먹혀들기란 어렵다. 변하지 않는 시장은 사양될 수밖에 없다. 만들면 팔리든 세이(Say)의 법칙은 유물로 전락했다. 많은 게 부족했고, 열심히 일해 돈 벌던 시대나 가능한 룰이었다. 정해진 경로를 잘 따라가면 누구나 중산층이 되던 젊은 시대의 패러다임일 뿐이다.

지금은 달라졌다. 2019년 합계출산율 ±0.9명의 초저출산과 15%를 넘어 빠르게 초고령사회(20%)로 치달으며, 1,700만 베이비부머의 경제수준을 보건대 세대불문 전대미문의 신고객그룹을 형성하는 시대다. 양적성장은 신기루에 가까운 반면 시대타협의 신소비가 시장을 대체하는 중이다. 과거의 성공경험은 시장에서 먹혀들지 않는다.

미래사회는 근육보단 미소다. 고성장일 땐 남성·굴뚝형 부가가치가 주목받지만, 저성장이면 여성·서비스형 기대효과로 대체된다. 즉 '제조업→서비스업'으로의 중심이동이 대세다. 수출지향적인 낙수효과를 토대로 설정된 한국의 산업토대도 이 추세에서 자유롭지 않다. 성숙경제권에서는 드물게 여전히 수출·제조업 의존성이 과도하지만, 방향성·당위성을 볼 때 서비스업의 확대발전은 부정하기 어렵다. 실제 GDP대비 제조업 비중은 30%에 육박하고, 수출에선 90%까지 치솟는다.[1]

시대변화로 파괴되는 전통적인 산업영역

이는 유사경로로 성장한 선진국과 비교해도 높은 수치다. 독특한 건 선진국에서 비율이 줄고 있는데, 한국은 되레 1990년대 24.4%에서 더 높아졌다는 점이다.[2] 생산·고용의 파급효과를 감안하면 실제적인 성장영향력은 50% 이상으로 추정된다. 그러니 중국위기 때 치이고, 일본위기 때 휘둘린다. 지나친 편중구조가 국내산업의 균형발전을 저해한 셈이다. 반면 서비스업은 갈 길이 멀다. 한국은 59%로 미국·영

---

1 세계일보, '文 "2030년 '제조업 4강·국민소득 4만달러 시대' 열겠다"', 2019.06.19.

2 더스쿠프, '[왜 한국 제조업만 …] 그놈의 의존병이 화 불렀다', 2019.01.04. 한국의 제조업 비중은 29.3%로 독일(26.9%), 일본(20.0%), 미국(11.7%) 등과 비교해 높다.

국(80%)은커녕 독일(70%), 일본(68%)보다 낮다(2016년).[3] OECD 35개국 중 꼴찌수준이다.[4] 이들 국가는 1인당 GDP 3만달러 돌파전후로 '제조업 →서비스업'의 비중전환이 가속화됐다.

서비스업의 취약성은 그만큼 발전 여지가 충분하다는 반증일 수 있다. 정부로서도 제조업보다 고용유발 효과가 2배나 되는 서비스업을 방치할 수 없다. 가뜩이나 2%대의 잠재성장률이 고착화될까 고민인 상황에서 서비스업은 내수산업의 주력무대일 수밖에 없다. 대외 취약성의 근원적 해결책으로 유력하다. 인구변화도 서비스업에는 우호적이다. 저출산·고령화의 달라진 양적 해결욕구는 물론 시대타협·인식변화와 맞물린 질적 신규수요도 대부분 서비스업에 특화·집중되는 까닭이다. 달라진 신고객을 흡수할 토대산업인 셈이다. 4차 산업혁명도 '제조업→서비스업'을 가속화한다. 4차 산업혁명의 ABC(AI, BigData, Cloud)는 다가올 미래소비를 특정영역에 한정시키지 않는다. 획기적인 신기술로 전통적인 영역구분을 파괴하는 무차별적인 무한경쟁을 촉발한다.

따라서 다가올 신시장의 유력키워드는 '무한경쟁'일 확률이 높다. '제조업→서비스업'의 중심전환과 맞물려 특정영역의 보호경쟁이 아닌

---

3   문화일보, '서비스업 금융지원 60兆→70兆…차량·숙박공유 해법 빠져', 2019.06.26.

4   매일경제신문, '韓서비스업 OECD 꼴찌 맴도는데…서비스발전법은 8년째 국회서 낮잠' 2019.05.03

전체업종의 무한경쟁이 시장곳곳에서 펼쳐질 수밖에 없다. 엄밀하게는 유통업까지 이 거대한 영역다툼에 가세한다. 다각화·문어발의 부정적 편견은 신고객의 욕구변화를 충족시키지 못한다. 달라진 신고객은 '물건=제조'와 '경험=서비스'를 부정한다. 손쉽고 편리하며 기분 좋게 본인 욕구만 충족시켜주면 누가 만들고 팔든 상관하지 않는다.

지금껏 상식이던 구매패턴은 파기했다. 특정상품·서비스를 특정매장에서만 사던 시절도 지나갔다. 제조메이커가 관련서비스를 추가하고, 유통점포가 직접제조에 나서며, 서비스업체가 관련제품·서비스를 만드는 시대다. 일부는 아예 전체적인 소비과정을 일관시스템으로 완성한다. 예전에 구분했던 전공정·후공정은 무의미해졌다. 요컨대 '제조+유통+서비스'의 치열한 한판승부만 남았다.

제조와 서비스의 업종파괴 속 무한경쟁 본격화

업종파괴는 미래시장의 뉴노멀이다. 고전적인 영역구분은 설땅을 잃는다. 분업체계로 특정영역을 지켜왔던 공급체인은 선택과 집중의 시대에 먹혔던 시장논리다. 향후엔 업종파괴와 무한경쟁만이 게임의 승리원칙일 수밖에 없다. 신고객이 원하는 바도 이 지점이다. 신고객은 개개인의 취향·습관·상황 등에 최적화된 다양한 제품·서비스가 아니면 소비하지 않는다. 한정된 소득·구매력을 함부로 쓸 수는 없다. 제조업체든 유통업체든 서비스업체든 가장 편리하고 만족스런 소비효과를 증명해줄 때 지갑을 연다.

그만큼 정보력도 강화됐다. 디지털·모바일의 생활안착은 신고객의 비교열위를 해소해줬다. 정보의 비대칭성이 공급측의 시장독점력을 지켜주던 시대는 끝났다. 생산우위에서 소비우위로 패권은 넘어갔다. 신고객은 언제 어디서든 바라는 정보를 획득하고, 원하는 소비만 결정한다. 그들은 똑똑해졌다. 서로 연결해 가성비·가심비를 계산해주는 건 물론 원하는 걸 만들어내게 경쟁·굴복시킬 줄 아는 현명한 소비자다.

기업으로선 발상전환이 필수다. 연관상품·서비스는 물론 본업의 경쟁력과 외부의 전문성을 결합해 신고객이 원하는 신사업을 신시장에 매칭해줄 때 생존할 수 있다. 적과 동지가 따로없는 합종연횡(合從連橫)만이 살길이다.

전체업종의 무한경쟁이 신시장으로 연결된 사례는 이미 많다. 아직은 유통 등에서 본업유지를 위한 부가서비스 차원이 주류지만, 훗날엔 업종전환까지 비일비재할 전망이다. 본업에서 파생한 사업모델이 유력한 가치창출의 기회를 제공할 경우다. 실제 온라인·오프라인의 영역붕괴가 본격적인 유통업계에선 가격·서비스와 관련된 무한경쟁이 한창이다. 영역파괴로 주력품목만이 아니라 카테고리별 전체상품을 판매하는 매장까지 나왔다. 취급상품·구매채널의 다양화 흐름이다.

자본력을 한탄할 겨를은 없다. 자본력이 충분하면 유리할 수는 있으나, 꼭 승리한다는 보장은 없다. 본업의 경쟁력에 기초해 틈새욕구를 노린 혁신사고·아이디어가 더 중요하다. 초격차에 휘둘릴 여유도 없다. 엇비슷한 가치제공일 때 격차도 있지 다른 만족감이면 경쟁은 허용되지 않는다. 단순한 벤치마킹은 더더욱 곤란하다. 가뜩이나 좁은 내수시장에 대기업·중소기업·프랜차이즈·자영업자가 뛰어드는 식의 아전투구보단 차별적인 욕구공략으로 작지만 강력한 충성고객을 만드는 게 먼저다. 생존을 위해 가장 잘하는 걸로 신고객을 대하면 기회는 얼마든 존재한다.

모바일까지 가세한 '제조+유통+서비스'의 무한경쟁

업종도 업태도 없다. 네 것도 내 것도 없다. 필요한 건 난타전을 이겨낼 선견지명·혁신도전 뿐이다. 유통에선 팔지 말고 경험하게 함으로써 신고객의 확보에 성공한 사례가 적잖다. 가령 무인양품은 경험마케팅의 최일선이다. 단순할 수 있는 생활잡화 전문매장이 좋은 라이프스타일의 제안을 내세워 지금은 청과매장, 카페테리아, 호텔, 도서관까지 영역을 넓혔다. 커피를 넘어선 스타벅스도 공간경험의 상징이다. 현대백화점이 2015년 체험형 매장을 설치해 걷기 좋은 핫플레이스로 변신시킨 판교점도 성공적이다. 할인점 1층의 알짜공간을 공원·카페처럼 편안하게 배치한 2017년 롯데마트 양평점도, 코엑스몰의 중앙매장에 별마당도서관을 만든 2017년 신세계의 혁신실험도 마찬가지다.

위워크가 사무실 공간대여가 아닌 커뮤니티의 경험·관계를 강조한 시도도 비슷하다. 한국의 라이즈호텔이나 일본의 트렁크호텔도 투숙객과 일반인의 열린 공간제공을 통해 성공했다. 은행도 나섰다. 하나은행은 기다리고 어려운 금융서비스를 독립책방(북바이북)과 연계해 콘셉트점포를 만들었다. 강남점은 1층 전체를 카페와 연계해 휴식공간으로 변신시켰다. 온라인기업 아마존이 오프라인매장(아마존북스)을 열고 큐레이션에 특화된 서비스를 제공한 사례도 재미나다.[5] 이들 사례는 진열·판매의 단순한 구매현장을 새로운 혁신무대·서비스공간으로 변신, 업종구분을 파괴하는 대신 신고객의 맞춤욕구를 선도했다는 공통점이 있다.

영역파괴로 신고객을 흡수한 대표사례 중 하나는 일본의 쌀집메이커 '아코메야(Akomeya=アコメヤ)'다. 단순한 소매점포가 상품라인업의 강화와 함께 레스토랑까지 개업하며 업종파괴의 선두사례로 유명해졌다. 고품질·저가격의 쌀집·정미소만으로 양적 인구감소와 질적 욕구변화를 못 따라간다고 보고 쌀집의 본질로 '맛있는 밥 한 끼가 주는 행복'으로 규정한 게 계기다. 이후 가치사슬이 확대되며 다양한 부가서비스를 연결시켰다.

'쌀→밥'으로의 가치연결적인 본질모색은 다양한 기회를 제공했다. 쌀만 팔지 않는다는 게 역설적으로 명분과 실리를 선사, 고정관념의 파기가 의외의 사업기회로 연결된 것이다. 쌀과 밥 모두를 아우르자 주변품목까지 판매영역이 자연스레 확장된 셈이다. 이젠 맛있는 밥에 어울리는 조미료와 반찬거리, 주방집기는 물론 술 등 쌀이 원료인 가

---

5 이승윤(2019), 『공간은 경험이다』, 북스톤. 책에 소개된 몇몇 사례를 정리한 내용임.

공제품까지 판매한다. 식탁을 채색하는 식기류와 맛을 더하는 기타잡화로 아이템을 확대한 결과 현재 대략 6,000가지 품목까지 늘어났다. 압권은 레스토랑 병설설치다. 행복실현의 공간제공 차원이다. 점심정식 2,000엔, 저녁식사 4,000엔의 고가지만 문전성시다. 고객만족은 가격부담을 넘어선다는 논리가 검증됐다.[6]

복합공간 아코메야·츠타야서점의 시사점

취향을 설계하는 공간으로 대변신에 성공한 츠타야 서점도 업종파괴를 통한 복합공간의 실현사례로 유명하다. 책과 독자를 넘어 새로운 연결적인 부가가치에 승부수를 띄웠다. 최근 본격적인 업종파괴의 채택으로 기존점포의 폐점결정이 잇따르고 있다는 점에 주목했다. 과거 모델인 CD나 DVD렌탈 사업부진이 본격화된 데 따른 영향이다. 대안은 라이프스타일 제안의 복합점포로의 강화다. 책, 음반, 소품, 문구, 전자제품까지 생활전체의 필요용품을 단일매장에서 제공하려는 전략이다. 인구변화에 따른 주력고객에 맞춰 일상을 기획해준다는 콘셉트

---

6 전영수, '업의 본질을 묻다, 쌀 편집숍 아코메야의 변신 이야기', 한경비즈니스, 2018.11. 이밖에도 쌀을 의제로 둔 강연회·이벤트를 개최한다. 쌀에 관해선 모든 걸 다루겠다는 의지다. 좋은 쌀과 맛있는 밥을 위한 모든 정보를 알려주겠다는 이미지의 완성이다. 쌀가게라면 주택가 상점권역에 있을 것이란 고정관념을 깨고 긴자·신주쿠 등 값비싼 도심 한복판의 출점전략도 고집스럽다. 아코메야의 7가지 공식서비스는 △원하는 양만큼 정미 △취향에 맞는 쌀을 찾아줌 △소량사이즈로 판매 △포인트카드 발행(30포인트=현미 1kg) △원한다면 배달가능 △온라인 동시판매 △쌀부터 조연잡화까지 종합선물세트 제공 등이다. 다양한 고객의 맛있는 밥을 위한 부가서비스를 완성하는 게 목표다.

로 책방 특유의 느낌은 강조하되 시간과 공간소비를 유도한 형태다.

　물론 돈을 쓰도록 다양한 장치도 넣었다. 1층의 카페(스타벅스)와 라운지를 배치해 커피를 들고 어디든 책을 읽어보라 권한다. 서점에 카페를 만든 게 아니라 카페에 책이 진열된 이미지다. 서점공간은 재배치했다. 책·DVD·음악 등 매체별은 물론 테마별로도 구성한다. 요리서적 옆에 쌀과 그릇 등 요리와 연결된 기타제품을 진열한다. 여행 코너라면 여행정보지·여행기만 아니라 해당국가의 문화·역사서까지 구비한다. 국가별 토속물품을 파는 이벤트 코너와 함께 여행사카운터까지 넣어 즉각적인 해외여행을 지원한다. 전담직원(Concierge)은 '책의 안내인'으로 불린다. 장르별 심층지식을 갖춘 전문가들 위주로 선발·고용한다. 여행전문작가, 바이크전문 서점경영자, 음악CD 프로듀서 등 전직 프로페셔널 위주로 구성해 지식축적을 넘어 사람연결까지 시도한다.[7]

---

7 전영수, '맞춤형 책 추천 이와타 서점의 기적', 한경비즈니스, 2015.12. 일종의 입장료 개념으로 카페에서 음료를 사면 서점 어디서든 책을 보도록 설계했다. 책이 아니라도 서점을 찾아 업무를 보는 비즈니스맨까지 염두에 둔 조치다. 나무·식물을 곳곳에 배치한 조경과 인테리어는 사실상 최적의 조건을 구비했다. 대부분 '앉지 마'와 '읽지 마'가 보통인 서점공간에서는 희귀한 역발상전략이다.

〈그림〉츠타야 서점의 매출액(좌) 및 문구·잡화점 취급점포(우) 증가추이

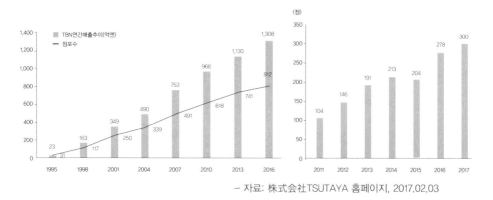

－ 자료: 株式会社TSUTAYA 홈페이지, 2017.02.03

인구변화로 이업종으로의 본격공략 일상화

동일맥락에서 이(異)업종으로의 진출시도는 다양하다. 업종구분 없
는 일상적인 무한경쟁이 펼쳐진다. 가령 컵라면으로 유명한 닛신식품
(日淸食品)이 피부에 좋은 성분을 넣은 미용음료를 개발한다. 인구감소
로 사업다각화 차원의 실험인데 과거 일본최초로 요구르트를 개발한
경험을 반영한 범위의 경제를 실현하기 위함이다.[8] 건설업체가 간병주
택 개조사업에 뛰어든 이래 사명까지 바꿔(니시우라) 의료기기·위생용
품 판매·렌털업체로 변신한 사례도 있다.[9] 온라인통판 라쿠텐은 시장

---

8 President Woman, '異業種メーカーが美容市場に進出する理由', 2019.05.18.

9 www.chusho.meti.go.jp/pamflet/hakusyo/H27/h27/shoukibodeta/h27/html/b2_2_3_0.html(검
색일:2019.08.17.)

잠재력을 내세워 휴대전화사업에 도전장을 던졌다.[10] 슈퍼마켓이 레스토랑도 경영한다. 2018년 이온리테일은 식료품 매장 옆에 260석의 시식공간을 편성해 저가·즉시식사가 가능토록 했다. 즉석해서 주문·제공하는 특화매장으로 이후 세이조이시이·야오코 등 종합슈퍼마켓은 물론 이토요카도 등 편의점까지 가세한 형국이다.[11]

이밖에 의류업체(스트라이프인터내셔널), 상조업체(테이크앤드기브니즈), 과자제조회사(돈레미), 잡화판매사(무인양품) 등 이업종에서의 호텔사업 진출까지 잦아졌다.[12] 편의점의 새로운 서비스제공도 변신사례다. 반찬·야채화분·고기·커피에 이어 무한변신을 반복하는 가운데 이젠 피트니스센터, 코인세탁, 자전거·우산공유, 간병상담까지 해준다. 자본력을 갖춘 대기업마저 달라진 고객변화 속의 신도전이 잦아졌다.

인구변화는 이업종으로의 본격공략을 위한 중요한 토대변수다. 급속한 고령화에 맞춰 수요증가가 예상되는 간병시장이 대표적이다. 가전업체인 파나소닉, 변기욕실용품사인 토토 등 대기업의 간병로봇·보조기구 시장진출이 그렇다.[13] 대형손보사인 솜포홀딩스는 2015~16년 간병업계 대표주자(메시지·와타미간병)를 인수, '보험+간병'의 영역파괴를

---

10 livedoor, '第4の携帯会社「楽天モバイル」利用者数限定で10月1日より開始', 2019.08.08.

11 한국일보, '일본서 슈퍼마켓 체인이 레스토랑까지 직접한다', 2018.02.16.

12 読売新聞, 'ホテル経営はおいしい？相次ぐ異業種参入の理由', 2018.10.13.

13 한국경제신문, '늙어가는 사회와 싸우는 日, 간병로봇에 국운 걸었다', 2019.01.23.

주도했다. 한국도 비슷한 흐름이다. KB손해보험이 요양사업자회사(KB 골든라이프케어)가 2019년 금융업계 최초로 요양시설(위례빌리지)을 만들었다. 대기업의 요양사업 진출신호로 해석·주목받는다.[14]

보험판매에 뛰어드는 기타업종도 증가세다. 2017년 약국체인(일본조제)이 다이치생명그룹과 연계해 약국에서 보험을 팔기 시작했다. 야마다전기도 스미토모생명보험과 손잡고 병설판매에 나섰다. NTT도코모·니토리 등도 보유매장에서 보험상품을 취급한다.[15] 사실상 보험은 점두(店頭)판매의 각축상품으로 부각된다.

한편 사양화의 경고등이 일찌감치 켜진 양육·교육시장도 활로모색에 나섰다. 대형학원(이치신홀딩스)가 2018년 국내외 여행·출장·관광기획사(패스트레블)를 인수했고, 다른 학원체인(위드어스)은 번역전문 관련사업·인재파견에 특화된 회사(키코)를 산하로 편입했다.[16] 공통적인 건 인구변화에 따른 소비효과에의 주목이다. 신규진출에 앞서 세대변화에 따른 소비증감 항목분석이 전제되는 이유다.

---

14 EBN, '고령화 시대…보험업계, 요양시설 열고 가입연령 늘리고', 2019.06.11

15 SankeiBiz, '保険ショップ, 異業種襲来で転機 少子高齢化·マイナス金利など経営環境厳しく', 2017.03.21.

16 https://fundbook.co.jp/gakusyujuku-ma/(검색일:2019.08.16.)

순위	신장품목		축소품목	
	품목	변화율	품목	변화율
1	간병서비스	23.2	아동용 양복	▲23.5
2	설비수선·유지	6.8	아동용 속옷	▲23.4
3	건강보호용 섭취품	6.2	아동용 셔츠·쉐터	▲23.2
4	교제비(교양오락)	5.7	교육	▲16.8
5	기타광열	5.1	콘텐츠 이용료	▲14.4
6	교제비(식료)	3.8	자전거 구입	▲13.5
7	교제비(증여금)	3.6	교육비	▲12.8
8	가사서비스	3.4	휴대전화 통신료	▲11.0
9	의약품	1.9	주거임대비	▲10.5
10	실내장비·장식품	1.5	자동차 등 구입	▲8.5

– 자료: 미즈호종합연구소(2019년)

추가채널에 타사상품까지 전문소매점의 혁신

업종파괴의 무한경쟁이 펼쳐질 혁신현장은 소매점포로 요약된다. '출산율−사망률=자연감소'로의 급변이 고객감소로 나타날 수밖에 없어서다. 절대인구의 하락반전은 장기적인 시장축소로 연결되고 이는 소매유통 등 상권쇠퇴를 가속화할 수밖에 없다. 조만간 시현될 절대인구의 감소추세는 쇼핑주도권을 만드는 쪽에서 사는 쪽으로 이동시킨다. 이는 생활현장의 소매점포에서 확인된다. 인구변화가 소매업종을 변용·혁신의 시대로 내몬 셈이다. 적은 숫자의 까다로워진 소비인구는 주도권을 장악하며 신시장을 열어젖힌다. 테크놀로지에 힘입어 자유자재로 구매행동을 변화(Everywhere Commerce)한다.[17] 연령불문 신고객은 점포, 온라인, 휴대전화 등으로 갖고 싶은 걸 언제 어디서든 구입한다.

따라서 거액투자로 유통채널의 지배권을 장악·선도하기 힘들면 점포경쟁력에 더해 외부협력자와의 유기적인 협조체계로 단점을 극복하는 게 좋다. 소매점포의 입지우위를 활용, 자사·특화품목의 전문판매점에서 타사·관련품목으로 라인업을 확대하는 방안이 유력하다. 단일채널을 보유한 점포소매는 다양한 형태의 추가채널 확보가 상식으로 떠오른다. '제조→판매'의 이분법은 설명력을 잃었기 때문이다. 본업의 경쟁력에 외부의 전략제휴로 팔리기 위한 다각·세분화된 유통전략이 절실하다.

가령 가전소매의 제왕인 요도바시(Yodobashi)와 빅카메라(Big Camera)는 그간 고집했던 가전양판시스템의 전략을 수정했다. 이른바 '탈(脫)가전'의 선언이다. 실제 시장축소와 고객이탈이 본격화되면서 가전소매시장은 2017년 7조700억엔에서 2019년 4조3,080억엔까지 하락할 것으로 예상되는 상황이다. 온라인 등 소매유통의 무한경쟁 속에서 본원적인 점포입지와 고객의 다양한 구매욕구를 뒤섞어 차별화된 판매전략 수립이 불가피해졌다. 이로써 주류, 완구류, 자전거, 골프용품 등까지 팔리는 건 모두 진열하겠다는 식으로 전략을 바꿨다. 그간의 특화제품

---

17 딜로이트 소매업 전망자료(세계의 소매업 랭킹 2018, 소매업의 변용과 재활성에의 길)

을 둘러싼 박리다매의 포기다.

일부점포는 전자제품보다 이종업종의 제품진열에 더 많은 공간을 활용한다. 점포얼굴인 1층에 과자, 의약품을 전시하는 파격도 채택된다. 빅카메라는 일부점포의 전자제품 판매를 포기하고 완구, 주류 등 이업종상품의 전문판매점으로 변신했다. 가전양판에서 전문점의 집합공간체를 지향하는 신전략이다. 2017년 한 점포^(게이오조후점) 1층에 200대의 자전거를 진열한 게 대표적이다. 과거였다면 스마트폰·초박형 TV 등 양판점의 간판상품이 있을 자리였다.[18]

유통에서 제조·서비스화로 돌아선 편의점

업종파괴에 적극적인 소매점포는 편의점이다. 유통혁신의 선두주자답게 편의점은 포화논쟁에도 불구, 점포숫자가 증가세다. 2018년 5만 8,000개를 돌파했다. 한쪽에선 폐점하되 다른 곳에선 신규개점이 동시다발로 발생한다. 핵심전략은 인구변화에서 확인한 타깃고객의 명확화·집중화다. 서비스업의 확대와 맞벌이 증가에 힘입은 여성구매력에 주목한 특화상품의 출시가 한 예다. 샐러드·파스타·디저트 등 여성고객이 좋아할 만한 제품출시에 집중·성공했다. 고령자 지갑도 놓칠 수 없는 황금알로 인식되며 소포장 반찬 등을 강화한다.

인구변화 속 상권 내 잠재고객의 구성변화가 야기한 편의점의 고객

---

18 每日新聞, '家電量販店 : 「脱家電」酒や自転車, リフォームも', 2018.09.04.

맞춤형 상품진열·판매전략은 일반적이다. 동일 브랜드인데도 점포별로 상품진열이 차별적으로 진행된다. 편의점 3사 모두 상품진열의 결정권을 점포경영자에게 위탁해 고객요구에 맞춰 다양한 상품·서비스를 도입한 결과다. 점포 입지가 도심·지방은 물론 주택가·오피스가·대학가 등에 위치하느냐에 따라 주력판매품은 상당히 차별화된다. PB상품 확대전략도 신고객을 위한 신시장의 고민결과다. '유통의 제조화'와 '유통의 서비스화'가 폭넓게 반영된다. 제조메이커와 공동개발은 물론 자체개발로 전국구(NB)상품보다 저가실현이 가능하고, 상품브랜딩으로 가치창출이 용이해서다. 결국 상품개발·제조·판매 등의 일관지배가 실현된다.

예를 보자. 패밀리마트는 2018년 24시간 피트니스센터 병설점포(Fit &Go)를 개점했다. 이는 유통업의 서비스업 진출사례로 평가된다. 편의점처럼 편한 곳에서 손쉽게 운동하자는 취지다. 월 7,900엔이면 24시간 365일 운동할 수 있다. 운동전후 필요한 아이템만이 아니라 음료 등도 구비·판매한다. 전용앱만이 아니라 강사옵션도 제공해 맞춤형 운동이 가능하다. 주간에는 1명의 트레이너를 배치하고 야간에는 매뉴얼대로 운동한다. 2층이 없는 교외점포엔 주차장 등 별도공간을 만들어 집객효과를 극대화한다. 이탈추세가 심상찮은 20~40대의 운동수요가 결국 고객확대로 연결될 걸 기대한다.

세븐일레븐은 자전거 공유모델(HELLO CYCLING)로 신사업 출사표를 던졌다. 2017년 소프트뱅크와 협업한 자전거 대여·반납 주차장을 편

의점에 설치한 것이다. 앱으로 검색하면 자전거의 이용예약·결제까지
한 번에 가능하다. 15분 60엔이며 자전거에 GPS기능을 탑재해 어디
서든 쓸 수 있고, 쿠폰을 배포해 매출로도 연결시킨다. 직접적인 매출
증진만 아니라 환경보호, 지역활성, 건강증진 등의 가치창출도 강조
한다. 공유자전거 거점점포의 내방객은 평균 2% 증가했다.

　로손은 간병수요에 주목했다. 전문업체와 제휴, 간병상담이 가능한
케어거점병설점포(케어로손)의 승부수다. 2015년 오픈 이래 30개 이상
으로 확대 중이다. 인구변화에 맞춘 차세대 BM후보로서의 간병편의
점이다. 지역주민의 교류장소로 살롱공간을 설치해 자연스레 간병수
요를 자극한다. 간병식·간병용품 등에 특화된 진열전략도 관심사다.
중간평가에 따르면 지자체 등 기존창구의 높은 행정문턱과 달리 물건
사듯 간단하게 들를 수 있어 효과가 좋고, 동네사랑방처럼 여겨져 이
벤트 개최 등에도 유리한 것으로 확인되고 있다.[19]

19　전영수, '매출 꺾인 日편의점, 생존 해법 찾기 안간힘', 한경비즈니스, 2018.08.14.

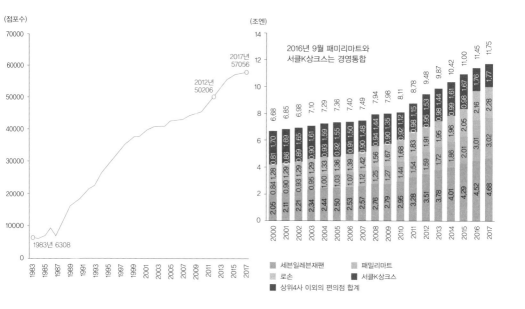

〈그림〉 소매점포의 탈유통을 통한 편의점의 성장세(점포수 및 매출액)

- 자료: Garbagenews

무의미해진 '온라인 vs 오프라인'의 채널구분

소매점포 등 유통공간의 영역파괴·신규진출을 가속화하는 주역은 뭐니 뭐니 해도 온라인의 출현이다. 일본소비자의 경우 상품검색 때의 최초방문 사이트는 아마존(54%)이 압도적이다. 적어도 월 1회는 휴대 전화·스마트폰으로 산다는 응답(29%)도 상당하다. 모바일사이트는 사용하기 어렵다(22%)보다 높다.[20] 결국 선택지가 풍부한 시대일수록 소매업의 시련은 상당해진다. 풍부함과 편리성에 더해 가치요구가 비약적으로 증대한 결과다. 급속한 기술혁신은 소매업엔 역풍일 수밖에 없다. 미래소비는 '온라인 vs 오프라인'의 채널구분을 거부한다.

구입 이전의 검색부터 실제구입까지의 과정도 유동적이다. 온라인과 오프라인을 오가는 게 보통이다. 디지털요소가 관여한 구매매출액은 실제점포 매출액의 2016년(56%)를 차지해 2013년(36%)보다 증가했다(딜로이트·2016년). 인터넷·휴대폰·점포방문 등의 겸용이 점포방문보다 배 이상 돈을 지출한다는 의미다. 까다로워진 최종구매 결정인 셈이다. 따라서 모든 채널의 적절·포괄적인 계획과 전략수립이 요구된다. 세계유수의 소매업계가 온라인·디지털에 거액투자를 단행하는 이유다.

일본상황에서 업종파괴의 전원경쟁은 갈수록 확대될 전망이다. 따라서 성공을 위한 변화 키워드인 혁신(Innovation), 협동(Collabaration), 통합(Consolidation), 합병(Integartion), 자동화(Automation)를 고려하는 게 좋다.[21] 이들 키워드는 소매업 비즈니스에 지대한 영향을 미칠 변수다. 즉 업계기준의 변화로 새로운 패러다임을 제안해야 할 상황이다. 그간

---

20 PWC Japan(2017), '不確実な未来への対応, 小売業に必要な10つの投資分野(2017 Total Retail Survey)', pp.3-7

21 https://www.pwc.com/jp/ja/knowledge/thoughtleadership/total-retail-2017/key-findings.html(검색일: 2018.09.23.)

소매업은 창조적 파괴로 세계에서 가장 민첩성이 높게 급성장해왔다. 이젠 단기적인 수익획득보다 고객·매출성장, 소매시장에서의 우위성 등을 우선하는 새로운 업계기준의 출현이 불가피해졌기 때문이다.

이게 채널변화의 본격화로 나타난다. 방치·무시하면 생존은 어렵다. 경이적인 속도로 Real에서 Online으로, 제품에서 서비스로의 소비지출이 증가하는 추세다. 미국만 해도 2017년 점포폐쇄가 과거최대치 (6,885개점)를 기록했다는 건 유의미한 시장변화다. 고객을 잃어버린 점포는 무의미하다. 세계 어느 나라보다 급격한 인구변화를 겪는 중인 한국의 유통채널은 더더욱 발 빠른 혁신대응이 필수다. 창조적 파괴를 원한다면 유례없이 빠른 속도와 넓은 범위의 접근만이 필요할 뿐이다.

제조·유통·서비스의 무한경쟁은 미래시장의 주요흐름이다. 한층 가속화될 게 명약관화다. 한국의 경우 신흥개도국의 제조기반 격차 추격도 고민거리다. IT의 발전과 맞물려 제조업에의 진입허들이 낮아질 뿐더러 최근엔 하이테크 제품조차 단기간에 범용화되는 게 현실이다. 와중에 제품·서비스자체의 가치보다 접촉단계별 사용가치·경험가치를 중시하는 풍조도 가속화된다. IoT 보급 등 제조업의 경쟁축이 제조·판매에서 제품매개의 고객가치 제공전반으로 확산될 수밖에 없다.

제조업이 디지털데이터를 활용해 고객 니즈를 파악하고 하드·소프트 서비스를 결합시킨 신고객의 요구과제에 응하는 건 자연스럽다. 이렇게 되면 제조업의 서비스화는 한층 심화된다. 독일의 Industry4.0, 일본의 Society5.0도 디지털화에 따른 제조과정의 최적화(효율개선)만 아니라 스마트서비스를 통한 새로운 사업모델 창출전략일 수밖에 없다. 경쟁력 유지를 위해서도 향(向)서비스는 대세다.

얻어질 건 많다. △가격경쟁으로부터 회피(범용재로의 가치하락 대책으로서 유효) △진입장벽이 높음(독자의 조직능력을 가미한 모방곤란성에 따라 지속적인 경쟁 우위) △경기변동의 영향이 적음(제품으로부터의 파생서비스가 사업모델이라 평준화) △서비스 제공에 따른 인재육성 효과(고객욕구의 누적분석으로 손쉬운 인적자원 개발) 등[22]이 대표적이다.

---

22 東レ経営研究所, '2018年の日本産業を読み解く10のキーワード', 2018.01.02., pp.13-32. 업종 파괴와 구성혁신은 새로운 유통변혁을 주도하며 향후의 산업구조를 바꿀 것으로 기대된다. 미래시장 의 산업은 제조(유통)업의 서비스화, 사람과 로봇/AI의 협동, Leapfrog/Reverse Innovation, EV(전기 자동차) Shift, 모빌리티혁명, 인생 100세 시대 신시장, ESG투자/SDGs, Bio Economy, 블록체인, 대 기업과 스타트업의 연대로 이해된다.

제9장

원스톱의 '즉시해결'만 살아남는다!

변화는 연결된다. 하나가 변하면 다음은 바뀐다. 마치 연쇄사슬처럼 꼬리에 꼬리를 물며 후속파장을 초래한다. 조금씩 반복·누적된 확대 재생산되지만, 결론에 다다르면 내용은 엄청나게 달라진다. 처음과 끝만 보니 연결되지 않을 뿐 앞단·뒷단에선 뚜렷·명확한 인과·상관성이 확인된다. 조금씩이되 연결해보는 게 중요한 이유다.

느닷없는 변화란 없다. 일찍이 예고되고, 충분히 인지된다. 즉 미래는 희미하나마 읽혀진다. 작은 연결변화만 잘 챙겨도 끝을 추정하기란 어렵잖다. 수많은 현실단위의 변화파편을 연결해 필요한 완성스토리로 전환하면 된다. 현실 없는 미래란 없다. 지금과 연결 안 되는 앞날도 없다. 작은 변화이되 큰 의미를 지닌 현재가 갖는 의미다.

변화가 묵직할수록 후속파장은 넓고 깊다. 촘촘히 결합된 초연결사회일수록 더 그렇다. 강조컨대 그래서 인구변화는 반드시 정복해야 할 시대과제다. '인구변화→고객변화→시장변화→사업변화'에 동의한다면 신고객이 만들어낼 신시장의 이모저모는 그만큼 중요하다. 올라타면 혁신이고 제외되면 도태된다. 따라서 '신고객→신시장→신사업'의 흐름처럼 새롭게 펼쳐질 시장풍경의 분석·이해는 필히 주지·대응해야 할 기업과제다.

또 신시장은 쌍방향이다. 신고객이 신시장을 낳는 반면 신시장이 신고객을 끌어당긴다. 되도록이면 '신시장의 선점→신고객의 흡수'가 좋다. 시장선점용 길목 지키기다. 새로운 시장은 이미 오픈됐다. 긴가민가 싶지만, 물밑에선 거대변화가 일상사다. 보이고 아는 건 빙산의 일각일지 모르겠으나, 수면 아래엔 지각변동을 일으킬 시장재편이 한창이다.

쉽고, 편하고, 싼 '즉시해결'의 신시장

'신고객→신시장'의 연결은 자연스럽다. 고객이 달라졌는데 시장이 그대로일 수는 없다. 모든 게 그대로인데 덜 팔리고 안 팔리면 고객변심이 한몫했기 때문이다. 연령소비가 뚜렷한 구매현장은 충분히 체감하는 시대변화다. 기존고객부터 보자. 기존고객은 연령변화로 늙어간다. 예전엔 단골이었어도 필요한 게 달라지니 이탈은 당연하다. 새로운 구매패턴까지 확산된다. 동네골목에서 사던 걸 인터넷·휴대폰으로 손쉽고 편하게 살 수 있어서다. 정(情) 때문에 사줬어도 더는 아니다.

바통을 받아 신규고객으로 와줘야 할 잠재인구는 더 배타·계획적이다. 숫자자체가 확실히 줄었고, 기존방식의 소비패턴은 더더욱 낯설어한다. 클릭 한번이면 모든 걸 최고의 가성·가심비로 산다는 걸 어렸을 때부터 익힌 소비집단답게 번거롭고 귀찮고 싸지도 않는데 시간까지 걸리는 건 싫어한다. 공통점은 쉽고, 편하고, 싸다는 걸 전제로 기다리지 않는 순식간의 욕구실현을 좋아한다는 점이다. 서비스는 최상·최고여야 할뿐더러 자신만을 위한 차별적 존재감도 확인받기를 원한다.

이로써 만들어질 신시장 키워드가 바로 '즉시해결'이다. 시장·기업이 만든 단계·영역별 구분된 전통적인 유통채널을 따랐던 예전고객은 줄어들 수밖에 없다. 만들면 팔리는 시대는 벌써 지나갔다. 신고객은 연령불문 복잡한 건 싫고, 시간마저 걸리는 번거로운 구매 패턴은 온몸으로 거부한다. 웬만하면 한 자리에서 최단기간에 관련된 전체공정을 단번에 처리해주는 새로운 소비 트렌드를 지향한다. 손품·발품을 팔아 이곳저곳 기웃거릴 시간 여유도 없을뿐더러 있어도 차라리 체감효용이 더 높은 곳에 에너지를 쓰는 게 낫다는 인식변화도 늘어났다. 신고객이 만들어낸 새로운 선택과 집중의 소비 트렌드다.

동시에 신고객이 원하는 즉시해결은 전체업종의 무한경쟁을 뜻하는 업종파괴와 긴밀히 연결된다. 기존제품·서비스만으로는 신고객의 즉시해결형 소비욕구를 충족해줄 수 없을 뿐더러 제휴이든 진출이든 이종업종과의 합종연횡만이 원스톱 구매공간의 실현이 가능하다. 향후

소산소사(少産少死)의 인구패턴이 본격화되면 신고객의 전에 없던 소비트렌드는 더 심화될 전망이다. 적게 태어나 오래 살수록 즉시해결 욕구는 확대될 수밖에 없어서다.

원스톱의 올인빌과 가정간편식의 보편화

즉시해결의 신시장은 최근 빠르게 확산된다. '홈어라운드소비'나 '올인빌(All-in-Vill)'로 불리는 대규모 복합주거단지가 대표적이다. 인구변화·가족해체 등으로 거주공간의 주변소비가 증대되면서 접근·편의성을 선호하는 라이프스타일이 안착된 결과다. 핵심은 주거단위에서 생활의 모든 것을 해결하려는 욕구다. 주거공간의 60%가 아파트인 한국 특성상 생활공간에서의 원스톱 욕구수요와 배치공급은 강화될 전망이다. 실제 2016년 송파구 파크하비오, 2017년 용산구 래미안용산더센트럴, 2019년 해운대 엘시티 등이 거주공간에 오피스텔·판매시설·업무시설은 물론 호텔·영화관·찜질방·슈퍼마켓 등을 완비해 즉시해결형 신고객을 포섭했다. 직주근접과 워라밸을 추구하는 달라진 욕구발현과의 연결사례다.[1]

호텔과 쇼핑의 두 가지 소비욕구를 한번에 풀 수도 있다. 작은 사치를 실현하려는 휴가트렌드로 부각된 호캉스만으로는 좀 부족하다. 쇼핑은 물론 영화·카페·외식 등이 한번에 공급되는 복합유통이 동반될

---

1 쿠키뉴스, '홈 어라운드 소비트렌드, 원스톱 복합단지 인기견인', 2019.04.30.

때 호캉스의 만족도는 높아진다. 도보공간에 이들 편의시설을 두루 갖춘 콘래드호텔, 롯데호텔월드, 인터컨티넨탈호텔 등이 휴가철 휴식·유희를 번거롭지 않게 그 자리에서 해결하는 소비욕구에 제격인 장소로 떠오른 배경이다.[2] 인테리어와 가전의 원스톱 쇼핑실현을 내건 사례도 있다. 업종파괴이자 즉시해결의 공통사례다. LG전자가 베스트샵에 숍인숍 형태로 LG하우시스의 지인매장을 입점시킨 경우다. 단순한 교체수요는 물론 리모델링까지 감안해 한곳에서 통합솔루션을 실현한다는 포부다.[3]

자본시장통합법으로 영역구분을 없앤 금융서비스의 즉시해결 환경도 개선됐다. 복잡하고 어려운 금융정보·관련서비스를 원스톱으로 통합·제공하려는 환경이 조성된 셈이다. KB금융그룹이 4개 계열사의 신용대출 상품한도·금리정보를 한번에 확인할 수 있는 대출플랫폼을 2019년 내놨다. 별도서류 없이 대출조건·금액확인은 물론 대출실행까지 가능해 단순하고 간소화한 절차를 원하는 신고객의 욕구에 부응했다.[4] 단순송금에서 계좌연결·카드조회·보험비교·대출·투자정보는 물론 부동산·여행 등 금융이 필요한 생활전반을 아우르는 포괄적인 즉각서비스로 인기를 모은 토스도 원스톱 해결욕구에 주목해 성공

---

2 조선일보, '호캉스와 몰캉스를 한 번에! 쇼핑하기 좋은 곳에 위치한 국내호텔 10곳', 2019.07.8.

3 디지털타임스, '인테리어 + 가전, 원스톱 쇼핑하세요', 2019.08.06.

4 한국경제신문, 'KB금융, 4개 계열사 원스톱 통합 대출 서비스', 2019.07.01.

한 경우다.

즉시해결은 중식(中食)시장과도 연결된다. 한 끼를 쉽고 편하게 해결하려는 수요와 일치한다. 가정간편식(HMR)이 식품업계의 성장을 이끌 핫이슈로 부각된 건 이런 신고객의 즉시해결형 식사욕구를 맞췄기 때문이다. 제품군이 다양해지고 건강식까지 가세하면서 연령불문 간편식이 대세로 떠올랐다. 2015년 1조7,000억원에서 2019년 4조원에 육박할 정도로 성장세가 가파른 배경이다.[5] 나를 위한 시간·투자를 위해 간편식이야말로 최적조건을 갖췄다. 편의점 도시락도 가세해 신시장을 뜨겁게 달군다.

번거로운 결혼·장례수요까지 즉각해결 각광

즉시해결은 귀찮음의 해소와 연결된다. 갖고 싶은데 시간·노력을 들이는 게 귀찮고 번거롭다면 누군가 이를 대신해주는 것도 즉시해결에 속한다. 가사대행서비스(DMM Okan)를 매칭해주는 DMM.com(오쿠야

---

5 헤럴드경제. '연평균 20.7% 급성장…HMR 국민 식문화로 확산'. 2019.07.01. 국내 HMR 시장은 크게 네 가지 국면으로 진화했다. 'HMR 1세대(1980년대~2000년대 초반)'는 레토르트 식품(3분 카레) 위주로 2000년 초반 즉석밥이 등장했다. 오뚜기와 CJ제일제당이 시장을 이끌었다. 'HMR 2세대(2000년 초반~2013년)'는 냉동식품 위주의 냉장면·죽이 등장하고 CJ비비고, 풀무원, 아워홈이 냉동 만두 신제품을 대거 선보였다. 'HMR 3세대(2013년~2014년)'엔 집밥을 대체하기 시작하며 냉동밥·컵밥, 탕·국·찌개 등 한식류 HMR이 늘어났다. 이마트는 자체브랜드(PB) 피코크를 론칭했다. 'HMR 4세대(2015년 이후)'는 스마트 푸드시대로 한식을 넘어 중식, 동남아, 양식부터 분식·안주류까지 HMR 카테고리가 확장됐다. CJ 고메, 대상 안주야, 동원F&B, 한국야쿠르트, 롯데마트 요리하다 등이 제품을 내놓고 있다.

대한민국 인구·소비의 미래

쿠)은 청소·정리에 익숙잖은 고객과 가사숙련자를 연결시켜준다. 90분 3,600엔의 요금으로 8개 청소작업을 대행한다.

퍼즐맞추기인 직소퍼즐대행업도 있다. 유키피노퍼즐대행은 대행료로 조각당 1~1.5엔으로 퍼즐을 완성해준다. 2~3시간 걸리는 1,000조각이면 1,000~1,500엔대다. 완성품을 받아 걸어두는 것만으로 좋다는 즉시수요 탓이다. 프라모델 제작대행의뢰로 완성본만 받겠다는 트렌드와 비슷하다. 프라모델 완성본 거래는 월 약 5,000만엔 시장으로 컸다. 게중엔 정교하게 도장한 고가의 제작의뢰도 있지만, 단순조립도 많다.

롤게임의 등급상향 의뢰도 적잖다. 숙련대행을 의뢰하면 기술자를 찾아주는 란사즈는 2008년 개업 이래 193만건의 의뢰건수를 기록했다(총액 2,019억엔·2018년4월말). 게임마저 전문가에게 부탁하는 조류는 '즐거움 〈 귀찮음'의 욕구변화 탓이다. 좋아서 걸고 싶어도 만드는 게 귀찮고, 모험·도전하고 싶어도 패배·좌절은 싫고 귀찮다. 즐거운 건 좋은데 귀찮은 건 싫다는 본말전도의 신시장인 셈이다.[6]

귀찮음만 없애면 지갑을 열겠다는 신고객의 등장은 낯설다. 이젠 관혼상제까지 왔다. 와타베웨딩은 해외판 드라이브스루결혼을 사업모델로 내걸었다. 결혼을 허들로 여기지만, 안할 수는 없다는 틈새를 공략한 결과다. 일례로 신랑신부가 라스베이거스공항에 도착 후 예복으로

---

6 전영수, '귀찮음의 대안으로 성장하는 일본 공유 시장', 한경비즈니스, 2019.06.26.

갈아입고 웨딩카를 탄 채 결혼식장 출입구로 진입한다. 대기한 목사·통역과 함께 차에서 결혼선서·반지교환 후 결혼증명서를 받으면 식은 끝난다. 핵심목적은 지역관광이지만, 귀찮은 결혼까지 겸한다는 점에서 매년 10%씩 이용객이 증가세다.

장례업체(리퀘스트아이)는 2019년 새로운 장례스타일로 드라이브스루장례를 시작했다. 조문객은 승차한 채 주차장에 들어간 후 접수창구에 손을 뻗쳐 태블릿 방명록에 이름·금액을 기입, 직원에게 봉투를 전달하면 식이다. 이후 전열식 향을 올리는 순서다. 일련의 흐름은 카메라로 녹화돼 식장내부의 유족에 예를 올린 다음 개폐보턴을 누른 후 귀가하면 끝이다. 체제시간은 단 2~3분이다. 시행초기지만 예상과 달리 실시사례는 물론 문의가 증가세다. 비판이 거셀 듯해도 의외로 다수가 필요성에 동의하는 게 현실이다. 장례조문의 경우 2시간 소요시간을 2~3분으로, 결혼축하는 하루 종일에서 10분으로 단축시켜준다. 원래는 이동제한이 많은 고령자의 예식참가를 지원하고자 고안됐지만, 바쁜 현역세대의 심중도 관통했다. 특이한 건 생전에 조문객에게 불편을 주지 않으려 미리 이 방식을 고집하는 예비당사자의 증가세다. 가족·친지는 반대해도 정작 본인의 간곡한 바람이면 거부하기도 힘든 법이다.

관혼상제뿐 아니라 오락마저 시간단축을 위한 즉시해결은 대세다. 가령 읽는 데 시간이 걸리는 종이소설보다 인터넷소설이 인기다. 기존 연재소설은 편당 4,000~1만 글자지만, 인터넷소설은 1,000자면 충분하다. 출퇴근에 1~2편은 가볍게 읽는다. 장시간 무거운 책을 들고 다니는 귀찮음을 해결하는 전용사이트는 증가세다. 편당 1,000자 전후의 투고소설만 모은 사이트(히나프로젝트)는 2004년 개설 이래 게제작품 56만건에 액세스수 1억5,000만회를 기록했다. 드라마도 마찬가지다. 아마존(프라임비디오)과 넷플릭스(15분 드라마) 등 동영상송출회사는 회당 시간을 대폭 줄인 프로그램을 늘렸다.

운동에도 즉시해결은 통한다. 피트니스센터(X BODY Lab)는 20분이면 집중적인 근육운동이 가능한 시스템을 갖췄다. 틈새시간임에도 장시간의 운동효과를 제공하는 차원이다. 유산소운동을 포함한 근육운동은 주 2회에 회당 2~3시간이 필요한데 이를 시간단축·효과유지의 마법장치로 줄여냈다. 근육을 전기로 자극하는 특수한 슈트가 그렇다. 특수장치를 24곳에 내장한 슈트를 통해 20분 운동만으로 운동효과를 극대화해준다.[7]

모바일공간은 원스톱 쇼핑실현 각축장

즉시해결을 위한 원스톱 공급체인은 기존채널에는 위협적인 존재다. 변화 없는 대형할인점의 상황유지는 그만큼 힘들어진다. 표준가족 및 자동차의 보급확대가 대형할인점의 활로를 열어줬다면 모바일쇼핑의 생활안착은 그저 그런 대형할인점의 목줄을 죌 전망이다. 신고

---

7 전영수, '신인류의 소비법 승차조문, 개인축구', 신용사회, 2019년 7월호. 개별사례는 이 원고에서 일부 발췌·정리한 것임.

객의 생활동선은 변했다. 1대의 자동차에 여성면허보유율이 낮을 때는 주말·대량의 종합유통업에서 원스톱 쇼핑이 통했지만, 더는 아니다. 가격경쟁력·특화서비스를 갖춘 전문체인점과 여성·고령운전이 많아지면 그만큼 자유도가 증가한 새로운 구매결정이 현실화된다.

당장 위협적인 게 모바일쇼핑의 출현이다. 클릭 한번으로 저가·편리·신속배달이 전제되는 쇼핑실현은 인구의 양적·질적변화와 맞물려 강력한 유통채널로 등장했다. 미래시장형 원스톱 쇼핑공간의 실현이다. 예외가 있다면 차별화된 근접성을 내세운 편의점밖에 없어 보인다. 결과로서 EC(Electronic Commerce, 전자상거래)시장이 일본에선 급성장 중이다. 2016년 소비자대상 EC시장은 15조1,360억엔(전년대비 9.9% 증가에 달한다(경제산업성).[8] 2005년 이후 연율 14%의 성장률을 기록하고 있다.

〈그림〉 소비자 대상 EC시장의 규모추이

(십억엔)

— 자료: 経済産業省(2016), '電子商取引に関する市場調査', p.4

8 経済産業省(2016), '電子商取引に関する市場調査', p.4

즉시해결의 신시장을 선도하는 상징기업은 아마존이다. 한국은 예외지만, 전세계는 이미 아마존의 즉시해결적 플랫폼이 유통시장을 장악했다. '아마존효과'란 타이틀로 EC시장의 아마존 벤치마킹도 본격적이다. 전체산업의 지각변동을 불러오는 새로운 경쟁 룰의 대두로서 플랫폼간의 패권경쟁이다. 플랫폼사업은 이용자가 늘면 늘수록 플랫폼의 이용가치는 향상된다. 새로운 이용자가 늘어나는 특징을 갖는다. 이른바 네트워크효과 혹은 네트워크의 외부성이다. 플랫폼 참가자간에 커뮤니티가 형성되면 참가자의 증가는 물론 활동을 비약적으로 확장하는 데이트가 산출된다. 플랫폼 제공자는 이를 축적해 집적·분해함으로써 참가자에게 새로운 유익한 만족을 제공한다.

이를 통해 새로운 서비스는 더 정밀하게 제공된다. 성장이 성장을 부르는 호순환의 실현무대다. 2016년 기준 일본의 소매각사가 거둔 수익증가비(2015년 대비)를 보면 왜 유통각사가 아마존을 벤치마킹하는지 단적으로 드러난다. 플랫폼 구축을 통한 원스톱 쇼핑의 편리성과 합리성은 나날이 강조된다. 플랫폼(EC사업) 비중증대는 판매채널의 공급증대를 뜻한다. 물리적인 제품의 인도장소로서 점포가치보다는 제품 그 자체의 가치가 더 중요해진다는 얘기다. 따라서 상품개발은 플랫폼 차원에서 그 연결고리를 염두에 두는 게 바람직하다. 마케팅 플랫폼의 제안이다.

〈그림〉 일본의 주요 소매업체와 아마존의 수익증가비 비교

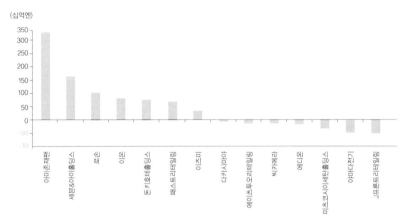

― 자료: 野村證券エクイティ・リサーチ部(2018), p.8

아마존에 맞서는 편의점의 EC시장 공략법

원스톱의 즉시해결은 모바일이 절대 우위지만 늘 그런 것은 아니다. 가령 편의점은 모바일의 틈새공략이 가능하다. 역설적으로 EC시장의 상대진영인 편의점은 그만큼 전략적인 대안모색에 적극적이다. 전체적으로는 경합보다 보완차원에서 접근함으로써 즉시해결의 수요확보가 가능해서다. '세븐일레븐 vs 아마존'의 대결양상을 정리하면 편의점의 안정적인 성장세도 아마존과 비교할 때 편리성 시장을 대상으로 서로의 경합관계라기보다는 보완관계로 해석된다. 접근방식에선 극단적인 차별화를 보이지만, 직접적인 경합관계는 지양된다. 특징과 역할이 달라서다.

따라서 EC시장에 취약할 수밖에 없는 편의점 등 소매점포는 차별

적 접근이 요구된다. 경쟁상 우위의 경영자원을 적극 활용하는 방식이다. 세븐일레븐은 △압도적인 고객접점(2만 점포와 점포당 1,100명의 고객보유, 연간 구매고객 80억명) △즉석식품을 중심으로 한 경쟁력 높은 생산·물류 네트워크(181개 거점에서 생산) △상권과 구매동기가 다른 복수업태의 점포 네트워크(세븐아이홀딩스 산하의 이토요카도 등) 등 3가지[9]의 비교우위에 주목해 특화지점을 창출하는 게 좋다.

편의점만이 아니다. 오프라인 실제점포라면 독창·강력한 고객체험을 통한 소비욕구의 즉각실현이 중요하다. 온라인의 편리성과 방대한 제품보유 등과 경쟁하자면 뛰어난 고객체험 및 브랜드전략(Brand Engagement)이 불가피하다. 엄선된 제품진열과 즐겁게 흥분시키는 점포분위기, 인터넷에는 없는 집사서비스, 쌍방향 접객대응의 맞춤식 연결소비 제안 등이 그렇다. 어차피 모바일에는 사람이 없고, 쇼룸이 없으며, 안전·신뢰는 확인하기 어렵기 때문이다.[10] 오프라인이 지닌 장점의 극대화다.

---

9 野村證券エクイティ・リサーチ部(2018), '小売業 : プラットフォームへの進化を探る', pp.1-29

10 https://www.pwc.com/jp/ja/knowledge/thoughtleadership/total-retail-2017/key-findings. html(검색일: 2018.09.23.) 소매유통의 향후 10대 투자분야로 모바일사이트, 인재, 빅데이터분석, 아마존전략, 브랜드스토리의 창조, 안전한 플랫폼, 충성고객(Loyal Customer), 쇼룸, 신뢰성, 건강/Wellness 등의 10가지가 제안된다.

<table>
<tr><td colspan="3" align="center">〈표〉 편의점과 아마존의 특화전략 비교</td></tr>
<tr><th>항목</th><th>편의점</th><th>아마존</th></tr>
<tr><td>상권설정</td><td>소상권. 지역내 소형점포 다수전개</td><td>대상권. 일본전체. 초월적 세계상권</td></tr>
<tr><td>판매제품</td><td>2,000개 정도</td><td>수억개</td></tr>
<tr><td>물건품질</td><td>3온도대. 즉식성 높은 패스트푸드 중심</td><td>상온공업제품중심. 초저회전상품도 포함</td></tr>
<tr><td>유통역점</td><td>소규모센터의 다수배치.
다수의 소규모점포에의 다발적 납품</td><td>대규모 범용센터의 배치. 전체 최적지향</td></tr>
<tr><td>편리성의 정의</td><td>식생활의 문제해결 제공</td><td>구매과정의 혁신. 자택에서 완결</td></tr>
</table>

- 자료: 野村證券エクイティ・リサーチ部(2018), p.20

편리에 꽂힌 요즘어른의 편견타파 클릭소비

유튜브의 부각은 상상 그 이상이다. 새로운 채널답게 수용도가 높은 청년인구에 한정된다면 오해다. 이미 세대불문의 공통이슈로 부각된다. 50대의 사용시간(101억분)이 전체(388억분)의 26%를 차지했을 정도로 동영상은 물론 뉴스검색까지 유튜브를 통한 접근이 일반적이다.[11] TV가 충족해주지 못하는 관심정보를 언제 어디서든 손쉽게 끊어가며 필요량만큼 접근할 수 있는 즉시해결 덕분이다. 정확·신뢰성은 둘째 치고 상당한 영향력을 갖춘 매체로 등장했다. 중고령인구의 모바일 환경 노출과 기기활용의 경험증가 덕분이다.

이런 점에서 본다면 '중고령=기계치'는 수정대상이다. 베이비부머는 물론 기존 고령인구까지 모바일에 밝은 이들이 가세하며 새로운 소비 트렌드를 거든다. 일본보다 온라인 쇼핑환경이 비교우위에 있는 한국

---

11 동아일보, 'TV리모컨 놓고 유튜브 트는 5060', 2019.05.15.

으로서는 급속도·광범위한 즉시해결형 원스톱 쇼핑정착도 시간문제다. 일본보다 더 현격한 세대·연령불문의 현상이란 점에서 유통혁신의 계기일 수밖에 없다. 이들은 모바일이 제공하는 편리·저렴·신속한 욕구해결을 즐기며 편견에 도전한다. 일반적인 소매업 부가가치를 크게 △상품판매·구매공간으로서의 가치(판매환경, 입지, 서비스) △판매상품의 가치(가격, 품질, 진열)로 본다면 중고령인구까지 신고객으로 가세할 경우 전자의 가치제공이 강화될 수밖에 없다.[12] '중고령고객=모바일소비'의 등식 덕분이다.

유통환경을 지배하던 그간의 상식은 해묵은 편견으로 뒤바뀐다. 소비품목·구매채널의 연령조정을 뒷받침하는 변화는 구체적이다. 일본의 중고령고객은 새로운 어른세대답게 고정관념을 깬 소비패턴을 일찌감치 채택했다. 이로써 구매방식은 달라진다. 청년소비의 전유물이던 모바일쇼핑이 대표적인 사례. IT문맹을 벗어나 시대변화를 적극적으로 받아들인 요즘어른이 등장했기 때문이다.

여기에 현역시절부터 인터넷에 밝은 중년인구가 늙어가면서 IT에 친근한 요즘어른은 더 늘어난다. 스마트폰 때문에 6080세대의 인터넷 이용빈도·조작능력은 모두 향상되는 추세다. 스마트폰을 통한 인터

---

12 과거의 고령인구는 그들의 현역시절 표준적인 소비채널인 골목상권에 익숙해 대면·접촉적인 구매행위를 선호해왔다. 다만 골목상권의 붕괴이후 대형할인점 혹은 편의점 사이에서 구매난민으로 전락한 경위를 걸어왔다. 시대변화에 뒤처진데다 절대빈곤의 구매력 감소도 제한적인 소비행위로 연결됐다. 시니어마켓의 기대감이 현실단위에서 절망감으로 변질된 이유가 여기에 있다.

넷 이용은 2015~16년 50대$^{(55\% \to 64\%)}$는 물론 60대$^{(26\% \to 31\%)}$ 모두 확대된다. 60대$^{(76\%)}$, 70대$^{(54\%)}$, 80대$^{(23\%)}$ 등 전체적인 이용률도 상승세다(통신이용동향조사).[13] 새로운 어른집단의 인터넷채널을 활용한 쇼핑빈도가 늘어날 수 있음을 뒷받침한다. 평균수명의 연장흐름 속에 모바일·IT에 밝은 중년인구가 고령고객으로 가세하면 인터넷 소비환경은 보다 개선될 수밖에 없다. 일본은 2040년 전체인구 중 36%가 고령인구로 상당한 비중에 달한다.

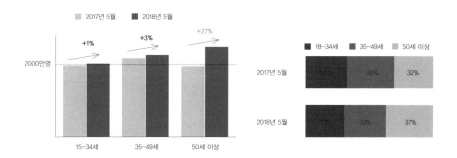

〈그림〉 연령대별 스마트폰 이용자 숫자 및 구성비

— 자료: ニールセン デジタル株式会社(2018)

---

13 ニールセン デジタル株式会社(2018), 'ニールセン 年代別のスマートフォン利用状況を発表'(검색일:2019.08.17.)

대한민국 인구·소비의 미래

커질 수밖에 없는 즉시해결의 모바일쇼핑

스마트폰은 연령불문 일상생활의 전부다. 압권은 달라진 요즘어른의 선호와 사용여부다. 2018년은 전년보다 5% 증가한 가운데 전체연령 중 스마트폰 이용자가 96%에 도달했다. 일등공신은 5060세대의 이용가세 덕분이다. 어른고객을 위한 맞춤상품이던 피처폰은 2013년 50%에서 2018년 4%까지 추락했다(정보통신네트워크산업협회·2018년). 반대로 50대 이상 스마트폰 이용자 규모는 2017~18년 27% 증가해 전체세대 중 37%를 점유할 정도로 늘어났다(닐슨저팬). 시간여유 덕에 하루 평균 사용시간도 3시간 14분으로 18~34세(3시간 23분)와 거의 차이가 없는 수준이다.

인터넷 쇼핑업체가 도전적인 출사표를 던지는 건 당연지사다. 기존 채널을 위협하는 수준의 적극적인 행보로 해석된다. 고령인구 위주로 막강한 충성고객을 지닌 편의점조차 실질적인 위협으로 이해한다. 저 가공세·배달편리에 힘입어 반복소비의 일상품을 모바일로 주문하며 즉시해결을 원하는 고령인구가 늘어나서다. 가상쇼핑의 저항감은 갈수록 감소하며 고령고객 특유의 오프라인 대면쇼핑 선호론도 설명력이 상실된다. 스마트폰 보유여부가 인터넷 쇼핑의 전제였다는 점에서 기업대응은 본격적이다. 소비시장의 절반을 장악한 시니어뿐만 아니라 중장년까지 계속 늙어간다는 점에서 신속한 유통채널의 체제정비·전략수정이 당면과제로 떠오르고 있다.

아직은 시장초기다. 즉시해결을 경험한 요즘어른은 일부이며, 온라인 이용도 정보취득이 더 많다. 온라인 쇼핑경험이 절대다수인 청년세대와 달리 상품·서비스 구매빈도는 60대 이상에서 40%에 그친다. 그래도 전망은 밝은 편이다. 값싸고 편한 온라인의 장점확산과 인터넷 친화적인 고객증가는 요즘어른의 욕구충족과 일치한다. 쇼핑난민의 염려해소를 위해서도 교통·이동권의 제약이 불가피해질 향후를 감안하면 인터넷·모바일 활용은 생존문제다.

정부도 거들 수밖에 없다. 방치하면 복지지출이되, 지원하면 시장창출의 일석이조가 가능하다. 일본정부의 지원은 증가세다. 한국도 벌써 고령사회에 진입했다. 2020년 1,700만 베이비부머(1955~75년생)가 65세에 진입하고 2030년엔 75세로 들어선다. 이들은 기본적으로 인터넷에 익숙하고 모바일쇼핑 등 IT를 이용한 소비능력·경험을 갖춰 새롭게 등장할 광범위한 가상채널을 선호할 확률이 높다. 2017년 한국의 스마트폰 보급률은 94%로 세계평균(70%·2016년)보다 월등히 높다.[14]

IT강국답게 5060세대의 모바일쇼핑은 증가세다. 2015~17년 50대 1인당 모바일 구매액은 78% 증가해 전체고객의 평균(42%)을 추월했다. 지금은 인터넷보다 전화주문 서비스[15]가 먹힐지 몰라도 이는 인터

---

14 이밖에도 세계 1위의 인터넷보급률을 비롯해 인터넷 사용률(96%), SNS 이용률(84%) 등도 압도적인 수준이다(나스미디어·2017). 이를 감안할 때 향후 중고령인구의 인터넷·모바일채널을 통한 즉시해결형 구매행위는 증가할 전망이다.

15 고령쇼핑의 편의를 위해 유통채널의 변화를 모색하는 기업도 있다. 중고령 눈높이에 맞춰 인터넷 대신 전화주문서비스를 채택해 문자·메신저로 MD추천 상품의 카탈로그를 정기발송하거나 전문상담원과의 연결을 실험하는 위메프가 대표적이다(2018).

대한민국 인구·소비의 미래

넷·모바일로의 전환 중에 발생하는 현상으로 향후엔 요즘어른의 클릭 소비가 일반화될 전망이다.

제10장

맞춤지향의 '충성효과'에 주목하라!

개미는 늘 열심이다. 개미와 맞설 만큼 성실한 존재는 생태계에 잘 없다. 억울한 건 베짱이다. 굳이 소환당해(?) 비난거리로 전락했다. 단 모든 개미가 열심히는 아니다. 잘 보면 20%만 일할 뿐 80%는 빈둥 댄다고 한다. 열심히 일하던 20%만 따로 빼내 모아둬도 마찬가지다. 20%만 일하고 80%는 논다. 반대로 빈둥대던 80%를 분리하면 어떨까. 놀랍게도 이중 20%는 언제 놀았냐든 듯 또 열심히 일한다. 이렇듯 개 미집단은 늘 균형이 유지된다고 한다. 강조하고픈 건 20%의 힘이다. 경제학에선 '파레토법칙'이라고도 한다. 20%의 고객이 80%의 매출을 일으킨다는 가설로 유명하다.

인구감소는 시대흐름이다. 웬만해선 막기 어려운 복잡한 상황논리 속에 2019년 사상최초로 자연감소(출산−사망)가 펼쳐진다. 여유롭게 보였던 2029년 예측시점은 어긋났다. 불과 3년여 만에 10년이나 앞당겨졌다.[1] 1명 이하로 급전직하한 최근의 출산율을 반영한 결과다. 분모가 급락했으니 수치하락은 당연지사다. 이대로면 2019년 출산율 ± 0.9명조차 안심할 수 없다. 그렇다면 인구감소는 더 가팔라진다. 한국이 쪼그라든다는 얘기다. 수요가 준다면 공급이 줄지 않기란 어렵다. 수출 등 예외는 있겠으나, 일부에 한정된다. '인구감소→고객감소→시장축소'의 우려다.

인구감소 속 매스시장의 실종

고객 감소를 이겨낼 방법은 쉽지 않다. 없어 못 팔던 호시절의 매스(Mass)시장은 꾸준히 공급된 매스적인 후속세대 덕에 가능했지만 지금은 아니다. 성숙사회답게 수축경제가 본격화된다. 숫자가 줄어든 신고객의 새로운 구매욕구를 자극하지 않는 한 뾰족한 방법이 없다. 그나마 꽤 어려운 과제다. 신고객의 소비인들 기존욕구에서 크게 벗어나진 않는다. 변형욕구이자 틈새수요에 가깝다. 버텨내자면 반복구매를 일으켜줄 충성고객의 확보·증대밖에 없다. 이때 일하는 20%의 개미관찰은 유효하다. 사라진 매스(80%)를 찾아 나서기보단 찾아준 고객(20%)을 끝까지 끌어안는 게 낫다.

---

1 발표시점을 기준으로 2016년 12월 발표한 장래인구추계 대비 2019년 3월의 장래인구특별추계를 비교한 결과임.

충성고객이 답이다. 인구감소의 거대파고를 이겨낼 유력한 방법 중 하나다. 불특정다수를 우연찮게 노리던 시대는 지나갔다. 저출산·고령화의 양적변화만큼 인식·가치·욕구·취향의 질적변화도 꽤 진행된 터라 예전처럼 획일·범주화된 고객은 갈수록 줄어든다. 뭘 사든 효용가치에 큰 상관이 없는 일부 재화만 빼면 대부분은 본인욕구에 가장 부합하는 것에만 지갑을 연다. 값이 나가거나 오래 쓰는 건 물론 특별한 경험가치를 안겨주는 지출항목이면 꼼꼼한 취사선택이 일반적이다. 달라진 신고객을 잡자면 이들이 원하는 지점을 정확히 짚어내는 게 필수다. 선호를 못 만들면 도태뿐이다.

충성고객이 만들 단골의 경제학

결국 신시장은 '적어진 고객의 다양한 욕구'로 정리된다. 그 출발은 대량생산·대량소비에 근거한 매스마케팅을 내려놓는 것에서 비롯된다. 질적인 인구변화를 보건대 소비시장에서의 차별적인 욕구발현은 당연지사다. 판박이처럼 제조·판매되던 범용적인 접근은 거부되고, 본인취향·소비가치를 극대화하는 차별적인 타깃·재화를 고집한다. 확실히 달라진 새로운 고객집단의 출현이다. 반대로 판을 키워 다 먹겠다는 규모경제·범위경제의 실현구상은 현실성이 낮다. 박리다매(薄利多賣)에 먹혀들 신고객은 생각보다 적다. 사라진 매스고객 대신 찾아준 충성고객의 속내를 읽는 게 먼저다.

요컨대 단골의 경제학이다. 단골고객은 만들기까진 어렵지만, 그

값어치를 해준다. 쉽게 배신하지 않고 반복구매를 결정한다. 본인을 알아준 만큼 지갑을 연다. 탄탄한 유대·신뢰감을 통해 지불용의(Willingness to Pay)로 무장됐다. 적은 숫자지만, 많은 매출을 일으켜줄 고마운 존재다. 잘 잡은 단골 한명이 열 손님을 불러오는 건 물론이다. 입소문의 힘이다. 자발적인 홍보대사로 예비단계 충성고객을 엮어낸다. 충성도는 높다. 더 높은 효용가치를 제공하는 새로운 경쟁상대가 없는 한 위험은 제한적이다. 고객도 마찬가지인 게 새로운 걸 찾는 건 귀찮고 힘들다. 한두 번일 때 만족하면 여러모로 재방문이 효율적이다. 탐색비용이 없는데다 심리만족까지 가능하다.

충성고객을 노린다면 입지전략은 무의미하다. 이런 점에서 충성시장은 자본력과도 큰 상관은 없다. 많으면 좋겠지만 없어도 가능하다. 성공사례는 '자본능력≠단골확보'를 뒷받침한다. 굳이 큰돈 들일 필요 없이 신고객이 원하는 진성욕구를 매인메뉴에 올리는 노력이면 충분하다. 개개별 선호·취향이 달라 힘들 수는 있지만, 맞춤형 감동서비스는 손쉽게 얻어지는 게 아니다. 관건은 고객만족이다. 새로운 경험, 새로운 가치, 새로운 만족이면 고객은 넘어온다. 매스마케팅이 정답일 수는 없다. 값비싼 일급지에 오픈해도 나가떨어지는 현실이다. 성공이유는 많아도 실패 이유는 하나다. 신고객의 외면이다. 모든 게 배달되는 시대에 스스로 찾아오게 만드는 뭔가가 필수다.

무명의 골목점포가 성공하는 이유

　일본영화를 보면 가끔 뜬금없는 점포가 나온다. 바닷가 절벽근처의 낡은 커피숍이 무대가 되는가 하면 주택가 뒷골목의 좁고 허름한 카페·술집에 사람이 붐빈다. 한때의 기억 속에 묻힘직한 문구점도 나오고 셔터 내리진 상점가에 꿋꿋이 불을 밝힌 식당도 있다. 산골오지에 손님을 끌어당긴 빵집도 적잖다. 영화적 설정으로만 볼 수 없는 게 실제 영업 중인 곳이 많다. 지도·약도로는 찾기 힘든 곳이지만, 폐업선언은 드물다. 하나같이 팬덤고객이 만들어낸 시대파괴적인 모습이다. 드라마 '심야식당'처럼 충만한 아날로그가 잃어버린 스토리를 재구성하며 충성파 단골고객을 만들어낸 덕분이다. 의외로 이들 신고객은 천천히, 충분히, 느긋이 즐기며 취향을 실현한다. 심야식당은 밥과 술을 파는 모델이 아닌 정(情)과 대화를 거래하는 공간으로 해석된다.

　『퇴사준비생의 도쿄』[2]란 책은 이런 역발상에 주목해 화제를 모았다. 개업·폐업이 일상다반사인 서울상권과 비교하면 이들 유명점포는 꽤 유효한 고민거리를 안겨준다. 왜 가게를 하는지 업(業)의 본질에 대한 고민과 함께 그 실현방법으로 기존의 사업모델을 재해석, 디테일로 차이를 만드는 필요를 알려준다. 핵심은 결국 팬덤 확보다. 무명의 골

2　이동진 외(2017), 『퇴사준비생의 도쿄: 여행에서 찾은 비즈니스 인사이트』, 더퀘스트. 책은 모두 27곳의 사례를 통해 고정관념과 상식을 깨고 승승장구 중인 점포영업을 소개한다. 대도심의 도쿄권역을 중심으로 하지만, 실은 도쿄뿐만 아니라 지방권역에 이런 숨은 명물점포가 더 많다. 도저히 고객이 없음직한 공간인데도 역발상의 가치실현과 차별적인 고객만족으로 명맥을 이어가는 경우다.

목점포가 성공하는 데는 설명하고도 넘칠 그럼직한 이유가 있다. 한 번 온 고객이 계속 찾도록 이유·가치를 끊임없이 제공해준다. 맛깔나는 설득적인 메뉴와 진정어린 소통, 고객과의 신뢰구축은 필수다. 원하는 콘텐츠·스토리를 안겨줄 때 고객은 찾아온다. 단골을 위해 핫플레이스의 기회조차 포기하는 결기는 기본이다. 물량·인원제한을 통해 의도적으로 북적거림을 거부함으로써 기존단골의 방문가치를 한층 높여주는 조치다.

한국도 낯선 접근은 아니다. 신고객을 위한 충성경쟁의 포성은 울린 지 오래다. 어차피 인구감소를 보건대 잠재고객은 줄어들 게 불을 보듯 뻔하니 한번 잡으면 오래 갈 충성시장을 장악하는 게 낫다는 판단에서다. 줄어든 고객과 적어진 수요를 충성고객의 로열티로 극복하자는 차원이다. 특히 후속세대라면 충성화를 통해 신고객의 라이프사이클 전체에 긴밀한 관계성을 유지할 수도 있다. 가령 신고객의 선두주자인 1980년대 이후 태어난 밀레니얼세대의 아빠를 보자. 저출산·맞벌이로 규정되는 이들 신고객 아빠는 젊었을 적 소비경험이 생애전체에 걸칠 유력후보다. 선배세대보다 가정경제의 구매참가율이 높아 아빠취향을 노린 재화일수록 반복구매가 기대된다.[3]

결국 소비에 밝은 밀레니얼 아빠는 소비를 모르는 베이비부머 아빠

---

3 https://h-media.jp/report/20181003/(검색일:2019.08.22.) 밀레니얼 아빠의 구매참가율은 증가세다. 식료·일용품 구매에 아빠가 정기적으로 참여하는지는 ±50세의 선배세대가 19.0%인데 비해 밀레니얼 아빠는 24.7%로 높다. 쇼핑동행률은 선배세대(28.2%)보다 더 높은 45.3%에 달한다.

와 다를 수밖에 없다. 더욱이 젊은 아빠그룹은 충성고객으로 제격인게 중고령으로 넘어가도 평균수명이 길고 안정된 생활일 확률이 높아 중년자녀의 소비스타일에 영향을 미칠 수 있다. 인생 2/3를 자녀를 가진 부모로 산다는 점에서 충성시장의 잠재력이 커진다.[4] 부모 취향이 중고령자녀의 소비지점과도 밀접하다는 애기다.

대우받는 맞춤고객용 회원제·멤버십

충성시장의 확보경쟁은 시작됐다. 단골확보를 위한 전에 없는 무한경쟁이 대표적이다. 전체참가의 업종파괴를 선도한 유통특화의 모바일 환경심화도 한몫했다. 모바일까지 무차별적인 무한경쟁에 뛰어들면서 충성고객의 선점확보는 필수불가결한 숙제로 떠올랐다.

대형 유통업체의 단골확보는 일상적이다. 이마트는 단골고객을 확실히 묶어두고자 VIP제도를 2019년 신설했다. 백화점이 VIP 문턱을 낮추자 대형할인점이 VIP 혜택을 신설하는 등 큰손고객을 위한 제도 개편에 나섰다. 자격을 얻으면 할인쿠폰은 물론 제휴처 할인권도 제공한다. 신세계백화점은 2017년 연 400만원 이상 구매고객에게 레드등급을 부여, VIP로 포섭함으로써 재미를 봤다. 2030세대 중심의 레드

---

4   https://adv.yomiuri.co.jp/ojo_archive/tokusyu/20130405/201304toku5.html(검색일:2019.08.26.)

고객이 전체매출의 30%를 기록한 덕이다.[5] 정도 차이는 있으되 사용금액 제한 허들을 낮춘 VIP제도는 충성고객을 끌어안으려는 유통업계의 보편적인 시도다.

당장 돈은 안 되지만, 단골확보를 위해 홈쇼핑도 최근 뜨거워진 신선식품의 새벽배송에 뛰어들었다.[6] 이커머스업계는 든든한 단골의 충성구매를 위해 돈을 받고 그만큼 차별화된 대접을 하겠다는 전략으로 경쟁한다.[7] 음식·음료·화장품 등 프랜차이즈는 멤버십마케팅으로 충성시장에 뛰어들었다.[8] 아직은 초기지만, 블록체인 기술을 가미해 실효적인 포인트·마일리지를 제공하려는 시도도 있다.[9] 단골을 위한 맞춤형 만족서비스가 선택이 아닌 필수로 위치했다는 증거들이다.

경험보다 센 건 없다. 충성고객은 말로 만들어지지 않는다. 직접 해봐야 계속할지 말지를 결정한다. 따라서 본인의 추구가치를 극대화시켜주는 직접·체감적인 대면경험은 충성유도의 필수관문이다. 일본에선 호기심 자극과 연결되는 자발적 경험(Engaged)을 통해 소비자를 구

---

5   아시아경제, '이마트도 VIP 신설…유통가 단골이 남는 장사', 2019.07.23.

6   한겨레신문, '당장 돈 안돼도 단골 잡자…홈쇼핑도 식품 새벽배송 전쟁', 2019.07.22.

7   조선비즈, '든든한 단골 만들자…유료회원제 도입하는 이커머스', 2019.07.03. 및 여성경제신문, '충성 고객을 잡아라…이커머스 업체들이 유료 멤버십 도입하는 이유는?', 2019.01.14.

8   산업경제뉴스, '충성 고객 잡아라…멤버십 마케팅 열풍', 2019.01.01.

9   서울경제신문, '블록체인으로 진화하는 포인트·마일리지 프로그램…충성고객은 돌아올까?', 2019.08.06.

매현장에 직간접으로 개입시키는 실험에 주목한다. 최종소비의 단순고객이 아니라 중간제작의 참여스텝으로 경험시켜 충성고객으로 유도할 뿐더러 주변에의 입소문까지 자극할 수 있다는 판단이다.

여행사 클럽투어리즘은 고객참가시스템을 통해 주로 고령인구의 테마여행을 전문적으로 판매한다. 여행정보 월간지를 회원에게 배포(무료)할 때 우편과 함께 에코스텝으로 불리는 고객 중 일부를 선발해 직접 전달하도록 제안한 '고객참가형 마케팅시스템'을 구축했다. 월 1회 배포로 최대 3만엔의 인건비가 나가지만, 배송비보다 저렴하고 경제적인데다 직접전달로 대면접촉이 가능해 홍보효과가 높다는 반응이다.[10] 이렇게 모아 다시 여행을 떠나면 회사로서는 일석이조의 반복구매가 기대된다.

류보백화점·마루이백화점의 차별전략

오키나와 지역백화점인 류보백화점은 주력고객의 고령화로 사양길에 접어들었다는 평가를 받는 백화점업계에서 독특한 성공행보를 확보했다. 특화제품으로 가치창출을 시도함으로써 일부러 찾아오는 공간으로 변신한 덕분이다. 어디에도 없는 독자적인 상품개발 필요 속에 편의점의 커피·도시락 등 타사의 성공비결을 꾸준히 연구한 결과다. 몇 가지 자체브랜드로는 부족했다. 한정판매·특별기획 등 다양한 제

---

10 https://jcon.ti-da.net/e1108843.html(검색일: 2019.08.22.)

품을 짧은 주기로 판매하는 전략으로 인기선점에 성공했다는 평가다. 오키나와 지역의 특수한 전통공예 및 도자기, 유기농화장품 등과 제휴해 이곳에서만 판매하도록 제한적인 전략을 채택한 게 주효했다.

동시에 차별적인 동선 및 집객전략을 통해 바둑판 모양의 직선통로 대신 동선을 고려한 곡선 레이아웃을 채택했다. 옥상에는 작은 공원을 설치해 쇼핑이 아니라도 휴게공간으로 찾아오게끔 했다. 이로써 관광객에겐 꼭 들러야 할 색다른 관광명소로까지 입소문이 났다.[11] 특히 10대는 물론 20대 현역고객이 늘면서 매출은 증가세다. 2019년 2월 결산 때는 사상최고치의 실적(1,165억엔)을 기록했다.[12] 차별적인 매력모색이 먹혀들었다는 평가다.

그럼에도 모바일의 공격은 충격적이다. 반대로 소매점포의 존재감은 의문시된다. 단순한 판매공간이면 가치하락·고객이탈은 불가피하다. 방어대책 중 유효한 게 독자적인 체험제공이다. 이를 성실히 추진해 성공한 사례가 마루이 그룹의 SC화 도전스토리다. 2015년 입주점포를 대폭 교체했는데, 그간의 위탁판매에서 정기임차로 전략을 수정했다. 2017년 임대면적의 62%를 정기임차로 전환, 매년 확대해 2019년 1분기 현재 99%까지 진행됐다. 돋보이는 결과는 하카다지점(하카타

---

11 전영수, '입지 나쁜 가게가 성공하는 이유', 신용사회, 2019년 2월호

12 沖縄タイムス, 'リウボウグループ, 売上高最高1165億円超', 2019.05.11

마루이) 사례다.[13] 기록적인 매출·고객증가와 신규카드 회원확보로 고객확보에 성공했다.

배경은 약 1만5,000명의 지역소비자와 600회 이상 개최한 '고객기획회의'에 근거한 고객니즈 응대형 입주점포의 실현에 있다. 2017년 개장 후 53%(2014년 3월)였던 의류매장을 33%로 축소했다. 대신 음식·식료품 등 구성비는 11%에서 18%로, 서비스는 3%에서 9%로 확장했다. 유연한 입주구성을 통해 달라진 신고객의 개별욕구에 맞춤식으로 대응하기 위해서다. EC의 최대격전지인 의류 등은 줄이고 식생활과 체험형(카페, 노래방, 만화 등) 서비스업태로의 전환이 먹혀들었다.[14]

뿐만 아니다. 동시에 마루이 그룹은 충성시장의 선점을 위해 다양한 시도에 나섰다. 카시와마루이 2층 개장사례가 주목된다. 상식을 깬 물건판매에서 서비스로의 전환을 통해 대폭적인 업적확대에 성공한 사례다. 일례로 화장품 자리에 음식·테이크아웃 식품매장을 배치·전환했다. 이 결과 첫해 평당 구매고객은 7.2배 증대됐고, 월평균 평당 수입도 1.5배나 늘었다.[15] 이에 힘입어 체험스토어는 확대가 결정됐다.

마루이 그룹의 구두 PB제품(RU)을 위한 체험스토어가 대표적이다. 샘플로 전체상품·전체사이즈를 진열해 소비자가 시착 후 구매를 결정

---

13 日刊ゲンダイ, '丸井グループ 脱アパレルで成功した「博多マルイ」', 2018.05.09.

14 流通ニュース, '丸井グループ 4~12月はライフスタイル型SC化で増収増益', 2019.02.06

15 通販新聞ダイジェスト, '丸井のオムニチャネルが消費者に支持されている理由', 2017.05.18.

하도록 했다. 현장에서 인터넷 주문 후 상품이 자택으로 배달되는 구조다. 실험에 따르면 매장 30평, 재고창고 8평이 필요했던 것에서 매장 25평만으로 매출액은 1.3배나 증가했다. 부동산 가치의 활용도를 높이고 소매점포만이 가능한 가치모색의 사례로 평가된다.[16] 그 일등공신이 고객만족을 위한 고정관념의 파괴다.

패브릭도쿄·돈키호테의 체험형 인기

패브릭도쿄도 유의미한 선행사례다. 온라인에서 만족시켜주지 못하는 감성적인 부분을 제대로 긁어준다. 2012년 라이프스타일디자인을 내세워 만들어진 구매불편 제거에 초점을 맞춘 웹서비스 의류판매업체로, 2014년 맞춤주문방식의 패션브랜드(LaFabric) 출시 후 2018년 패브릭도쿄로 브랜드를 변경했다. 30대 남성에게 특히 인기다. 사이트 방문자 월 150만명에 평균 고객단가가 4만5,000엔이다. 독특한 건 매장인데 물건을 안 파는 구조다. 양복매장이지만 수백 가지 천 견본만 체험이 가능하다.

주문은 집에서 스마트폰으로 실행한다. 직접 매장에 와 신체치수를 측정한 후 앱에 저장하면 종료된다. 매장에서는 피터(점원)가 30분~1시간에 걸쳐 정확한 측정을 돕고 스타일·옷감 등에 대한 정보를 제공한다. 직접 만지고 대화하며 자신만의 맞춤의류를 손에 넣는 구조다.

---

16 日経ビジネス, '変化する丸井の売り場,「在庫レス」で接客', 2016.11.28.

점심시간의 자투리 시간에 재구매를 타진하는 단골고객이 많다는 후문이다. 아무것도 팔지 않는 점포매장을 통해 편안함을 실현한 결과다. 물론 신고객의 모바일 선호성도 적극 받아들였다. 앱으로 온라인과 오프라인을 자연스레 연결해 재구매를 유도하는 시스템이다. 가능성을 본 마루이그룹은 점포입점과 함께 자본출자까지 결심, 사업모델에 관심을 밝혔다.[17]

새로운 고객가치로 재미를 내세운 돈키호테도 독특한 사업구조로 유명하다. 한번 온 고객은 놓치지 않겠다며 충성유인의 수단으로 차별화된 즐거움을 채택했다. 단순히 파는 공간에서 벗어나 재미를 찾는 매장을 지향한다. 돈키호테 사례는 오프라인 쇼핑공간에서의 즐거운 체험판매로 요약된다. 소매점포로 엔터테인먼트성과 수익성을 양립한 대표사례다. 일반적으로 소매업의 경쟁력은 편리성, 가격경쟁력, 즐거움 등 3요소다.

돈키호테도 마찬가지다. 저가격(즉각조달로 녹여낸 저가), 편리성(도시입지의 종합소매점 장시간영업), 즐거움(독특한 진열에 따른 보물찾기의 요소연출)을 두루 갖췄다. 특히 엔터테인먼트를 충성고객을 만드는 주력키워드로 선정했다. 점포구성의 원칙도 즐거움이 핵심이다. 압축진열, POP홍수, 식품부터 브랜드까지 잡다한 상품진열은 물론 충동구매를 노린 점포동선과 독자성 높은 상품군도 특이하다. 결국 엔터테인먼트는 무료다. 이

---

17 日本経済新聞, '丸井,「ファブリック　トウキョウ」と提携 体験型店舗を拡大', 2019.05.23.

런 난잡성과 독특한 구매체험은 온라인과 달리 점포가 있어 제공할 수 있는 가치다.

주목할 건 '잘라버리기' 전략이다. △대형소매업이 잘라버린 상품의 단기조달 △대형소매업이 잘라버린 심야영업의 독점 △대형소매업이 잘라버린 점포회생(폐점점포에 다시 출점) △대형소매업이 잘라버린 운영기법(권한위양과 개별점포 대응) 등의 철저한 추구로 독자적인 포지셔닝을 확보했다. 무엇보다 확실한 차별성은 유통업계의 상식을 깬 경영전략이다. 체인스토어이론, 업태론, 마케팅론 등 대형소매업이 받아들인 경영상식을 대부분 파기·거부하며 팬덤고객을 확보했다.[18]

〈그림〉 돈키호테그룹홀딩스의 매출추이

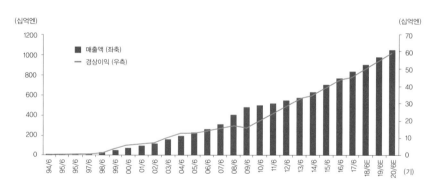

― 자료: 野村證券エクイティ・リサーチ部(2018), p.19

---

18 野村證券エクイティ・リサーチ部(2018), '小売業：プラットフォームへの進化を探る', pp.1-29. 돈키호테는 1989년 1호점 출점 이래 2017년 6월 연결매출 8,287억엔, 경상이익 455억엔을 달성하며 생존을 확인한 유통업의 희귀사례로 불린다.

여성을 더 챙기는 편의점의 셈법

고객충성을 유도할 직접·체감적인 대면경험에서 한발 나아가면 고객전용의 전담공간처럼 대접하는 방법이 있다. 모두를 위한 오픈점포가 아닌 나만을 위한 제한공간처럼 느끼게끔 극강의 대접환경을 제공하는 형태다. 본인전용의 전담매장처럼 느낀다면 강력한 경쟁상대인 모바일 구매환경도 맞서기 힘들다. 전용매장을 통해 특정가치에 집중적인 관련서비스를 제공하는 전략이 대표적이다. 매스고객을 모두 잠재고객으로 두고 광범위하게 펼치기보단 처음부터 특정·타깃고객을 선정해 매스로부터 분리해내는 차별적인 접근전략이다.

다만 전용점포는 다소 위험한 시도다. 타깃이 아닌 고객으로부터의 반발기제가 작동될 수 있다. 그럼에도 실험은 계속된다. 잠재고객을 줄임으로써 불필요한 에너지를 줄일 수 있고, 무엇보다 차별화된 구매환경이 타깃고객의 만족증대로 연결된다. 현재로선 여성고객과 고령고객이 해당된다. 이중에서도 가처분소득·구매력을 갖춘 경우가 우선된다. 이들의 강력한 소비여력에 맞춰 유통채널·공간배치를 실현함으로써 타깃고객의 존재이유·추구가치를 극대화하는 방향이다. 특화점포와 차별서비스는 다양해지는 추세다.

먼저 여성고객에 포커스를 맞춘 편의점의 특화시도다. 최근 일본에선 여성고객을 우대하기 시작한 편의점이 생겨났다. 남녀고객이 뒤엉켜 쇼핑하던 문제를 풀고자 여성전용의 별도공간을 설치해 구매의 쾌적성을 꾀한다. 세븐일레븐은 편리한 출입구 쪽에 화장품·여성잡지·

생리용품 등 여성용품을 집중·설치하고 바로 옆에 일용품을 추가했다. 원래라면 성인잡지 근처에 일용품이 진열되는데, 부담스러워하는 여성심리를 읽어낸 결과 재배치한 것이다. 화장실에서 옷을 갈아입도록 발판도 설치했다. 스타킹 매대엔 화장실에서 착용하라는 안내문까지 걸었다. 여성고객이 좋아하는 문방구메이커(로프트)와 제휴해 관련상품도 확대·배치했다. 집에서 혼술을 즐기려는 여성고객이 손쉽게 구매하도록 여성취향의 소용량 술을 다양화하고 별도의 치즈진열대까지 갖췄다.

주부공략도 노림수다. 원래 편의점의 주력고객은 독신남성이지만 갈수록 여성, 특히 맞벌이 주부고객이 늘자 특화조치에 나섰다. 로손은 슈퍼 대신 방문하는 주부를 위해 일용품을 강화하고 이들이 친밀감을 느끼도록 점주로 주부를 뽑기 시작했다. 이를 위해 로손오너복지회여자부를 결성해 여성시선에서 쇼핑환경이 개선되도록 아이디어를 실현하고 있다. 덕분에 편의점에서 일용품을 사는 여성고객은 증가세다. 패밀리마트는 여성전용화장실은 물론 별도의 화장공간을 설치했다. 신규출점의 경우 여성전용화장실을 반드시 넣도록 표준설비로 규정하기로 했다.[19] 편의점만 봐도 알 수 있듯 남녀고객의 미묘한 특성차

---

19 日経MJ, 'コンビニに女性視点を、セブン、化粧品・女性誌一緒に、ファミマ、個室の化粧スペース、客層変化に対応', 2016.09.09

이에 주목하는 건 이제 필수다.[20]

여성전용 공간확보는 갈수록 심화되는 추세다. 실제 여성고객 특화 점포를 채택하는 사례가 증가세다. 시설·공간만이 아니라 다양한 소비공간에서 여성전용을 요구하는 욕구분출도 늘었다. 여성고객이 거리낌 없이 쇼핑에 전념할 수 있는 소비환경을 구축하려는 움직임이다. 여성특화는 술집·카페·PC방·세탁소·미용실·노래방 등에선 상식수준이고, 최근엔 차량·부동산중개·여관·스포츠클럽까지 확대된다. 단일점포 전체를 여성전용으로 하기 힘들면 일부공간만이라도 여성전용으로 특화·구분하는 전략이 일반적이다. 주류시장도 청년의 음주이탈에 맞서 여성고객에 특화된 제품을 경쟁적으로 출시한다. 특히 풍부한 영양소로 미용·건강지향성이 높은 여성고객 위주로 수요증가가 확인된 감주가 대표적이다. 2017년 감주시장은 240억엔대로 2012년 대비 2.5배나 커졌다.[21]

'충성고객=여성인구'의 공략으로 성공한 유명사례는 여성전용피트

---

20 https://www.dreamgate.gr.jp/contents/column/c-sales/60000(검색일:2019.08.21.) 아쉽게도 회사의 주력은 여전히 남성위주다. 때문에 대면접촉의 일선공간에 여성직원을 배치하거나 애초부터 여성마케터의 의견에 귀를 기울이는 게 좋다. 소비행동의 80%가 여성의 의사결정으로부터 자유롭지 못하고, 소비트렌드의 주도세력도 여성이라면 이들을 이해하는 게 첫걸음이다.

21 日本食糧新聞, '甘酒市場が活況 積極投資でユニーク商品も', 2019.03.07.

니스센터를 운영하는 커브스다. 경쟁격화 속 커브스를 운영하는 코시다카 그룹의 실적은 매년 우상향이다. 2018년 결산의 경우 커브스 이익만 53억5,000만엔으로 2008년(1억4,000만엔)보다 38배나 급증했다. 효자모델이던 노래방이 주춤하는 새 1등 계열사로 올라섰다. 점포수 1,912개(2018년)를 자랑하며 압도적인 성장세를 구현한다. 전략은 명확하다. 여성전용, 1회30분, 전연령대상의 차별화된 포인트다. 회원은 83만명까지 늘어났다.[22] 값비싼 헬스장의 반복운동에 질린 중장년 여성을 타깃으로 주택가에 집중적으로 개업했다. 이른바 '3NoM'을 내세워 인기를 끈다. 남자(Man)가 없고 화장(Make-up)이 필요 없으며, 거울(Mirror)이 없다는 걸 강조한다. 여성고객이 느낄 수밖에 없는 3가지 M을 불식시킨 차원이다. 30분에 끝내고 샤워시설과 목욕탕을 없앤 대신 저비용을 실현해 타산을 맞춘다.

타깃화된 여성고객은 한층 세분화돼 쪼개진다. 종합패션어패럴 브랜드인 산요(三陽商会)는 여성고객마저도 세분화해 세밀한 차별서비스를 제공한다. 가령 여성관리직만을 위한 제품진열·상품판매 전문점포를 연이어 개설했다. 대상고객을 명확히 함으로써 불요불급한 낭비를 막고 충성고객으로 유도하기 위해서다. 에보카(エポカ)라는 의류브랜드를 내세워 여성관리직이 선호하는 수트·재킷 등의 제품을 3배 이상

---

22 Stockclip(https://www.stockclip.net/notes/4503: 검색일 2019.08.21.) 부문별 매출액은 2018년 기준 커브스(279억엔)가 노래방(319억엔)보다 낮지만 비중증가가 뚜렷해 조만간 역전이 예상된다.

늘렸다. 여성관리직에 한정해 참여기회가 많을 수밖에 없다는 점에서 공식파티 등에 어울리는 원피스처럼 한정상품도 제안한다. 2017년부터 3년간 모두 10개 점포를 특화공간으로 구성한다.

묵직한 내구소비재인 자동차도 청년여성의 반복구매를 위해 도전장을 던진다. 도요타계열인 다이하츠자동차는 경자동차 신형모델(미라트코트)을 2018년 출시했는데, 이는 가처분소득이 늘어난 젊은 여성이 생애최초로 구입하는 첫차라는 소구대상으로 화제를 모았다. 실제 다이하츠의 여직원이 중심이 된 프로젝트의 결과물로 알려졌다. 엄밀한 시장조사를 토대로 유행에 좌우되지 않는 본인스러움을 중시하고, 멋짐보단 간편·편리함을 내세웠다.[23] 도요타도 비슷한 맥락에서 여성전용 경자동차(아쿠아)를 내놨다. 하이브리드지만 엔진이 작아 세금이 낮아 특히 출퇴근 여성에게 어울리는 차량으로 랭킹에 오르기도 했다.[24]

23 財経新聞, 'ダイハツ「ミラトコット」発売　女性向けの新型軽', 2018.06.26.

24 https://www.niconori.jp/information/f034(검색일:2019.08.22.) 전문가가 가르쳐주는 '여성에게 추천하는 차' 랭킹 2019년판에 도요타의 아쿠아가 5위권에 진입했다.

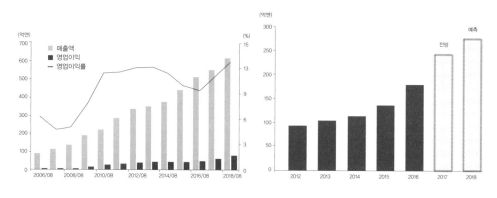

<그림> 여성특화의 커브스 매출 및 감주시장 매출추이

- 자료: Stockclip 및 日本食糧新聞

여성고객 특화·타깃의 금융상품 봇물

여성고객만을 위한 전용상품·서비스의 대상 확장은 업계불문 다양하게 목격된다. 여성고객만을 위한 신용카드·임대주택·음식메뉴·이벤트 등은 물론 최근엔 주력상품에 여성키워드를 결합·강조한 새로운 맞춤상품까지 제안되는 추세다. 금융상품이 대표적이다. 가령 교토은행은 2019년 여성전용 주택대출(Long Escort)을 출시했다. 여성고객에 밝은 전문회사(리로클럽의 Club Off)와 제휴해 여성이 좋아함직한 각종특전을 부가시킨 전용상품이다. 가사대행은 물론 식당·미용·영화감상 등은 기본인데다 여성에게 집중되기 마련인 간병·육아서비스까지 우대가격으로 이용할 수 있다. 주택대출을 일으키면 수수료 없이 무제한 가능하다. 특전항목은 20만건 이상인데, 가령 숙박은 2만개 호텔·여관과 연계해 최대 80% 할인이 이뤄진다.

사실 이 특화상품은 뒤늦은 감이 적잖다. 대부분 금융기관은 일찌감치 여성전용 금융상품을 라인업의 전면에 내걸었다. 시즈오카은행은 2010년부터 여성상품(Lady Lady+Plus)을 판다. 역시 Club Off와의 제휴 서비스다. 실제 대부분의 금융기관은 자사·그룹의 여성전용 상품·서비스를 한데 모아 설명하는 별도사이트를 이미 구비했다. 스루가은행은 특별대접을 해주겠다는 취지로 기존에 공을 들였던 프로페셔널·의사 외에 여성과 시니어를 추가해 모두 4개의 특별고객 전용공간을 만들었을 정도다.

이로써 여성고객의 특화요구를 금융상품에 반영하는 추세는 일반적이다. 주택담보대출과 여성질환의 보장기능을 동시에 장착한 '대출+보험'의 결합상품이 그렇다. 개인·중소기업 위주로 영업해 V자 회복의 상징으로 꼽히는 리소나은행은 일찌감치 특화형 혁신상품을 내걸며 시장개척에 적극적이다. 연중무휴점을 통해 청년고객을 흡수한데 이어 휴일에 담보대출을 해주는 파격까지 선보였다. 단신혁명(団信革命)은 이 과정에서 히트상품이 됐다. 주택담보대출과 단체신용생명보험의 조합상품이다. 담보대출 금리에 약간의 추가금리를 내면 질병발생 때 대출잔액을 전액 면제해주는 시스템이다. 여성전용 주택담보대출(凛lin)은 이 아이디어를 토대로 담보대출과 질병보장을 특화한 상품이다.[25] 사회진출이 늘어난 여성고객의 욕구분석이 먹혀든 결과다.

토호은행에도 비슷한 상품(키라라)이 있다. 산휴·육휴기간에 최장 2년간 원금변제를 보류해주는 건 물론 암 진단 때는 대출잔액을 없애준다. 오릭스생명보험은 여성특유의 질환·암을 폭넓게 보장하며 약 1,000종류의 수술까지 커버하는 보험상품(Cure Lady)으로 유명하다. 신세이은행은 가사대행서비스의 이용쿠폰을 넣은 담보대출 상품(파워스마트주택론 안심백W)으로 여성고객을 유인한다.

대출상품도 빠지지 않는다. 니시니혼시티은행은 정규직 여성전용 대출상품으로 프리론(키레이노미카타)과 카드론(키레이노드라마)을 출시했다. 둘 다 여성고객의 맞춤형 다목적 대출상품이다. 모자수첩을 지닌 출산예정자와 미취학아동이 있는 여성에겐 양육지원을 위한 특별금리(연 15.0%→9.5%)를 부가, 최대 50만엔까지 빌려주는 상품(EZ프리론)도 내놨다.

오가키교리츠은행은 미용자금으로 한정, 성형·항노화·탈모·치과·화장품을 위한 대출상품(Bisket)을 팔아 화제를 모았다. 무사시노은행은 정규직 여성은 물론 파트직원·아르바이트 여성까지 이용하는 광범위한 대출상품(키라리에)까지 확장했다. 여성고객 특화대출은 틈새에서 시작했으나, 지금은 필수상품으로 안착된 분위기다.

---

25 위클리비즈, '금융위기 때 은행 중 유일하게 흑자, 개혁으로 살아남은 리소나금융그룹', 2017.07.08.

　여성인구와 함께 미래소비를 책임질 유력한 충성고객은 고령인구다. 체력·금전·시간 등 3박자를 두루 갖춘 고령인구가 절대규모를 차지할 수밖에 없어서다. 내수시장의 판도를 뒤흔드는 유력한 소비집단으로의 부각이다. 초고령사회 일본에선 시니어·은퇴·노후 등 부정적인 마케팅키워드를 버리는 대신 밝고 적극적이고 능동적인 소비주체로의 강조를 통해 다양한 쇼핑자극에 나선다. 전체적으로는 시니어시프트의 전략 속에 현역시절 소비경험을 지닌 범용제품의 사용연한 연장과 함께 쇼핑공간의 가령(加齡)한계 극복장치 등 소리소문 없는 유통채널의 변화가 목격된다. 수명연장으로 소비기한이 길어진 고령고객의 불편해소는 쇼핑채널의 불가결한 전략 중 하나다.

　고령친화적인 구매생태계의 변화노력은 현재진행형이다. 불편해소를 호소하는 고령고객을 충성고객으로 전환시키는 데 필요한 건 맞춤서비스다. 구매환경을 개선하는 첫걸음으로 쇼핑공간의 경우 보행거리의 최소화와 휴게공간의 최대화가 상식이다. 실제 유통현장 곳곳에는 동선을 편리하게 하거나 중간중간 쉼터를 마련하는 작업이 구체적이다. 의자배치로 체제시간을 늘리면 일석이조가 기대된다. 동선파악 후 판촉효과 제고를 위해 휴식 때 무료체험서비스 실시해 인기를 끈 경우도 많다.

　역시 편의점의 고령고객 충성유인이 가시적이다. 편의점의 승승장구에는 고령고객을 위해 진화된 맞춤서비스로 유통혁신을 지향한 게 먹혀들었다. 세븐일레븐은 편의점을 'Safe+Station'으로 명명하는 등 435개 지자체와 협정을 맺어 노인을 포함, 여성·아동 등의 보호에 적극 나서는 사회활동도 한창이다. 2000년 시작된 '세븐밀'을 통해 상품 배달 때 고령고객의 상황변화를 지자체에 연락하는 시스템도 갖췄다. 도시락은 염분량과 당질 등을 감안한 고령맞춤 배달서비스로 유명하다. 매일 바뀌는 메뉴로 1인분(500엔)부터 주문된다. 배송료가 붙는데, 3,000엔부터는 무료다. 도시락부터 생활잡화까지 무도 배달된다. 100만 이용고객의 70%가 50대 이상이다.[26]

한편 패밀리마트는 2012년부터 '약국+편의점'을 실현해냈다. 이업종과의 병설점포가 최근 추세지만, 가장 많은 사례는 약국제휴를 통한 병설점포다. 편의점과 드럭스토어·조제약국의 협업모델로 인기가 높다. 의료식품(Medical Foods)의 취급도 늘려 고령고객의 틈새욕구에 맞춘다는 전략이다.

로손은 간병사업자와 제휴한 케어로손을 통해 전문가가 상주해 관련상품을 취급한다. 노인대상 이벤트나 지역커뮤니티기능까지 담당함으로써 화제를 모은다. 노인질환에 주목해 편의점에서 취급하는 약품 숫자를 늘린 사례도 있다. 특유의 고령수요를 커버해 화제를 모은 로손의 전략 중 하나는 특화점포(로손스토어100)다. 특히 식품과 관련한 고령고객의 맞춤형 전담상품·서비스로 이 점포를 오픈했다. 폭넓은 상

---

26 https://billion-log.com/7-meal-evaluation/(검색일:2019.08.22.)

품라인업, 편의점의 편리성, 100엔숍의 균일가격 등 메리트를 집중시킨 경우다. 건강불안에 따른 건강식의 선호와 제때 공급받지 못하는 쇼핑난민으로 등장한 고령고객의 불만해소 차원이다. 즉 신선제품을 주력으로 판매하는 편의점의 본격등장인 셈이다. 편의점을 슈퍼마켓의 최소개념으로 탈바꿈시켜 소형화한 채소·고기·생선·반찬 등 신선제품을 판매한다. 가격저항은 소포장으로 감쇄한다. 특히 전국에 산재한 전용농장(로손팜)도 특징이다.[27] 집주변에서 신선제품을 소량으로 구입하려는 수요는 비단 고령자만이 아니라 주부·독거청년도 흡수할 수 있다. 지금은 폐점했지만, 고령전용 상품구비로 유명했던 다이신백화점도 비슷한 전략이었다. 세분화된 절임종류를 200가지 넘게 배치하고, 소량주문도 입하·배달해줌으로써 고객감동에 성공했다. 물품배달 때 안부확인·생활불편을 처리하고 배달주문 때 레시피 등 조언까지 해줬다.[28]

세븐밀과 로손스토어100의 노림수

하락일로의 백화점은 고령고객 전용매장을 위기탈출의 돌파구로 채택했다. 다이마루(大丸)백화점은 2011년부터 6070세대의 전용공간(마담실렉션)을 개점해 고령고객의 맞춤서비스를 선도한다. 여유로운 쇼핑

---

27 http://store100.lawson.co.jp/(검색일: 2019.08.22.)

28 日経ビジネス, 'ドンキに模様替えの百貨店元社長「話が違う」', 2018.03.01.

을 위해 입점브랜드를 줄이고 곳곳에 2~3인용 휴게공간을 설치한 게 원류다. 또 피팅룸은 수월한 환복을 위해 공간을 1.5배 늘리고 의자와 손잡이를 설치해 안전성을 높였다. 고령고객 특유의 지적 호기심을 위해 전통녹차 등의 강좌나 포장체험 등도 개최한다.

압권은 체형변화에 민감한 고령여성을 위한 맞춤상품 판매다. 고령여성고객에 타깃을 맞췄다고 해도 대부분의 쇼핑공간은 칙칙한 컬러에 대형 사이즈가 태반이다. 색다른 걸 원하지만, 상품조차 거의 없다. 여기에 주목해 백화점은 기능성과 패션성을 융합해 늙은 몸매지만 맵시를 강조하고 편안하게 입도록 패션을 제안한다. 고령여성을 위한 전용점포다. 다카시마야백화점을 비롯한 기존백화점은 화장실 개선 등 상시적인 설비투자로 고령여성 친화적인 환경개선에 공을 들인다. 40%에 이르는 60대 이상 여성고객을 위한 조치다.[29]

고령고객만을 위한 의류수선서비스도 있다. 마담토모코는 등과 허리가 맞지 않는 옛 옷을 수선해주는 틈새공략에 나섰다. 늙어 등이 굽은 경우 뒤쪽이 길어지게 주름을 넣어 표시가 나지 않게 수선해준다. 평균 8㎝를 늘린 주름으로 히트를 쳤고 특허로까지 등록됐다. 잘 풀리도록 버튼을 평평하게 하거나 팔꿈치 노출을 싫어해 소매를 늘린 디자인까지 상품화했다.[30] 고령여성이 원하지만, 풀리지 않던 딜레마였다.

---

29 日経MJ, '百貨店 高齢者に優しく: 高島屋 設備改修, 大丸松坂屋 専用売リ場', 2011.12.02

30 브라보마이라이프, '시니어를 사로잡을 세계의 패션브랜드', 2019.03.27.

고령고객 노린 '연금+복권'의 톤틴연금

고객변화는 수요변화를 뜻한다. 그렇다면 금융회사로선 수요변화에 부응하는 새로운 상품제안이 필수다. 그간의 보수적이고 안정적인 사업진행은 어렵다. 은행은 예대(대출이자-예금이자)마진만으로 생존이 힘들다. 수요변화를 반영한 새로운 상품제안이 시급하다. 연구대상은 장수금융이다. 장수이슈에 천착할 수밖에 없는 고령사회의 본격개막과 맞물린다. 대표적인 장수금융은 톤틴연금이다. 연금과 복권의 특징을 섞은 것으로 17세기 이탈리아의 톤틴(Tontine)이란 사람이 고안해낸 아이디어다.

일종의 연금보험인데 가입자의 사망시점에 따라 '모 아니면 도'식의 구조를 띈다. 장수할수록 더 받지만, 연금수급 전에 사망하면 원금조차 못 건지는 시스템이다. 가령 10명이 100만엔씩 갹출 후 5명이 생존하면 200만엔씩 분배한다(금리고려 없는 단순계산). 사망한 5명은 낙(落)이다. 미쓰이스미토모는 일본은행 중 최초로 별칭 '장수연금'인 톤틴상품(종신연금보험)을 내놨다. 미국·호주달러로 운용되는 외화상품으로 엔화보다 높은 적립이율의 종신보험이다(엔화강세면 수급감소). 가입자가 대략 83세를 넘기면 이득으로 추산된다.

장수금융은 2017년부터 일본에서 본격적인 주목과 함께 세를 확장 중이다. 톤틴연금을 비롯한 유사상품은 봇물 터지듯 출시된다. 선두주자는 2016년 업계최초로 톤틴상품(Grand Age)을 내놓은 일본생명보험이다. 발매직후 3개월에 계약건수가 1만4,000건에 달하는, 예상초월의 순조로운 판매행진을 보여 화제를 모았다. 1년 동안 4만6,000건 팔려나갔다. 다이이치생명보험도 유사상품(장수스토리)을 선뵀다. 보험료 납입기간을 짧게 하는 선택지가 특징이다. 타이요생명보험은 간병필요도 2 이상일 때 종신연금이 나오는 종신생활간병연금보험과 세트로 계약하는 상품(100세대연금)을 출시했다. 극단적인 원금상실이 싫다면 간보생명보험의 아이디어(장수의 행복)도 차별적이다. 보증기간이 최장 20년으로 어떤 가입자든 최소 보험료의 70% 이상 되받는다. 대신 연금수령도 최장 30년으로 100세 이상의 장수위험은 비켜선다. 이에 고무돼 노무라증권은 장수투신을 내놨다. 연 3% 목표이자를 설정해 고령고객의 눈높이에 맞췄다.[31]

호기심 자극해 충성고객 확보를

인구감소와 매스시장의 실종흐름 속에 충성적인 로열티를 지닌 단골고객을 확보하는 건 꽤 전략적인 접근이다. 이들을 위해 타깃고객만

---

31 전영수, '장수금융을 아시나요?', 농협은행 올백플랜, 2018년 12월호. 가령 'Grand Age(グランエイジ)'를 50세 때 가입한 경우를 상정해보자. 남성은 월 5만790엔, 여성은 6만2,526엔의 보험료를 20년 납부하면 70세부터 평생 연간 60만엔의 연금을 받게 된다. 연금수급액이 납부보험료를 웃도는 경계연령은 남성 90세, 여성 95세 정도다(물가상승 미반영). 그 이상 생존할수록 유리해진다. 다만 연금수령 전에 사망하면 납부보험료의 약 70%가 되돌아온다. 장수통계를 보면 회사손해는 확률이 낮다. 해당연령까지 생존확률은 50세 남성의 경우 4명 중 1명뿐이다. 100세까지 생존확률은 1.6% 뿐이다. 수급연금도 보험료의 1.5배 정도다. 소수의 장수고객이 수혜를 입고, 다수는 원금수령까지 가기 어렵기에 성립되는 구조다. 그래서 계약 가능연령은 50세 이상이다. 자력의 자산증진 및 시간여유가 충분한 현역세대에겐 메리트가 낮다.

의 전담점포를 만들거나 가치지향의 특화매장을 제안하는 건 필수불가결하다. 그들에게 차별화된, 대접받는 고객감동을 선사함으로써 얻어지는 다양한 파급효과도 좋다. 반복구매가 가능한데다 입소문은 또 다른 충성시장을 확보한다는 점에서 우호적이다. 성숙사회의 차별화된 고객욕구를 지향하는 새로운 소비제안은 얼추 색다른 경험으로 정리된다. 독특하고 즐거운 쇼핑환경의 제공이 유력콘셉트가 될 수 있다. 이른바 호기심 자극(Excited) 전략이다.

높아지고 정교해진 소비자 눈높이를 감안한 쇼핑공간의 제공은 당연하다. 가격이 싸거나 품질이 좋다고 구매하는 시대가 아니다. 가슴 떨리는 호기심을 자극하는 장치·배치가 필수다. 기존에 존재하지 않는 새로운 떨림을 제공할 때 비로소 충성고객으로 포섭된다. 물론 힘들다. 고객이 원하는 것처럼 보여도 상품화 전에는 그들의 수요·정보를 정확히 알 수 없다. 그렇기에 영역초월의 과감한 변신과 새로운 경험의 실험·축적이 요구될 수밖에 없다.

급속한 양적·질적인 인구변화는 그만큼 급속한 사업모델의 전환을 뜻한다. 연령·세대별 차별화된 고객집단의 등장은 시간문제다. 어느 회사·제품이든 주력고객(인구)의 비중·규모가 변하면 매출상황도 영향을 받을 수밖에 없다. 이는 과거처럼 천편일률적인 유통채널이 더는 통하지 않음을 의미한다. 주어진 걸 단순히 사는 수동소비보다는 추구가치·구매욕구를 자극하는 새롭고 차별적인 경우에만 적극소비가 이뤄진다. 혁신실험이 한창인 모바일·온라인의 출현도 이런 점에서 위기이자 기회다. 대세는 여전히 온라인쇼핑의 선호겠지만, 한계·단점을 극복하는 차원의 반발소비도 차별화될 수 있다. 그만그만한 범용제품의 판매와 일반서비스의 제공보다는 독특한 가치지향을 실현하는 유통채널이 신시장의 주도권을 장악할 수밖에 없다.

대체적인 흐름은 '제품+서비스'의 융합모델이다. 인구변화는 호리병형에서 역삼각형으로 소비집단을 구분시킨다. 동시에 성숙경제로의 진입으로 생활여유가 향상되면서 단순한 일회·반복성 구매·소유보다는 쇼핑공간에서의 체험·경험까지 부가된 즐거운 '제품+서비스'를 구매하려는 신고객의 등장은 예고됐다.

충성고객의 후보는 많다. 성별(여성)과 연령(고령)만으로는 부족하다. 당장은 여성·고령고객 위주로 신시장의 개척실험이 목격되지만, 미래시장은 한층 세분화된 맞춤전략이 필수다. 그럼에도 여성고객은 구매력을 볼 때 우선적인 공략대상이다. '고령사회=여성·모계사회'의 이미지처럼 구매기회뿐 아니라 구매결정권도 여성우위다. 여성고객을 위한 정밀한 마케팅전략이 요구되는 배경이다. 가령 남성의 논리, 공격, 결과, 명확, 중심적인 마케팅 소구와 달리 여성고객의 직감, 방어,

과정, 애매, 주변의 키워드를 공략하는 게 좋다.[32]

고령고객도 마찬가지다. 시니어마켓의 실패교훈에서 확인되듯 급격한 고령시장의 개막은 없다. 차분한 현역생활의 연장소비를 뜻하는 시니어시프트가 훨씬 타당하다. '소비자=세대수'라면 소비자의 절반 이상은 고령자일 수밖에 없다. 한국도 곧 금전·체력을 두루 갖춘 1,700만 베이비부머가 고령생활에 진입한다. 엄청난 숫자일 수밖에 없다. 축적자산은 물론 다양해진 소득원만큼 까다로운 구매 패턴을 보일 확률이 높다. 차별화된 혁신적인 사고·실험만이 이들 신시장의 충성고객을 확보하는 지름길이다.

---

32 藤村正宏(2018), '女性マーケティングの時代　～女性客に支持されるための５つのポイント' (검색일: 2018.09.20. https://www.ex-ma.com/blog/archives/1287), 일본에서 인기를 끈 여성전용 피트니스센터인 커브스의 경우처럼 최근 한국에도 여성전용을 내세운 다양한 업태가 등장한다. 역차별 논란 속에서도 여성전용의 좌석·주차장·지하철·열람실 등 공적영역 뿐 아니라 민간의 유통현장에도 채택시도가 늘어났다. 여성전용 주택중개(가인주택), 여성전용당구장(블루오션당구클럽 양재점), 여성전용매장(청라아리스타) 등 아직은 미약하지만, 저성장 속의 인구변화에 따른 영향력이 유통업계에 확산되면 여성고객을 위한 전용소비 품목은 늘어날 전망이다.

제11장

분업피로가 '대행기회'를 싹틔운다!

～～～～～～～～～～～～～～

인구는 상수(常數)다. 인구변화가 복잡다단한 건 그게 움직이는 변수인 까닭이다. 고정되지 않기에 원인과 결과를 속 시원하게 규정하기 어렵다. 저출산 원인을 한마디로 꼬집기가 불가능한 이유다. 기타인자와 맞물려 상호영향을 미치며 결과적으로 인구변화를 완성한다. 즉 인구변수는 크기와 방향까지 아우르는 벡터에 가깝다. 크기와 방향을 알아도 정확한 결과를 예측하기란 쉽잖다. 상관성은 있어도 인과성은 모른다. 예외변수가 많아 그럴 거란 추정에 그친다. 그렇기 때문에 변화를 야기하는 문제의 구조·과정을 중시하며 동태적인 변화경향에 주목하자는 목소리도 높다. 순환적인 피드백을 중시하는 새로운 연구방식(System Dynamics)이 대표적이다.

'인구변화→고객변화→시장변화→사업변화'의 흐름도 마찬가지다.

연결과정엔 하나같이 방대하고 복잡한 연결고리가 상존·기능한다. 일대일대응처럼 정확히 연결되면 좋겠지만, 그밖에도 영향변수가 많아 확실한 단정은 힘들다. '신고객→신시장'의 명확한 연결흐름을 원해도 딱 떨어지는 대답을 듣기 힘든 배경이다. 인구변화에 맞춰 새롭게 펼쳐질 고객욕구를 읽어내기란 그만큼 어렵다. 예측대로 가기보단 더 빨리 혹은 더 늦게 반응하는 사례가 더 많다. 비즈니스의 생명이 타이밍이면 인구변화는 난제일 수밖에 없다. 가능한 건 조심스런 추정과 다종다양한 실험이다. 다행스러운 건 새로운 소비 트렌드 중 인구변화와 무관한 건 없다는 점이다. 많든 적든 모두 연결된다.

4차 산업혁명이 심화시킬 분업의 고도화

시장은 인구가 만든다. 신시장은 신고객이 대전제다. 또 '인구=고객'이다. 인구가 달라졌는데 시장이 같을 수는 없다. 인구(고객)의 숫자는커녕 성향까지 달라지는 격변기일수록 시장재편은 당연하다. 멈춰선 시장은 지속될 수 없다. 문제는 신시장을 주도·완성해줄 인구변화의 정확한 진단이다. 즉 어떤 수요가 새롭게 부각될지 알아내는 게 먼저다. 해당수요의 지속가능성도 관건이다. 트렌드가 아닌 반짝하는 짧은 유행은 곤란하다. 이걸 알아내는 게 중요하다. 관련해선 라이프스타일의 변화부터 분석하는 게 좋다. 경제력·가치관 등 신고객을 둘러싼 유무형의 변화지점이 라이프스타일에 영향을 미쳐서다. 추종하는 인생모델의 변화도 신소비의 이모저모에 흔적을 남긴다.

사람은 상황에 맞게 변한다. 생존을 위한 적응이다. 적자생존이란 말처럼 상황변화에 정확히 몸을 맞출수록 생존확률이 높아진다. 자연의 법칙이다. 출산거부·포기도 적자생존 차원에서 이해하면 그럼직하다. 그만큼 사회는 급변했다. 차라리 패러다임 변화에 가깝다. 구질서는 설 땅을 잃었다. 지금은 신질서(New Normal)를 모색하는 고빗사위다. 개론은 정해졌으니, 남은 건 각론뿐이다.

그럼 개론의 빅피처는 뭘까. 간단히 요약하면 산업의 고도·정밀화다. 이때 유용한 개념이 '4차 산업혁명'이다. 혁명이란 거친 단어처럼 산업내용·구조를 뒤바꿀 강력한 혁신장치를 아우른다. 인공지능(AI)·사물인터넷(IoT)·빅데이터·클라우드컴퓨팅 등 정보기술이 기존산업을 초연결(Hyperconnectivity)·초지능(Superintelligence)화하여 새로운 산업·시장질서를 주도할 것으로 보인다. 출현 때마다 기존질서를 전복시킨 3번의 충격적인 산업혁명보다 더 넓은 범위(Scope)에 더 빠른 속도(Velocity)로 더 크게 영향(Impact)을 끼친다는 설명이니[1] 놀라울 따름이다. 제레미 리프킨의 표현처럼 '한계비용 제로사회[2]'의 출현이다. 혁신적인 생산성의 증대 덕분이다.

---

1 네이버 IT용어사전(검색일: 2019.08.24.)

2 제레미 리프킨(2014), 『한계비용 제로사회: 사물인터넷과 공유경제의 부상』, 민음사. 물건이 만들어지는데 비용이 들지 않는다니 놀라운 개념정의가 아닐 수 없다. 일등공신이 ICT를 필두로 하는 가상공간의 최대활용이다. 물론 그의 자본주의 몰락론처럼 한계비용도 제로가 되진 않을 터다. 시장은 만만찮다. 늘 새로운 먹거리를 만들어낸다. 거래되지 않았던 것들까지 시장화해 부가가치를 얻어낸다. 성장지향의 자본속성이다.

4차 산업혁명은 사람을 바꿀 중대한 상황변화 중 하나다. 생산·소비현장 모두에 적용되는 변화흐름이다(생산자=소비자). 생산현장에선 고전적인 의미로서의 투입노동은 사라질 확률이 높다. 단순노동은 기계로 대체된다. 이미 생산주력을 로봇으로 대체한 곳이 부지기수다. 첨단로봇은 노동종말에 무게중심을 싣는다. 인공지능의 힘이다. 노동이 필요한 부분은 제한된다. 그것도 고생산성을 갖춘 인재영역에 한정된다. 사람특유의 감각·체온이 필요한 서비스부문을 빼면 일자리는 줄어든다. 아니면 훨씬 분업화된 역할업무만 할당된다. 4차 산업혁명에조차 투입자원은 고도화된 분업업무의 반복노동이 지배적이다. 24시간 결과물을 쏟아내는 기계와 경쟁해 이기자면 한층 세분화된 고도분업이 불가피하다. 화이트칼라조차 예외는 아니다. 부서·팀이 계속 쪼개지는 건 분업효율의 극대화를 꾀해서다. 한 사람이 모든 걸 해내는 시대는 일찌감치 지나갔다.

분업의 피로가 만들어낼 신고객의 출현

분업이 나쁘진 않다. 되레 인류를 먹여 살린 생산성 향상의 주역이다. 분업체계로 저비용·고효율의 가성비를 구축해냈다. 원래 분업구조는 인구변화와 밀접하다. 인구증가·경제성장이 호순환하며 분업시스템을 강화·발전시켰다. 단순·반복작업으로 단위당 생산성을 높임으로써 고용확보·수요증대를 실현해냈다. '인구증가→수요확대→분업확산→고용증가→생산증대→고도성장'의 흐름이다. 늘어난 인구를 먹여 살리는 데 생산·소비 양측면에서 분업은 주요역할을 수행했다. 대신 부작용도 낳았다. 기계의 부속·파편처럼 특정공정·작업만 반복해 인간성을 제거했다. 인간이 빠진 노동의 무한반복은 숙련도는 높여줘도 다기능의 창조성은 도태시켰다. 그럼에도 분업은 확대된다. 한번 검증된 분업파워는 쉽게 제거되지 않는다. '고성장→저성장'의 압력에도 갈수록 설명력이 강화된다.

분업은 산업현장에만 존재하지는 않는다. 사회전반에 걸친다. 대표적인 게 가족역할·세대부조의 분업체계다. 요약해 가족역할의 분업구조다. 옳고 그르고를 떠나 가족분업은 과거의 지배적인 가정질서였다. 각자의 성·연령별로 역할을 분업함으로써 가정경제를 도모했다. '가족역할=분업구조'의 정착이다. 다만 더는 아니다. 가족구성의 패러다임이 상황변화에 맞춰 달라졌기 때문이다. 가족구성에 따른 분업시스템의 거부·포기다. 후속세대면 응당 따라야 할 인생경로인데도 그들은 적극적으로 저항·반발한다. 가족구성이 전제된 선배세대의 인생경로는 따라갈 수도, 따라 하기도 힘들어졌다.

선배세대는 공부를 통한 대졸·취업·승진형의 인생모델에 승부수를 띄웠다. 반면 후속세대는 그렇게 살아본들 인생 별 거 없거니와 고달픈 건 매한가지란 걸 일찌감치 알아챘다. '고성장→저성장'이 가족분업의 설명력을 훼손시킨 결과다. '대학→취업→결혼→출산→승진'으로 연결되는 행복컨베이어벨트시스템의 붕괴다. 이들의 대안모델에 가족은 설자리가 별로 없다. 결혼해도 출산은 별개 이슈다. 나름의 행복·

재미난 인생모델이 먼저다. 고비용·저효율의 불확실한 가족카드를 관성·본능적인 이유만으로 택하진 않는다. 이로써 가족분업은 원천적으로 희박해질 수밖에 없다.

그럼에도 살아내야 한다. 태어난 김에 사는 게 아니라 기쁘게 즐기자면 전략이 필수다. 회사에선 파편화된 분업세포이고 집에선 분업대상조차 없지만, 혼자서 모든 걸 처리할 수는 없는 노릇이다. 후속세대를 중심으로 설명했지만, 나홀로 단신거주·싱글세대면 누구든 해당되는 고민거리다. 즉 분업포기를 커버해줄 새로운 전략수립이 중요해졌다. 분업에 맞설 새로운 대안모색이다. 결국 절대다수의 신고객은 분업체계의 피로·반발을 대체해줄 새로운 욕구발현자로 압축된다. 하고 싶고, 해야 하나 혼자서 못하거나 나홀로 힘들면 이는 유력한 사업모델일 수밖에 없다. 분업반발이 낳은 신시장의 출현인 셈이다. 요컨대 '대행시장'의 등장이다. 대신 혹은 함께 해줄 뭔가의 필요다.

분업을 이겨낼 대행시장의 본격개막

대행시장은 신고객이 원하는 탈(脫)분업을 실현해줄 대안적인 소비조류에 맞다. 어차피 일상생활은 혼자든 함께든 기본욕구가 똑같다. 규모가 작을 뿐 종류·빈도는 비슷하다. 그럼에도 분업해줄 상대가 없다면 모두 본인 역할로 집중된다. 만능박사의 다기능 생활자를 원한다. 다만 신고객 중 상당수는 그럴 능력·의지도 별로다. 잡다한 일상업무·살림살이에 노력·시간을 투입하느니 차라리 가치·의미 있는 본인욕구에 집중하는 게 낫다고 여긴다. 대행욕구는 이때 자연스럽게 발생한다. 필요·희망하되 본인 대신 외부·시장화에 의탁해 분업효과를 확보하려는 수요발현이다. 회사에선 분업세포로 돈 벌고, 집에선 그 돈으로 분업대상을 사는 형태. 분업화된 신인류의 아이러니다.

탈분업을 향한 소비경제학은 충분히 확인됐다. 시대조류인 탓에 채택할 수밖에 없는 생존전략에 가깝다. 즉 분업화를 야기한 현대화·도시화·산업화가 전인만능을 퇴화시켰다. 대신 부속품처럼 특정의 분업업무만 알도록 제한시켰다. 가사거리도 마찬가지다. 잡다한 생활문제조차 해결하려는 경험도 의지도 희박하다. 생활문제를 스스로 처리하던 때는 지나갔다. 형광등만 나가도 사람을 부르는 시대다.

아파트 생활이 대행욕구에 불을 당긴 건 물론이다. 어느샌가 이사는 대행업체가 도맡기 시작했다. 용달차만 부르던 것에서 인력을 포함해 포장부터 재배치까지 모든 걸 다해준다. 주방·화장실만 맡는 분업여성까지 있다. 주차대행은 일상다반사며 가사대행은 사실상 끝판왕이다. 청소부터 빨래·요리는 물론 심지어 부모·하객동원의 역할대행까지 성행한다. 단순한 심부름까지 영역에 포함된다. 사실상 하지 못할 대행거리는 없을 정도다. 맞벌이로 육아도우미를 찾는, 일종의 엄마대행은 분업사회 한국의 슬픈 상징으로까지 부각된다.

대행시장은 신고객의 소비욕구와 정확히 일치한다. 생활전반에서 나홀로는 해소하기 힘든 불편·불만·불안지점은 갈수록 늘어날 수밖에 없다. 분업사회의 답답함을 풀어줄 대체소비로 제격이다. 인구변화로 비롯된 가족해체는 이를 뒷받침한다. 4인화에서 쪼개지고 나눠진 1인·2인화의 추세와 전인동원(맞벌이)의 취업현실을 보건대 향후 커질 수밖에 없는 신시장이다. 가족위주의 적분소비가 줄어든 대신 개별욕구를 위한 미분소비의 구매력이 강화된다는 점에서 귀추가 주목된다. 경제적으로 여유롭되 생활적으로 성가셔진 신고객의 본격등장은 대행시장의 성장기반이다.

당장 1인화는 대세다. 2017년 1인 가구는 562만 가구(2000년 222만 가구)로 17년 새 153%나 급증했다. 특히 2015년 1인 가구의 주거지 점유형태는 본인 소유주택(34%)이 늘어났다. 방을 4개 이상 쓰는 1인 가구도 2000년 12.2%에서 2015년 31.1%로 급증해 그들의 경제능력을 뒷받침한다.[3] 따라서 '미분소비=대행시장'은 결이 맞다. 분업의 최소단위가 1인화의 미분소비라면 그들이 원하는 생활전반의 욕구해결이 외부·시장화될 수밖에 없다. 더불어 여성의 경제활동 확대가 불가피하단 점에서 정부정책도 대행시장의 규제완화에 우호적이다. 그만큼 대행시장은 전망이 밝다.

대행시장의 핵심은 가사대행 서비스

가사업무는 대행시장의 핵심수요다. 살림살이에 외부손길을 결합한 업종이다. 맞벌이로 일하는 엄마가 상식이고, 신체한계로 생활유지가

---

3 통계청(2018), '인구주택총조사에 나타난 1인 가구의 현황 및 특성', pp.4-8.

힘든 고령인구가 늘어난 게 출발점이다. 가사대행이 활황인 일본에선 상당한 규모로 성장했다. TV드라마에서 가정부·집사가 주인공으로 등장할 정도다.[4] 아직은 이용경험자가 ±20% 수준이지만, 여성의 사회진출과 세대소득의 증가를 감안하면 추가성장이 기대된다.

2017년 가사대행 서비스 시장규모는 전년대비 3.1% 늘어난 906억 엔대로 커졌다. 비약적이진 않아도 2013년 818억엔에서 매년 확대되는 경향이다(야노경제연구소).[5] 가사대행사업에 뛰어든 사업자(등록건수)는 2006년 205건에서 2014년 629건으로 증가했다. 경제산업성의 산업추계에 따르면 가사대행 서비스의 시장규모는 조만간 6,000억엔대까지 성장할 전망이다. 주된 이유로 증가추세인 △맞벌이가정 △고령자 △단신세대 △민박수요 △사회의 의식변화 등을 꼽는다. 정부지원도 거론되는데 △인구변화와 노동감소 △여성 활약 기대증가 △여성진출에 우호적인 제도개편 △여성지원을 위한 가사대행 규제철폐 등이다.[6]

4　한국에서도 리메이크(수상한 가정부)된 니혼TV의 '가정부 미타(家政婦のミタ)'를 필두로 아사히 TV의 '가정부 미타조네(家政夫のミタゾノ)', TBS의 '도망치는 건 부끄럽지만 도움이 된다 (逃げるは 恥だが役に立つ)' 등에 가정부 혹은 가사대행인이 등장해 인기를 끌었다.

5　Moneyzine, '「家事代行」市場, 2017年度は3.1%増の906億円. 世帯年収1000万円以上では約4 割の女性が利用', 2018.09.08.

6　経済産業省(2014), '家事支援サービスについて', 平成２６年３月１４日, pp.1-2

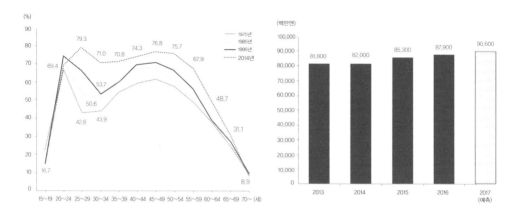

〈그림〉 일본의 여성취업률과 가사대행 서비스의 시장규모 추이

– 자료: 총무성(노동력조사) 및 야노경제연구소

가사대행은 서비스와 제품으로 나뉜다. 가사대행 서비스는 전문·특화인력이 가사용역을 공급하는 형태다. 서비스 말고도 제품도 있다. 가사대행의 기능성을 장착한 제품이 대표적이다. 요리·청소·설거지 등의 기능성을 강조한 전자제품과 함께 음식·외식 등의 가공된 먹거리가 그렇다. 실제 대행효과를 체화시킨 제품출시는 활황세다. 로봇청소기·전자레인지·기능세탁기를 필두로 외식·슈퍼의 반찬거리, 냉동·가공식품은 없어서는 안 될 필수품목으로 안착했다. 가격저항을 낮춘 대신 높은 실용성을 내세워 가사대행의 주류산업으로 떴다. 식재료·음식 등 택배 서비스와 맞물린 중간·가공식품도 마찬가지다.

트렌드는 변한다. 예전엔 직접적인 노동고용을 통한 대행 서비스보

　　　　　　　　　　　　　　대한민국 인구·소비의 미래

다 이들 특화제품을 통한 간접적인 대행보조가 많았다. 사람을 부르는 가사대행이 낯설었기 때문이다. 다만 지금은 가사대행이 '제품→사람'으로 옮겨가는 전환기로 해석된다. 척박했던 인력파견을 통한 가사대행 서비스의 환경변화다. 버튼 하나로 자동청소기이든 세탁 이후 주름제거 건조기이든 기능한계가 적잖아서다. 기계로는 따라가기 힘든 사람손길의 부각인 셈이다.

실제 전담서비스는 꾸준한 증가세다. 연말 대청소처럼 특별이용이 아닌 정기적인 고정수요도 늘어났다. 욕조·창문 등 청소를 비롯해 근로여성을 위한 일상적인 가사의뢰부터 결혼·출산축하와 노부모 선물용으로까지 활용된다. 만족도는 높다. 전용기자재를 보유한 전문 노하우의 손길은 확실히 효율성이 높기 때문이다. 따라서 단순한 대행이라기보다 고품질의 가사욕구를 위한 이용욕구로도 해석된다. 정부도 '생활지원서비스산업'이란 포괄적인 정의로 가정생활에 필요한 음식·세탁·청소·쇼핑 등의 대행서비스에 주목한다. 전체·일부의 가사대행 서비스와 특정작업의 특화된 개별서비스는 물론 식품·일용품 택배서비스까지 아우른다.

공급형태도 다양화된다. 전통적인 '가사=여성'의 틀을 깬 남성스텝의 등장이 그렇다. 가구이동, 대형쓰레기 처리 등 남성근육이 필요한 가사가 많고 여성스텝에겐 보여주고 싶지 않은 미묘한 살림관련 위화감 탓이다. 덕분에 기호별 다양서비스가 가능하도록 라인업은 세분화된다. 금액별·성별·품목별로 구분된 맞춤서비스의 등장이다. 특히 여성고객의 잠재선호가 뚜렷하다. 일과 일상생활을 10으로 봤을 때 배분의 현실과 희망차이를 보자. 현실은 일(5.9)이 일상생활(4.1)보다 높은데 희망은 일상생활(5.3)이 일(4.7)보다 높다. 충분히 일상생활에 시간·노력을 투입하지 못한다는 의미다.[7]

高만족·低이용 속 뜨거워지는 가사대행

신고객이 확인된 이상 신시장이 펼쳐지는 건 당연지사다. 가사대행 시장을 둘러싼 기대감도 높아지는 분위기다. 맞벌이 부부대상 잡지(닛케이 Dual)의 설문조사를 보면 2012년 3.2%에 머물던 가사대행서비스 이용비용이 2016년 62.7%까지 치솟았다. 전체조사가 아닌 맞벌이 타깃이지만 꽤 높은 수치다. 고가격 부담과 타인의 집안방문을 꺼리는 일본특성을 보건대 보기 드문 신장세다. 맞벌이·1인화가 늘고 신규진입·경쟁격화로 가격인하가 시작되면서부터 시장성장이 본격적이다.

가사대행업체의 설문조사에 따르면 인기서비스는 청소(50%), 요리 (36%), 설거지(34%), 빨래(32%) 순서로 나타났다. 맞벌이의 경우 이용계

---

7 전영수, '노부모 선물용으로 뜨는 가사대행서비스', 한경비즈니스, 2013.12.09. '일하는 여성과 생활조사(2013)'에선 맞벌이 지원정책에도 불구, 여전히 일에 비해 부족한 생활배분에의 요구가 밝혀졌다(일본히브협회). 일과 일상생활 전체를 10으로 봤을 때 현실배분은 일(5.9)이 일상생활(4.1)에 비해 높은 반면 희망배분은 각각 4.7과 5.3으로 조사됐다. 원하는 만큼 개인시간을 갖지 못하는 한계다. 그러니 일상생활 만족도는 50% 이하로 낮다. 특히 간병(34%), 운동·건강관리(37%), 청소(37%) 등이 불만족스럽다. 가사대행 생활가전 이용률 중 눈에 띄는 것은 자동식기세척기(26%)다. 이용하고 싶다는 응답까지 합하면 56%가 긍정적이다. 향후 이용의사가 높은 것은 로봇자동청소기(45%)다. 반면 청소업자(38%)도 높았는데, 이는 일하는 여성의 불만 중 상당량이 청소문제라는 걸 의미한다.

기는 가사부담(21%), 입원 등 일시부재(9%), 출산(9%), 시간부족(9%), 출산·육아휴직 복귀(5%) 등이다(PERSOL·2016). 앞서 일과 일상생활의 희망배분을 보건대 여전히 가정생활에의 배분압력이 높다는 점에서 시장확대는 고무적이다. 일과 가정의 양립조화가 확산세지만, 일평균 가사시간의 절대비중이 여성쏠림이란 점도 대행수요의 호재다. 2016년 일평균 가사시간은 여성(144분)이 남성(19분)보다 월등하다(사회생활기본조사·2016).

경쟁은 치열하다. 매출액 200억엔대에 육박하는 1위 다스킨(ダスキン)은 서비스(메리메이드) 제공범위가 넓다는 걸 내세워 시장공략에 열심이다. 청소부터 세탁·요리·쇼핑 등 다양한 생활전반의 대행업무가 의뢰된다. 분야별 특화업무를 내세운 일반적인 경쟁사와는 전략이 다르다. 사전방문으로 서비스를 맞춰주는 시스템(오더메이드)이 특히 유명하다. 전국 720개점을 통해 전방위 시장공략에 나섰다. 2위 하세가와코산(長谷川興産)은 청소대행프랜차이즈(お掃除本舗)의 점포확대에 사활을 건다. 청소특화 No.1을 위해 다양한 부가서비스를 갖췄다. 추가요금을 없앤 정액제와 의류세탁 보관서비스, 선물플랜 등이 대표적이다. 2016년엔 영국계 사모펀드에 매수되며 IPO가 가시권에 들어왔다.

2019년 가사대행서비스 랭킹 1위(닛케이듀얼)에 오른 카지(Casy)는 최저가로 유명하다. 시간당 2,365엔의 저가격인데도 서비스품질이 높아 고객눈높이를 장악했다. 3시간 전에만 예약해도 서비스를 받는 유연한 응대시스템도 장점이다. 덩치는 작아도 1999년 창업해 누계 190만건의 실적을 자랑하는 베어즈^(Bears)는 단골 위주의 정기계약이 90%를 웃돈다.

한편 이업종의 새로운 시장진입도 목격된다. 물류업체^(센코)는 2017년 업계 중형규모^(이에노나카컴퍼니)의 회사를 M&A해 본격적인 가사대행서비스 시장에 뛰어들었다. 기존자원인 물류거점을 활용해 저비용의 전국서비스를 실현할 계획이다. 부동산개발업체^(프로퍼티에이전트)와 인재파견업^(퍼스나)도 2017년 손을 맞잡고 가사대행서비스^(크라시니티)를 출시했다.

다만 한계도 있다. 정리하면 고만족·저이용이다. 가격부담·심리저항 탓이 크다. 기회는 신고객이 많은 후속세대에 집중된다. 가사대행서비스를 활용하겠다는 20~40대의 응답이 60대보다 높아서다. 실제 20대^(22.3%), 30대^(25.9%), 40대^(26.8%)인 반면 60대^(20.0%)는 상대적으로 낮다. 공통적인 건 가사대행 특화제품을 쓰겠다는 응답^(48.7%)이 가사대행 인력서비스를 부르겠다는 응답^(24.1%)보다 높다는 점이다. 사람보다는 제품으로 가사대행을 기대하는 선호가 높다는 점에서 관련업계의 적극적인 대응이 요구된다. 이유는 고가격^(61.6%)이 압도적이다. 타인방문이 싫거니와^(53.4%) 접촉이 귀찮고^(35.8%) 작업종료 때까지 집에 있어야 한다^(30.4%)는 걸 꺼려했다. 이밖에는 담당자의 성격문제^(27.2%), 기술·재능불만^(24.4%) 등도 자주 거론된다.

---

8 https://kajifull.com/service/bears/(검색일: 2019.08.24.)

대한민국 인구·소비의 미래

그럼에도 대행을 맡기는 이유는 대행품질이 좋고(21.5%), 단순히 즐길 수 있거니와(21.1%), 체력이 달려서(20.4%)가 많았다. 그 밖의 것까지 요약하면 시간이 남아 다른 일을 할 수 있다는 유사응답이 많다. 가사대행 특화제품의 고객욕구는 명확하다. 기대 수준만큼의 효과(42.9%), 합리적인 판매가격(38.9%), 간단한 조작방법(21.8%), 기능·성능의 추가향상(21.1%) 등이다. 향후 제안될 새로운 대행서비스의 추구가치는 20~50대는 시간단축을 강조한 반면 50~60대는 체력·전문지식 보완 서비스로 집중된다. 젊을수록 시간효과를, 늙을수록 체력한계를 강조한 셈이다.[9]

가사대행을 넘어선 대행품목의 다변화

대행시장은 가사에만 안주하지 않는다. 청소부터 시작해 요리·세탁은 물론 쇼핑까지 확대된다. 대표적인 게 쇼핑대행이다. 바쁜 신고객을 위해 물건을 사서 가져다주는 대행업무도 인기가 높다. 쇼핑대행은 일상소모품·생활필수품은 물론 쌀·고기·야채 등 식재료까지 의뢰인을 대신해 사주는 구조다. 역시 맞벌이·1인화의 잠재고객이 시장을 키운다. 근처에 쇼핑공간이 없는 구매난민의 이용률도 높다. 외출의 육체적 부담이 높거나 환자 등도 마찬가지다. 가사대행 서비스를 제공하는

---

9   朝日大学マーケティング研究所, '家事に関するマーケティングデータ～家事代行サービス, 時短家電などの活用編', 2018.08.22. 2018년 5월에 수도권 거주여성 20~69세 427명을 대상으로 실시한 설문결과다.

거대업체는 물론 심부름처럼 구매대행만 해주는 곳도 적잖다.

쇼핑대행의 경우 이미 대형 가사대행 서비스의 필수항목으로 안착된 분위기다. 주 1회·월 2회 이상 계약하는 정기이용자가 일반적이나 단발이용자를 위한 서비스도 많다. 대략적인 비용은 시간당 2,000~3,000엔대가 많다(교통비 별개). 구매항목에 따라 건별로 낼 수도 있다. 대개 자택·회사로의 배달이 많지만, 인터넷 구매가 어렵거나 지역한정 판매품에도 대응한다. 일부회사는 쿠폰제로 가격할인에 나선다.

뭘 살지 괴로운 결정장애 소비자를 위한 대행서비스도 있다. 선택카드가 광범위한 다종·다양의 공급시장에선 더 그렇다. 쇼핑을 즐기지 않거나 시간마저 없다면 불문가지다. 그렇다고 선택압박이 싫어 쇼핑하지 않을 수는 없다. 고객 고민은 사업기회란 점에서 쇼핑피로를 호소하는 이들의 시선·수요에 맞춰 제품선택을 거들어주는 신종사업이 화제인 이유다. 고객으로선 믿고 맡기는 일종의 신뢰구매로 그만큼 검증된 전문가의 개입이 필수다. 고객시선과 프로경험의 매칭사업인 셈이다. 의류·장신구 등이 대표적이다.

의류렌탈회사(air Closet)는 월 6,800엔에 프로 스타일리스트가 고객에게 어울리는 여성복을 골라주는 사업을 시작했다. 단시간에 상당수의 등록고객을 확보해 붐을 일으켰다(2019년 8월 25만명). 전신사진·선호색상 등을 올리면 회사는 방대한 의류 중 고객에게 어울리는 옷을 3벌 고른다. 후보군은 300개 브랜드의 총 10만종에 달하는 의류다. 이중

2벌을 최종·선택한 후 나머지 1벌은 고객선호에서 약간 벗어난 것으로 제안한다. 의외의 코디지만, 되레 신선한 소비욕구로 연결돼 만족감을 높인다(91.8%). 회사 표현처럼 '새로운 본인과의 만남' 때문이다. 월액만으로 빈도제한 없이 무한교환이 가능하다. 반송기한이 없어 계속 입어도 된다. 반송 때 세탁필요는 없고, 송료는 무료다. 받은 옷 중 맘에 들면 사도 된다.[10]

에어클로젯·리프가 확인한 쇼핑대행의 힘

쇼핑이 고달픈 건 여성보단 남성이다. 남성대상 양복을 선별해 보내주는 서비스(leeap)가 주목을 받는 배경이다. 이 회사(키잔키잔)는 2016년부터 서비스를 시작했는데, 회원등록 후 매월 다양한 패턴의 양복을 배달·반납하는 구조를 런칭했다. 매월 최저 7,800엔이면 조건별로 원하는 의류를 대행해 선별·송부해준다. 1개월 후 반납하면 다시 새로운 양복이 배송된다. 이로써 뭘 고를지의 고민은 필요 없다. 회사가 최신 트렌드와 회원연령·용도 등에 맞춰 엄선아이템을 조합해 보내준다.

비용은 적잖다. 가령 '자켓팬츠코스'는 양복세트 2벌인데 매달 1만 3,800엔에 달한다. 연단위로 환산하면 차라리 구입하는 편이 저렴할 수 있다. 결국 다른 이유가 필요하다는 얘기다. 양복구매 때 동반될

---

10 https://www.air-closet.com/(검색일: 2019.08.23.)

수밖에 없는 다양하고 번잡스런 수고·노력을 대행해주는 값어치다. 실제 옷을 사면 옷값과 함께 보관비^(세탁비 등)와 유행확인비^(잡지구입 등)이 별도로 필요하다. 유행이 지나면 입기 어려운 위험도 감수해야 할 몫이다. 장롱 속의 대부분 옷이 버리지도 입지도 못하는 고민스런 결과가 나오는 게 일반적이다. 이를 대행해준다면 돈은 좀 들어도 속편하고 의지가 된다. 단골 중 일부는 서비스를 이용한 후 아예 의류쇼핑 자체를 포기한 사례도 소개된다.[11]

옷만이 아니다. 고르기 힘든 것이면 뭐든 구매대행의 후보품목이다. 책도 속한다. 한국에서도 유명세를 떨친 후 벤치마킹이 잇따르는 홋카이도의 동네서점^(이와타) 사례가 뒷받침한다. 점주의 추천서적을 1만엔 금액만큼 골라 고객에게 배송하는 아이디어다. 요컨대 '1만엔 선서(一萬円選書)'로 불린다. 이후 전국적인 주문쇄도라는 전대미문의 사태를 낳으며 일약 화제의 구매대행으로 주목받았다. 설문조사로 고객의 직업·나이·가족관계 등 몇 가지 취향을 종합해 가장 만족할 수 있는 책을 골라줘서다. 선서 서비스는 종료까지 대략 3~4개월 걸린다. 메일·팩스·편지 등을 통한 설문조사는 1회가 아니라 수차례 상호확인을 반복한다. 주인이 권한 추천리스트를 1차로 보낸 후 재차 의논해 뺄 건 빼고 더할 건 더한다. 그럼에도 선서작업을 직원에게 맡기지 않는다. 본인의 능력범위까지 받은 후 완료 전까지는 추가신청을 중단한

---

11 https://leeap.jp/(검색일: 2019.08.23.)

다. 2019년 8월 현재도 홈페이지엔 접수중지 안내가 실렸다. 대략 2개월 후는 지나야 신규신청을 받는 걸로 추정된다. 독서광인 주인의 치밀한 분석과 장인정신이 낳은 아이디어다. 고객설문을 통해 팔리는 책이 아닌 읽어야 할 책을 골라주는 게 승부처다. 더불어 선별이유 등을 메시지로 보내는 세심한 서비스도 인기다.[12]

살림살이를 맡아주는 물건보관 대행사업도 있다. 자택·회사 이외의 외부공간을 빌려 개인물건을 보관하도록 공간대여를 해주는 아이디어다. 일본에선 수납대행·공간임대 광고를 손쉽게 찾을 수 있다. 대부분 1평 안팎의 공간을 장기간 임대하는 형태다. 보관기간 동안 습기·탈취기능을 비롯한 완벽한 환경제공 덕분에 계절성 수납수요가 있는 가정주부와 덩치 큰 레저용품을 보유한 청년수요가 많다. 수납대행은 트렁크룸(창고사업자)과 컨테이너수납·렌털수납(부동산업자)으로 나뉜다. 창고업자 보유창고에 맡기는 트렁크룸보다는 컨테이너·렌털수납 성장세가 돋보인다. 컨테이너는 보관장소가 외부지만 렌털수납은 건물 내부에 공간을 쪼개 빌려준다.

경쟁은 뜨겁다. 공간매입 없이 임대하면 낮은 비용으로 초기투자가 가능하다. 유휴공간을 보유한 회사라면 매력적이다. 물건보관에 골치인 법인수요도 많다. 게이오(京王)전철 등 비교적 입지환경이 좋은 부동

---

12 http://iwatasyoten.my.coocan.jp/(검색일: 2019.08.23.) 및 전영수, '맞춤형 책 추천 이와타서점의 기적', 한경비즈니스, 2015.12.01.

산을 보유한 회사가 주도한다. 수도권고속도로회사도 고가아래 유휴
지를 활용하고자 수납대행을 시작했다. 유통업체 이온그룹의 쇼핑센
터에도 렌털업자의 출사표가 이어진다. 주차장 2층에 공간을 만들어
수납대행을 해주는 형태다. 최근엔 미쓰이물산 등 거대기업까지 진입
했다. 일부 지역의 한정사업에서 수도권을 중심으로 적극적인 출점전
략을 세웠다.

구매대행 완성해줄 배달시장 급성장

대행시장의 수요는 배달수요의 증가로 연결된다. 대행의 끝이 배달
로 마무리될 확률이 높아서다. 맡겼다면 받는 게 자연스럽다. 배달은
소비자의 직접구매를 대체해줄 전체품목에 해당된다. 직접매장이 아
닌 인터넷·모바일을 통한 간접구매도 결국 배달수요를 낳아서다. 결
국 대면접촉형의 구매패턴이 변화한다면 그 끝은 배달수요로 연결될
수밖에 없다. 배달이 편한 신고객의 등장도 시장잠재력을 부가한다.
이렇게 되면 배달은 소비시장의 필수불가결한 트렌드로 확대된다. 단
순한 음식배달을 넘어 배달 라인업은 다종·다양의 전체시장까지 커버
할 수 있다.

'미래사회=고립개인'에 동의한다면 필요제품을 배달·수령하는 소비
욕구는 자연스럽다. 일본에선 도시락·반찬 등은 물론 가공·냉동식품
을 가정·직장에서 즐기려는 나카쇼쿠(中食) 문화가 확산세다. 배달서비
스를 이용하는 새로운 음식점도 가세한다. 스마트폰 주문·배달앱도

대한민국 인구 소비의 미래

인기다. 신문배달·음식점이 협력한 배달서비스도 틈새로 등장한다. 새로운 택배서비스로 △신문배달과 연계해 배달기능 없는 소매점 활용(주문배달포털사이트) △앱 주문 등록배달원이 가능시간에 배달(요리배달서비스) △새로운 앱 다운 없이 SNS에서 배달검색·주문가능(SNS앱) 등이 주목받는다.[13]

배달시장의 단골품목인 음식은 직접적인 요리취식보다 간접적인 대행구매로 빠르게 전환되고 있어 시장성장세가 뚜렷해질 전망이다. 이는 인구변화에 따른 신고객의 취향조정이 반영된 결과다. 특히 음식시장은 줄어도 음식배달은 기대된다. 2016년 식품배달 시장규모는 2조 782억엔으로 전년대비 103.3%나 늘었다. 2021년엔 2조3,985억엔까지 예상되며, 2.9%의 연평균성장세가 기대된다.[14]

당장은 고령자와 맞벌이가 양대 수요다. 특히 고령싱글을 위한 재택배식서비스 외에 생협·온라인슈퍼·자연식품택배·편의점택배 등 새로운 판매라인까지 가세하며 배달수요는 더욱 커질 전망이다. 그도 그럴게 살균 등 위생문제에 민감한 신선식품까지 배달품목에 올랐기 때문이다. 선도(鮮度)관리로 신선식품의 인터넷 판매가 가능해지면서 청년고객을 중심으로 심리장벽이 낮아진 것도 한몫했다. 신고객의 시간활용에 대한 인식변화와 ICT 진전에 따른 시간의 유효활용은 배달시

---

13 内閣府(2018), '中食と配達飲食サービスの動向について', 今週の指標 No.1187

14 矢野經濟研究所(2017), '食品宅配市場に関する調査を実施(2017年)', ニュース・トピックス.

장의 주요호재다. 따라서 시간효율화서비스를 마케팅으로 내거는 게 권유된다. 소비자의 중시가치와 배달서비스의 특징을 결합하면 공간 활용형(카페병설 코인세탁소), 교환형(출장요리), 빈틈활용형(24시간 피트니스), 분절형(배달·택배서비스) 등의 후보군이 매력적이다.[15]

---

15   三菱UFJリサーチ＆コンサルティング(2018), '「時間」視点で見えてくる新たなビジネスチャンス', コンサルティングレポート, pp.1-4.

제12장

복잡해진 '미들엣지'를 선점하라!

△마이싸이더: My(나의) + Side(~를 중심으로 한) + er(사람)

△실감세대: 實感(실감) + 세대(世代)

△팔로인: Follow(따르다) + 人(사람)

△가취관: 가벼운 + 취향위주의 + 관계

△소피커: 所(바 소)/小(작을 소) + Speaker(말하는 사람)

독특한 신조어다. 낯설되 재미나다. 후속세대의 상징그룹 M(밀레니얼)·Z세대의 트렌드를 5가지 키워드로 선정한 결과다.[1] 생소하되 뜯어

---

1 https://smcncad.com/463(검색일: 2019.08.26.) 대학내일20대연구소가 2019년을 주도할 MZ세대의 트렌드 키워드 5개를 뽑아 발표한 자료다(2019.01.08.).

보면 그럴듯하다. 젊은이들의 새로운 소비지향과도 맞다. 생뚱맞은(?) 제품화 실험도 있다. 이쯤에서 퀴즈다. '괄도네넴띤' 혹은 'ㅇㄱㄹㅇ ㅂㅂㅂㄱ'는 무슨 뜻일까. 모르면 기성세대로 낙인찍힌다. 둘다 시중에서 팔리는 제품명이다. 한국야쿠르트의 한정출시품^(팔도비빔면)과 편의점CU의 초코케이크^(이거레알 반박불가)다.[2] Z세대가 중심이 된 언어파괴적인 소통 트렌드를 반영한 실험이다. 결과는 성공적이다. 없어 못파는 레어템에 올랐다. 즐기는 선호언어를 정확하게 읽어내고, 절묘하게 반영해낸 트렌드 분석결과일 수밖에 없다.

MZ세대 소비에만 집중된 판단착오

늘 그랬듯 시장은 젊음 편이다. 최근엔 온통 M^(밀레니얼)Z세대에 꽂혔다. 워낙 별종의 신인류인지라 이들을 모르고선 매출증진은 물론 기업경영까지 쉽잖다. 마케팅업계의 관심·행보도 적극적이다. 느닷없진 않다. 옛날부터 청년세대는 공략고객 1순위였다. 인생 전체에 걸쳐 반복구매를 실현해줄 충성고객으로 제격이었다. 고성장으로 갈수록 소득도 커졌다. 광고업계가 20대 여성에 포커스를 맞춘 이유다. 그랬던 게 이젠 고민지점이 섰다. 상황변화 탓이다. 무작정 관성적인 러브콜만 보내기엔 후속세대의 환경반전이 구체·체감적이다. 불황·실업의

---

2 대한상공회의소, 'Z세대의 등장과 기업에 주는 시사점', 대한상의브리프 103호, 2019.08.19. '괄도네넴띤'은 화제를 모으며 온라인 한정수량 500만개가 1개월만에 완판됐고, 'ㅇㄱㄹㅇ ㅂㅂㅂㄱ'와 'ㅇㅈ? ㅇㅇㅈ(인정? 어 인정)'는 업체매출을 2017년 36억원에서 2018년 114억원으로 올려줬다.

직격탄을 맞은 가운데 라이프사이클의 표준모델조차 갈아치우며 과거와 결별하는 소비트렌드를 지향·실현해서다. 즉 상황변화에 맞춰 최적의 생존전략을 채택, 그 속에서 새로운 욕구·가치·취향을 소비로 연결시킨다.

기업·시장으로선 고민스러울 수밖에 없다. 방치하기엔 아깝고 공략하기엔 덧없다. 새로운 전략수립이 간절하다. 결정적인 이유는 또 있다. 딜레마를 뒷받침하는 인구통계의 숫자변화다. '신고객→신시장'이면 양적·질적 인구변화는 주력고객이 '청년그룹→중고령그룹'으로 전환됨을 뜻한다. 원래 변화란 게 가랑비에 옷 젖듯 슬금슬금 시작하되 눈치 채면 흠뻑 젖는 것처럼, 아직은 체감하기 힘들어도 비중역전은 조만간의 시간문제다. 가령 구매력을 겸비한 생산가능인구(15~64세)의 2017년 감소반전은 그 추동력이 후속세대에 있음을 알려준다. 진입인구는 출산 폭감으로 줄어들었는데, 퇴진인구는 가뜩이나 덩치 큰 베이비부머다. 생산가능인구의 하락추세는 급격할 수밖에 없다.

실제 연령대별 인구비중의 변화를 살펴보면 청년(10~39세)그룹은 확연히 감소하는 반면 중년(40~69세)과 고령(70세~)은 그만큼 덩치가 확대된다. 1990년 청년그룹은 전체인구의 73.0%였는데, 2035년 35.4%으로 절반 이상 감소한다. 반면 중년과 고령은 동일기간 24.1%에서 43.8%, 2.9%에서 20.8%로까지 비중확대가 예고된다. 그나마 현재의 낙관적인(?) 출산율이 유지된다는 걸 전제로 뽑은 비중변화다.[3] 이로써 한국사람을 정렬시켜 한가운데 사람의 연령인 중위연령은 매년 0.5~0.6세씩 늘어난다. 이미 2010년 37.9세에서 2019년 43.1세로 노화(?)된 상태다.

〈그림〉 연령대별 한국의 인구구성 비중추이

(단위: 명, %)	1990년		2015년		2035년	
	인구	구성비	인구	구성비	인구	구성비
청년(10~39세)	31,261,793	73.0	24,797,365	48.6	18,709,187	35.4
중년(40~49세)	**10,313,257**	**24.1**	**21,782,135**	**42.7**	**23,118,549**	**43.8**
고령(70세~)	1,294,233	2.9	4,435,447	8.7	11,005,986	20.8
합계	42,869,283	100	51,014,947	100	52,833,722	100

– 자료: 전영수(2018), p.181

2035년 인구의 44%가 신중년 미들인구

물론 MZ세대의 출현에 주목하는 건 옳다. 어릴 적부터 장악하면 반복적인 충성구매로 연결될 확률이 높다. 영향력과 파급력도 무시할 수 없다. 무엇보다 재미나고 흥미롭다. 그럼에도 인구통계는 '청년→중고령'으로의 시점변화를 요구한다. 2035년이면 전체인구의 44%가 과거와 결별한 완전히 달라진 신중년(40~69세)의 미들인구가 차지한다. 적

---

3 전영수(2018), 『한국이 소멸한다』, 비즈니스북스, p.181. 통계청 2016년 장래인구추계를 중심으로 필자의 재구성 자료로 중위추계를 모태로 취합한 결과이다. 특히 청년(10~39세), 중년(40~69세), 고령(70세~)의 30년 주기에 따른 연령구분은 필자의 주장임을 밝힌다.

어도 MZ세대를 향한 분석의지만큼 중고령고객의 달라진 마인드·트렌드에의 관심전환이 필요하다.

뜯어보면 중고령고객도 양적·질적인 인구변화의 한가운데에 서있다. 소비시장만 한정해도 꽤 달라졌고, 변화했다. 예전어른과 결별한 새로운 '요즘어른'의 대량등장이다. 숫자도 많을 뿐더러 가치관도 다양하며, 무엇보다 오래 살고 돈도 적잖다. 빈곤·고립·질병을 동반한 채 이미 늙어버린 기존의 어른고객과는 상황 자체가 달라졌다. 기업·시장이 인구통계에 집착하는 건 '인구=고객=시장'이기 때문이다. 그렇다면 절대 요즘어른을 놓쳐서는 곤란하다.

청년세대만큼 중고령시장도 맑고 밝다. 더 맛있고 짜릿한 성공경험을 안겨줄 여지마저 적잖다. 인구통계의 숫자변화가 이를 뒷받침한다. 때문에 MZ세대 신소비에만 집중하는 것은 리스크가 높다. 편향적인 판단착오로 되돌아올 확률마저 있다. 눈앞의 유행·인기는 사라지고 변한다. 빙산을 움직이는 건 수면아래의 거대한 움직임이다. 조용하고 무뚝뚝하다고 중고령고객의 변화된 구매력까지 소홀하면 곤란하다. 과묵한 소비자지만, 상당한 잠재력을 갖췄다. 예전엔 수동적이었지 몰라도 앞으론 적극적인 소비주도가 예상된다.

벌써 미묘한 변화흐름이 하나둘 시작됐다. 연령마케팅의 거부가 대표적이다. 달라진 요즘어른은 '젊음'에 꽂힌다. '늙음'과 '젊음'의 딜레마에서 확실히 젊음으로 돌아섰다. 중년고객은 더하다. 중년을 잡자면 20대의 히트상품임을 강조하는 게 낫다는 말까지 들린다. 타이틀만 20대를 강조할 뿐 실제타깃은 3040세대를 노린 경우까지 있다. 다운에이징(Down-Aging) 마케팅이다. 한편에선 현실상황과도 타협한다. 가장 편안한 방식으로 구매하도록 티 나지 않게 배려해주는 어른채널에 감동소비를 집중한다.

해외가 주목한 중년연구의 시장가치

요즘어른의 몸값이 높은 건 달라진 소비변화를 이끄는 중년인구의 출현 때문이다. 달라진 중년의 달라진 소비가 과거와 결별한 신시장을 주도할 것이란 기대다. 달라진 중년의 심상찮은 소비변화가 한창인 일본현장을 보자. 초고령사회(20%↑)를 일찌감치 돌파한 일본은 주지하듯 중년인구부터의 소비변화가 뚜렷하다. '노인이 먹여 살리는 시장'이란 이미지도 여기서부터 비롯된다.

한국의 MZ세대처럼 청년고객의 독특한 소비심리만큼 조용하되 묵직한 중년 이상의 소비조류를 둘러싼 해외연구도 잦다. 과거와 결이 달라진 차별적인 소비 트렌드를 이해하고자 세대연구를 세분화해 연령·소득·취향별 핵심욕구를 도출하는 식이다. 연구기관은 물론 광고·마케팅업체부터 일반기업까지 인구변화가 낳은 다양한 소비 트렌드를 파악·대응하는 것이야말로 미래전략의 핵심과제인 까닭이다. 이때 중요한 건 어른시장의 정의가 아닌 변화에 동반된 니즈 포착이다. 가령 한층 본격화될 요즘어른의 수요변화는 중년이후의 경제력(고용형태)과 소비지향(물건소비 vs 가치소비)으로 구분된다. 이를 세분화하면 개별

니즈에 호응하는 상품·서비스의 내용이 자연스레 도출된다.

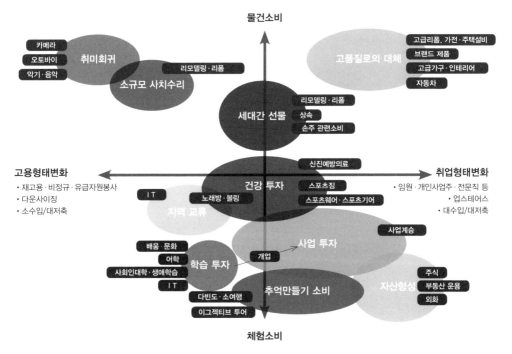

– 자료: 中田典男, 'アクティブ·シニアのニ□ズマッピング',
日本SPセンターシニアマーケティング研究室(검색일:2019.09.25.)

중위연령 43.1세(2019년)의 한국사회도 시나브로 중년분석에 착수했
다. 조로(早老)사회의 희생양이자 낀 세대의 상징이면서 덩치까지 만만
찮은 X세대가 40~50대에 깊숙하게 합류하면서부터다. 한때 놀랄 만
큼 이질적이고 느닷없는 유행을 이끌며 얄궂고 되바라진(?) 이미지를

만들어냈지만, 지금은 MZ세대에 밀려 관심도 못 받고 뒷방퇴물로 전락한 투명인간처럼 살아가는 푸념의 당사자들이다.

그렇다고 지체된 세대교체 속에 정치·경제·사회의 이렇다 할 주역조차 아니니 패배·상실감이 적잖다. '중년'을 제목·부제로 넣은 책만 169건[4]에 달한다. 대개는 어둡고 힘든 삶에 대한 위로·공감 이슈에 집중한다. 달라진 경제력·소비력 등은 관심대상 밖이다. 하물며 신시장을 주도할 요즘어른다운 대접도 별로다. 청년과 고령은 시장이 있을지언정 중년은 케케묵은 고정관념 속의 유령시장일 뿐이다. 샌드위치 신세처럼 봉양·양육 탓에 벌되 안 쓰고 못 쓰는 아저씨·아줌마란 인식이 지배적이다.

일본은 다르다. 신시장을 열어젖힐 요즘어른의 선두주자로 달라진 중년인구를 꼽는다. 고령시장·실버산업을 위해서도 중년분석이 전제된다. 일찌감치 분석한 덕에 실험을 넘어 안착한 달라진 중년마케팅도 적잖다. '아라포(Around 40)'란 신조어가 상징적이다. 막강해진 경제력으로 한번 꽂힌 항목에 상당액을 쓰는 새로운 중년소비의 리딩그룹을 뜻한다. 원래는 마흔 안팎(35~44세)의 골드미스를 지칭했지만, 지금은 남녀불문 새롭게 등장한 파워풀한 중년소비의 주도그룹으로 확대된다. 주로 미혼중년이 많으나, 일각에선 기혼중년의 달라진 소비트

---

4 2019년 8월23일 현재 예스24에 키워드 '중년'을 검색한 결과다. 대개는 복잡하고 힘든 중년생활의 위로·지침서이자 한편에선 달라진 마인드를 강조한 '신중년'을 다룬 경우가 태반이다. 마음자세·심리상태 등에 주목하는 경우가 많다.

렌드도 아우른다.[5]

실제 일본의 중위연령은 2017년 기준 47.3세까지 올라섰다. 저출산이 한국보다 일찍 시작됐다는 점에서 연간 ±1세씩 높아진다. 2015년은 46.5세였었다. 평균과 중위는 구분해야 함에도 늙어간다는 점은 부인하기 어렵다. 고객비중이 '청년시장→어른시장'으로 변한다는 점은 비켜서기 어렵다. 예측초월의 저출산 충격이 이제 본격화된 한국은 10~30년 후 일본을 제치고 늙어갈 전망이다. 2050년 중위연령(53.7세)는 세계 선두권으로 예측된다. 소비시장 주력부대의 손바뀜이다.

중년이 꽂힌 3가지 미들에지

중년의 시장소외는 일본도 마찬가지였다. 가족을 위한 적분소비가 대세였을 뿐더러 고령·청년고객은 1인화에 기초한 미분소비로 대응해왔다. 중년을 둘러싼 시장·마케팅의 관심·애정은 제한적인 일부 소비에 머물렀다. 다만 최근엔 전략수정이 빈번하다. 시니어시장이 기대보다 뜨겁지 않았고, 원인이 미래불안·자산부족임을 이해한 후

---

5 전영수, '진퇴양난 위기에 빠진 일본 아라포 세대', 한경비즈니스, 2018.12.04. 물론 ±40세의 중년인구를 둘러싼 위기감도 높다. 1990년대 취업빙하기 때 사회에 진출하면서 장기·안정적인 일자리를 확보한 인구가 상대적으로 적기 때문이다. 사회진입 때의 취업장벽이 중년이 된 최근에는 한층 고착·확대되면서 알바인생에 전전하는 중년인구도 상당수에 이른다. 20년이 한참 지났지만 취업빙하기 사회진출의 뒷덜미가 인생전체에 먹구름을 안긴다는 점에서 일본사회의 새로운 해결과제로 떠오르고 있기도 하다. 특히 중년연령답게 부모의 간병수요까지 발생하면서 새로운 빈곤집단으로 부각, 해결을 위한 목소리가 높다.

어른시장의 고객타깃으로 앞으로 늙어갈 요즘어른에 포커스를 맞추는 식이다. 실제 옛날어른과 요즘어른의 최대차이는 경제력에 힘입은 적극적인 소비마인드로 정리된다.

중년독신은 더 파워풀하다. 덕분에 시장은 '시니어→중고령(中高年)'으로 어른시장의 공략대상을 확대한다. 연령대로는 40대부터 시작해 50대가 집중적인 타깃고객이다. 성과는 도출된다. 소매유통은 물론 전자상거래까지 매출주역이 중고령고객으로 전환됐다. 50대와 20대만 비교하면 편의점은 물론 통판매출까지 역전됐다. 간판상품의 입고·판매전략도 수정 중이다. 안경·자동차·식품 등 업종불문 '젊음→늙음'을 반영한 라인업의 변화가 구체적이다.[6] 안경은 학생위주의 근시대응에서 노안대비로 전략을 수정했고, 자동차도 남성청년에서 여성중고령으로 타깃고객을 전환했다. 스포츠클럽도 이용자수가 청년중심에서 중고령고객으로 역전됐다. 아직은 노청(老靑) 사이에서 고민하는 회사가 많지만, 대세변화는 이미 시작됐다.

중년중심의 요즘어른은 특징적인 소비지향을 공유한다. 이른바 미들에지(Middle-Edge)다. 중년인구(Middle)의 욕구지점(Edge)이란 의미다. 중고령의 중핵적인 3대 소비행동을 이끄는 특화된 유인지점(Middle-Edge)은 △노스탤지어 △자기부활 △희망실현 등으로 압축된다. 추억소비와 시간해방형의 소비마인드다. 과거 활약·유행한 예술가·예능

---

6 https://messe.nikkei.co.jp/rt/news/114210.html(검색일: 2019.08.26.)

인·스포츠맨 등이 소환조류가 이를 뒷받침한다. 출발연령대는 40대부터다. 세대특유의 체험적 기호성은 나이를 먹어가며 여유로워질 때 적극적인 소비행동으로 발현된다. 노스탤지어의 복간이다. 연구분석에 따르면 추억소환은 20년이 경과한 때부터 나타난다. 40대면 인생 전성기라 불릴 20대를 함께 해왔던 음악·영화의 리메이크 소비를 자극한다. 여기엔 장난감·피규어 등 어릴 적 강한 인상을 줬던 유희대상의 복간판도 포함된다.

50대가 되면 더 적극적이다. 순차적으로 자녀양육이 종료되고 퇴직 등을 계기로 시간구속으로부터 자유로워지기 때문이다. 이때부터는 중고령고객의 시간해방형 소비트렌드로 자기부활과 희망실현에 관심이 꽂힌다. 사회에 휘둘리며 가족을 지켜온 인생과정을 돌아보며 다시금 본인다운 뭔가에 접근하려는 수요$^{(자기부활)}$와 한눈팔지 못했던 치열한 인생경로에서 벗어나 어릴 적 집중했던 취미·유희로 꿈을 이루려는 욕구$^{(희망실현)}$가 그렇다. 각각 예를 들면 악기연주·등산개시 등을 위해 고가의 관련장비를 구매하거나, 넉넉한 구매력으로 어릴 적 제한적이었던 프라모델·피규어 등에 거액을 쏟아 붓는 경우가 해당된다. 끝판왕은 스포츠카나 세계일주여행 등이다. 금전·시간·체력 등 여유로운 중년 이상에게 인기다.[7]

---

7 https://middle-edge.jp/articles/oy251?page=2(검색일: 2019.08.26.) 및
https://middle-edge.jp/articles/4qEQA(2019.08.26.)

신시장의 트렌드세터(Trends-Setter)로서 중년위치

요즘어른이 만들어낸 중년시장의 새로운 성공사례는 연구대상이다. 몇몇을 소개하면 돋보이는 건 과거회상적인 소비욕구의 발현이다. 다이칸야마의 명물인 츠타야서점은 1960~70년대 히트한 명작영화나 복간CD를 전면에 내세워 중년고객을 흡수한다. 자녀양육이 끝나고 퇴직비중이 커지면서 시간해방적, 자기부활적, 꿈실현적인 소비증가에 주목한 결과다. 화장품메이커 맨덤도 아저씨 소비욕구에 주목해 성장했다. 아저씨세대를 노린 폭넓은 상품(루시드)을 출시했는데, 이는 중년남성의 달라진 미용의식이 계기가 됐다. 아저씨 특유의 냄새를 없애는 체취제거제도 인기상품이다. 신사·부인복 의류브랜드 도클라세(DoCLASSE)가 2018년 도쿄 1급의 값비싼 상권지에 중년모델을 내세운 대형매장을 오픈한 것도 화제다. 40대 이후 체형붕괴를 감안해 보정기능을 넣어 젊음유지를 강조한 마케팅 차원이다. 팔뚝·허리둘레 등 외견상 체형라인을 커버하는 실루엣으로 승부했다. 방치했던 중년의 소비여력을 정확한 욕구분석으로 발굴했다는 점에서 호평을 받는다.

중년시장의 전망은 밝다. 그간 소매업계의 마케팅 주요타깃·고객발굴은 가족과 젊음이 양대축이었다. 다만 급격한 인구변화가 상황을 혼돈에 빠트렸다. 2030세대의 청년이탈과 6070세대의 노년가세로 소비패턴을 뒤흔든 자동차 수요변화가 대표적이다. 가족수요와 청년시장만으로는 성장이 힘들어진 셈이다. 이처럼 중년고객을 집중공략 중인 기업은 증가세다. 사회데뷔 후 평생소비에 진입해 반복구매의 충성도

가 높은 2030세대 청년공략은 아쉽게도 점차 후순위로 밀린다. 불황 지속과 청년빈곤으로 구매력이 떨어지고 성징마저 약화, 전통적인 구매욕구가 억제된 결과다. 시대변화가 낳은 상식파괴다.

중년 이상의 요즘어른은 강화된 구매력 덕분에 향후 유력한 소비계층으로 부각된다. 평생비혼의 단신중년은 가족소비가 없고 전적으로 본인만을 위한 적극적인 소비지출이 가능한 알짜배기 신흥고객이다. 40대 중반부터 급여수준도 정점인데 가치관 변화로 표준소비에서는 벗어나려는 잠재고객을 포섭하는 게 어른시장을 장악할 당장의 승부처다. 중년인구야말로 트렌드 주도세력(Trends-Setter)일 수밖에 없다. 따라서 고전적인 연령마케팅은 수정되는 게 바람직하다. 한국의 중년인구는 30년^(40~70세) 신시장 한가운데에 섰다. 2020년부터 본격화될 달라지고 또 달라질 어른시장의 핵심멤버다.

우대서비스로 빛난 중년선점 노하우

눈에 띄는 건 중년선점을 위한 다양한 서비스장치다. 원래 고령우대는 시장·마케팅의 단골 아이디어다. 역시 65세부터 적용된다. 그랬던 게 최근 연령대의 하향조정을 통한 우대서비스가 각광이다. 길어진 인생후반부에 걸칠 반복구매를 위한 선점효과·충성유도 차원이다. 노래방체인^(도아이산업)은 시니어카드의 적용연령을 55세로 인하했다. 점포^(점보가라오케광장)에 해당카드를 제시하면 요금을 할인해준다. 이용 포인트도 쌓이는데 1,000엔짜리 우대권과 교환된다. 영화관^{(TOHO시네마, 109}

시네마 등)도 중년할인에 적극적이다. 부부 중 1명이라도 50세를 넘기면 2인 기준 2,200엔으로 정상가보다 약 1,000엔 저렴해진다.

소매유통업체의 중년할인도 본격적이다. 생활반경인 주택가 중심의 단골영업이 사업성패의 관건이란 점에서 장기방문의 우량고객을 확보하기 위해서다. 할인기회가 적은 청년고객의 박탈감을 감안해 연령우대 대상·규모가 제한적이었는데, 최근 고정관념을 파기했다. 유통업체 이온의 전자머니(G.G WAON)는 55세부터 매월 15일을 감사일로 정해 할인특전을 부여한다. 구두전문점(치요다)은 55세 이상부터 매월 14~17일 4일간 개당 1,000엔 이상 구입하면 10% 할인해주는 서비스(해피55(고고)데이)를 채택했다. 소비에 적극적인 50대를 공략한 전략으로 50대의 달라진 고객욕구를 감안해 시니어란 단어는 빼버렸다.

음식점도 중년고객의 특별한 대접에 속속 나선다. 관서지역 음식체인(원다이닝)의 대표브랜드인 원갈비(갈비점포)는 50대 연령할인을 메인서비스로 장착했다. 미들(중년)부터 연령할인서비스의 적용을 개시한 것이다. 여전히 현역일 확률이 높고 위로는 부모, 아래로는 자녀까지 아우른 3세대 동반소비의 결정권을 중년이 쥐었다고 판단했기 때문이다. 최근 늘어난 50대이면서 손주 동반의 방문가족도 감안한 조치다. 실제 내점고객 연령구성 중 50대가 방문빈도와 지불의향 모두 높은 것으로 확인되면서부터다. 최근 입소문이 한창인 저가격·고품질의 스테이크 전문체인(이키나리 스테이크)은 50세 이상 고객을 대상으로 마일리지카드를 도입했다. 시니어 특전으로 음료무료는 물론 할인쿠폰도 부여한다. 서서 먹는 점포로 유명해졌는데, 대기인원이 많으면 이들의 우선입장을 허용해준다.

교통도 중년 포섭에 적극적이다. JR그룹 6개사 모두 할인서비스를 완비했을 정도다. 국내여행이 노후취미 1순위로 떠오르며 관련수요를 선점하겠다는 전략이다. 시니어연령을 넓혀 중년까지 커버하려는 시도다. 'Full Moon 부부 그린패스'는 대상연령이 가장 젊은데 부부연령을 합해 88세 이상부터 서비스가 적용된다. 5일 8만2,800엔, 7일 10만2,750엔, 12일 12만7,950엔 등 3가지 유형으로 일부열차를 제외한 JR선 그린열차 전부를 자유롭게 승차할 수 있다. 부부 중 한명이 70세 이상이면 요금할인은 더 추가된다. 명칭은 다르지만, 6개사 모두 50세 이상부터 중년할인이 적용된다. JR동일본의 우대서비스^(어른휴일클럽)는 50대부터 입회할 수 있으며^(입회금 2,575엔) JR동일본과 JR홋카이도를 왕복·편도·연속해서 201㎞ 이상 이용하면 5% 할인요금을 적용한다. 1만5,000엔으로 4일간 무제한 탑승하는 서비스^(어른휴일클럽버스)도 회원 한정으로 판매한다. 회원한정 여행 및 이벤트는 물론 여행업체와 협업한 각종 프로그램에도 참가할 수 있다.[8]

---

8 전영수, '큰손 4050 마음 잡기 나선 일본기업들', 한경비즈니스, 2018.05.24.

서비스명/사업자	대상연령	서비스 내용
해피55(고고)데이/치요다	55세 이상	매월 14~17일 개당 1,000엔 이상(세금제외) 상품 10% 할인
고기무한리필코스/원다이닝	50대	무한리필코스 3,218엔을 2,894엔으로 할인. 다른 상품에도 유사서비스 적용
어른휴일클럽미들/JR동일본	남성 50~64세 여성 50~59세	JR동일본과 JR홋카이도 티켓 5% 반복할인. 회원한정 파격할인 티켓도 판매
오토나미/JR서일본	50세 이상	산요신칸센(노조미)와 특급열차 30% 할인. 산요신칸센(코다마)는 60% 할인
부부50할인/TOHO시네마	부부 중 1명 50세 이상	부부동반 영화감상 때 2인 2,200엔
G.G WAON/이온	55세 이상	매월 15일 구매가격 5% 할인
시니어회원/도아이산업	55세 이상	노래방할인. 제3·4 화요일 할인가격 반액. 포인트카드 적립하면 할인권 제공

– 자료: 産経新聞

연령마케팅을 버린 중년시장 히트상품

결국 요즘어른이 펼쳐낼 미래시장의 힌트를 얻자면 아직 본격화되지 않은 고령소비보다 이미 변화가 목격되기 시작한 중년소비를 먼저 연구·분석하는 게 합리적이다. 중년시장의 히트상품에서 요즘어른의 소비욕구를 확인할 수 있어서다. 중년시장은 압도적인 규모의 인원과 탄탄한 경제력을 배경으로 향후 연령소비의 중심에 설 가능성이 농후하다. 1955~75년에 걸친 1,700만 베이비부머가 지금은 사실상 중년그룹에 속한다. 이들은 당분간 정년연장·고령고용과 맞물린 생산활동은 물론 적극적인 소비주체로 내수시장의 뼈대를 맡을 것으로 보인다. 생산가능인구(15~64세)의 상대적인 하락반전을 감안할 경우 중년시장의 파워풀한 소비패턴은 미래시장의 바로미터일 수밖에 없다.

현재중년을 알면 미래노년의 소비 트렌드는 얼마든 해석·유추된다. 원래 중년인구는 소비시장의 변방에 위치했다. 특히 남성은 소비보다 생산인구로 이해되며 마케팅의 소구 대상에서 제외되는 경향이 짙었다. 다만 가족구성의 포기로 평생을 홀로 사는 비혼인구가 급증하면 중년고객의 존재감은 한층 강화될 수밖에 없다. 이들은 생애곡선상 평균소득·가처분소득이 클라이맥스를 찍지만, 가족소비에서 자유롭기에 본인만을 위한 소비의향이 절대적이다. 상당한 구매력에 발맞춰 중년시장을 쥐락펴락할 전망이다. 비단 비혼중년이 아니라도 중년시장은 한층 적극적인 소비주체로 부각된다. 달라진 가치관·인생관에 맞춰 가족희생적인 소비절제에서 본인실현적인 지출확대가 예상된다.

일본이 딱 그렇다. 일본에선 중년고객을 소비시장의 음지에서 양지로 끌어내려는 업계대응이 본격적이다. '아저씨 눈높이(おじさん視点)[9]'이란 맞춤전략까지 등장했다. 소매유통의 대표주자인 편의점도 청년에서 중년(고령포함)으로 고객중심을 이전한데 이어 인터넷쇼핑·스포츠클럽 등도 유력한 소비주체로 중고령의 역전승이 화제다. 실제 '새로운 어른세대'로 불리는 4060세대는 2020년 성인시장(20대↑)의 80%를 차지할 전망이다(博問堂). 디저트만 해도 서구식보다 전통과자 등 과거지향적인 라인업을 선호한다. 유소년기부터 자주 경험한 공통체험이 중년이후의 소비욕구로까지 연결된 결과다. 실제 세대주 연령별 소비지

---

9   週刊東洋経済, 'おじさん目線マーケティングが炎上する必然', 2017.07.25.

출 상황을 보면 2015년 대비 2030년 추계결과 54세 이하는 줄어드는 것에 비해 55세 이상은 전체소비를 견인하는 연령대로 확인된다. 결국 40~70세의 새로운 중년, 이른바 요즘어른이 미래소비의 주역으로 등장한다는 의미다.

〈표〉 세대주 연령별 1세대당 월 소비지출 실적(2016년)

단위: 엔/월   65세 이상 세대의 소비는 상대적으로 낮음

세대주 연령	25~34세	35~44세	45~54세	55~64세	65세~
소비지출	236,837	292,041	336,718	311,279	249,063
식료품	56,800	73,134	79,092	77,931	70,192
주거	31,337	18,578	15,425	17,427	14,262
광열·수도	16,389	19,659	22,498	22,497	21,201
가구·가사용품	9,457	10,942	,10,586	11,356	9,687
피복·구두	10,669	13,861	15,005	12,059	7,593
보건의료	8,480	10,615	10,880	12,585	15,256
교통·통신	36,551	49,252	48,521	46,718	28,390
교육	8,021	18,847	33,833	9,113	548
교양·오락	21,032	32,069	32,466	29,035	25,500
기타 소비지출	38,100	45,085	68,413	72,559	56,434

세대주 연령	25~34세	35~44세	45~54세	55~64세	65세~	합계	연율
세대주 추계(천세대)							
2015	5,530	8,618	8,802	8,891	18,887	50,728	
2020	5,013	7,549	9,764	8,570	20,060	50,955	0.1%
2025	4,770	6,628	9,651	9,274	20,1754	50,476	−0.2%
2030	4,553	6,011	8,417	10,308	20,111	49,400	−0.4%

2020년 이후 소비지출 감소는 가속화

− 자료: 家計調査 2016年 速報 및 野村総合研究所

차별적 소구 채널을 원하는 중년마인드

포괄적으로 보면 중년 그룹은 매스수요에서 이탈한 최초의 신고객이다. M(밀레니얼)Z세대의 달라진 소비 트렌드도 실은 선배세대 끝자락의 변형된 소비행태와 맞물려 본격화된다. 신소비란 세대 간 처음과 끝의 교집합·공통분모를 거쳐 등장한다. 세대 간 완전히 분절·결절되며 나타나는 게 아니란 의미다. 이런 점에서도 젊음과 늙음의 한가운데에 선 1,700만 중년고객의 대량등장은 의미심장하다. 동시에 시장·마케팅에서 제외된 그간의 중년과는 차별적 구매 패턴을 요구한다. 가족 포기로 가처분소득을 갖춘 중년 그룹의 미분소비를 끌어내자면 그만큼 적극적인 가치부여를 위한 유도장치를 갖추는 게 필수다. '늙음'과 '젊음'만 보지 말고 '회색'에 주목하자는 얘기다.

모바일을 통한 전자상거래의 확대·보급도 중년과 맞물리면 재검토 대상이다. 사실상 고령인구의 모바일·인터넷을 통한 소비 트렌드도 과거의 선배세대와 결별한 중년인구의 고령화로부터 시작·확산된다. 전통적인 소비채널과는 결이 달라진다는 뜻이다. 원래라면 온라인에 익숙하지 않은 전통적인 어른고객은 눈앞에서의 대면·접촉소비를 선호했다. 직접 보고 만지고 듣는 소비효용에 익숙해왔다. 그래서 앉아서 기다리면 찾아와 사줄 걸로 전제됐지만 중년은 달라졌다. 온라인쇼핑에도 익숙해 기다려본들 찾아가지 않고 온라인에 전적으로 열광하지도 않는다. 그들이 원하는 전부가 온라인에 있지도 않다. 또 갈수록 직접구매 선호도 높아질 수밖에 없다. 따라서 요즘어른이 주류고객이 될 신시장에선 중년을 포섭할 다양한 유도장치를 갖춘 어른채널만 생존할 수 있다.

신고객은 신채널을 통해 소비한다. 대량등장이 예고된 요즘어른도 새로운 어른채널을 선호·요구한다. 핵심은 찾아가는 소비발굴이다. 향후 본격적으로 등장할 요즘어른의 구매력은 충분히 확인된다. 눈높이에 맞는 유통채널의 혁신변화만 이뤄지면 강력한 소비주체로 신시장을 주도할 게 확실시된다. 대체적인 경우 배달·택배서비스처럼 찾아가는 유통채널이 유력한 대안체계로 요약된다. 요즘어른의 쇼핑환경을 배려하는 형태다. 다만 직접적인 경험·체험 등 대면서비스도 군데군데 반영하는 게 좋다. 특별한 고객답게 특별한 욕구실현에 특화된 무기를 장착할 필요다.

실제 일본은 어른친화적인 유통변화·채널전략의 마련에 열심이다. 40대 이상이 전체인구의 80%를 점하는 시대가 곧 다가온다는 분석 하에 이들의 라이프스타일과 생활환경·제반능력을 감안한 새로운 유통환경의 제안·실현이 불가피한 과제로 떠오른 셈이다. 사실상 거의 모든 도소매유통 및 오프라인 구매공간에 영향을 미치는 대형조류 중 하나로 인식된다. 결국 현역인구를 주력고객으로 삼은 기존채널은 재편될 수밖에 없다.

인구정복을 위한 4대 기업처방전

인구는 항상 변한다. 멈춰서지 않을뿐더러 멈출 수도 없다. 그래서 어렵고 힘들다. 문제는 인구가 갖는 묵직하고 거대한 의미다. '인구=국력'이 희박해졌을지언정 인구가 갖는 다양한 영향력과 잠재력 그리고 설명력은 부인하기 어렵다. 사실상 인구가 전부다. 인구 없는 사회는 무의미하고, 인구 없는 예측은 불필요하다. 그만큼 인구는 절대적이며 포괄적이다. 모든 변화에는 인구가 넓고 깊게 포진한다. 전혀 상관없는 현상처럼 보여도 뜯어보면 원류와 과정·결과엔 인구변화가 늘 똬리를 튼다. 예외는 없다. 인구와 인구변화는 한국사회를 이해·전망하는 지름길이자 바로미터다.

인구를 이해하고, 인구변화를 파악하는 건 선택이 아닌 필수다. 신뢰여부를 떠나 정부가 장래인구추계를 중시하는 것도 비슷하다. 인구변화를 알아야 여기에 맞춰 건강하고 지속가능한 한국사회를 위한 제반정책을 검토·수정할 수 있다. 한정자원의 배분근거는 물론 교육·국방·조세·복지·산업정책 등의 장기 전략도 인구추계로부터 비롯된다. 각종의 제도개혁도 인구추계를 모태로 역산해 진행된다. 하물며 시장·기업은 두말하면 잔소리다. 시장은 인구규모(고객숫자)와 직결될 수밖에 없다. 가랑비에 옷 젖듯 인구변화란 게 진행되기에 당장은 몰라도 나중엔 기업의 성패를 가른다.

물론 인구정복은 어렵고 힘들다. 예측조차 엇나가기 십상인 판에 정확한 숫자도출은 불가능에 가깝다. 고용·소득 등 시대환경의 변화양상과 맞물릴뿐더러 후속세대의 생각·의향·지향조차 그때그때 탄력·신축적으로 반영된다. 즉 사람 마음이 반영된 개별선택이 인구변화, 특히 출산의지로 나타난다는 점에서 까다롭고 복잡할 수밖에 없다. 각종의 출산정책이 잘 먹혀들지 않는 근본 이유도 여기에 있다. 후속세대는 돈 몇 푼에 '본인미래 vs. 가족구성'의 가성·가심비를 따질 만큼 어수룩하지 않다. 정말 원하고 바라는 걸 확실·정확히 주지 않는 한 이들의 맘을 되돌리기란 쉽지 않다.

묵직한 변화답게 끈질긴 대응이 절실

모든 건 변한다. 사람이 바뀌니 시장이 변하는 건 당연하다. 급속한 인구변화는 달라진 고객출현을 뜻한다. 움직이는 고객을 팔짱끼고 응대할 순 없다. 뒤따라도 늦다. 한발 빨리 달려가 길목을 기다려야 승기는 잡혀진다. 인구변화는 기업생존을 위한 미래전략의 최우선적 정복과제다. 저성장 속 돌파구가 절실한 기업에겐 상식적인 공감 이슈다. 풀어내면 '인구변화→소비변화→시장변화→사업변화'로의 환승숙제다. 이는 닥쳐올 미래시장을 읽어낼 핵심고리다. 누구나 알고 싶지만 아무나 알기 힘들다. 인류가 걸어가는 새로운 길인데다 한국이 열어젖힌 낯선 길인 까닭이다.

그럼에도 넘어야 할 산이다. 기업은 정부와 다르다. 인구변화를 못 읽으면 생사여부를 가르는 눈앞의 갈림길로 떠밀린다. 고민할 여유도, 따져볼 여지도 없다. 망할 이유도, 흥할 이유도 하나로 귀결된다. 인구변화의 이해와 대응이다. 업종불문·사업불문 예외는 없다. 제조·유통·서비스·금융 모두 인구변화의 고빗사위에 놓였다. 흐름에 맞서봐야 무의미하다. 역풍조차 순풍으로 뒤바꿀 관심·노력만이 절실하다. 시장재편의 먹구름·회오리가 저편에서 다가온다. 예보는 나갔다. 대응만 남았다.

인구정복을 위한 편하고 손쉬운 방법은 없다. 모범답안이 없을뿐더러 만병통치도 아니다. 뛰쳐나간 화살을 잡을 수는 없어서다. 다만 몇 가지 조언은 가능하다. 장기간 인구변화와 기업·시장대응을 살펴보니 검증된 몇몇 접근방식이 얼추 확인된 덕분이다. 인구변화로 새롭게 정의·발굴한 신고객과 신시장을 성공적으로 공략한 사례위주의 공통분모다. 요컨대 인구정복을 위한 4대 기업처방전의 소개다. 이를 토대로 한다면 기업·시장이 준비·경험한 혁신실험은 머잖아 멋있는 사업모델로 연결될 수 있다. 유념할 건 열심히 좇아도 당장은 성과가 주어지진 않는다는 점이다. 묵직한 변화답게 끈질긴 대응이 권유된다. 씨를 뿌리고 가꾸고 기다릴 때 열매는 맺히는 법이다.

◆ 선행사례를 배우라 : 그래도 도움이 된다

개척루트를 뒤따르면 여러모로 좋다. 나침반 역할로 손색이 없어서다. 저비용·저위험은 물론 고정보·고달성도 꾀할 수 있다. 즉 선행사례의 경험연구는 후속주자에겐 필수다. 위험한 실험보단 안전한 훈수가 낫다. 불확실한 인구변화도 마찬가지다. 제대로 알기도 어려운데 시간·자금까지 넣을 필요는 없다. 선행사례만 체크해도 상당량의 자원낭비는 막을 수 있다. 홍수처럼 정보는 흘러내린다. 정확히 읽어내고 끄집어내려는 노력·능력이면 충분하다. 다행스럽게도 어렵지는 않다. 수많은 선행샘플은 대개 한 방향을 가리킨다. 실패 이유는 많아도 성공비결은 하나로 압축되게 마련이다.

일본사례는 그래서 제격이다. 한국보다 훨씬 앞서 인구변화의 충격을 온몸으로 맞은 유일무이한 선행모델이다. 적어도 오늘의 한국은 어제의 일본과 닮았다. 인구변화에 맞서 성공이면 벤치마킹, 실패라면 반면교사로 활용함직하다. 특히 인구변화가 낳은 신고객·신시장의 기업대응은 한국에 뜻하는 바가 적잖다. 일본 사례의 단순한 캐치업(Catch-Up)만으로도 나름 의미심장하다. 찾기는 쉽잖겠지만, 제대로 된 세부전략이면 비용을 내서라도 따라 해보는 게 좋다. 인구변화란 게 워낙 상식파괴의 낯선 결과로 연결된다는 점에서 불확실성은 최대한 제거하자는 차원이다. 물론 조심할 게 있다. 일본에선 먹혔어도 한국에선 안 먹힐 수 있다. 둘은 그만큼 다르다. 국제비교의 함정이다.

◆ 한국 상황을 읽으라 : 이미 한국은 꽤 다르다

그래도 선행사례는 없는 것보다, 모르는 것보다는 훨씬 낫다. 실은 표준답안보단 풀이안내만으로도 충분하다. 따라서 가능하면 결과와 함께 과정까지 챙기는 게 바람직하다. 상황이 천차만별인데 과정까지 좇을 수는 없다. 이유는 간단·명쾌하다. 인구변화가 갖는 한국적 특수성 때문이다. 주지하듯 한국의 인구변화는 충분히 차별적이고 격동적이며 충격적이다. 정확히 설명해낼 어울리는 수식·설명어가 없을 만큼 굉장히 과격한 변화흐름을 선뵌다. 어떤 인구추계·통계를 봐도 마찬가지다. 벌써부터 어느 나라도 걸어가지 못한 길을 나 홀로 꿋꿋이 걸어가는 중이다. 5년 주기를 깨고 중간에 특별추계까지 실시해도 그것조차 몇 달 만에 깨질 정도로 급전직하의 한가운데에 섰다.

선행사례를 읽되 무게중심은 한국 상황에의 정밀분석에 실리는 게 옳다. 전대미문(前代未聞)과 미증유(未曾有)의 한국현실 아니던가? 이대로라면 한국보다 빨랐던 서구유럽은 물론 일본조차 한국사례를 역으로 분석할 지경이다. 출산율 1명의 하향돌파는 세계를 충분히 놀라게 만들었다. 그것도 모자라 2019년 ±0.9명마저 아슬아슬하다. 늙어가는 속도·범위가 신기록 경신 중이니 영향·파장조차 가늠불가인 당연지사다. 연기·포기로 방향을 정한 한국청년의 DNA가 빚어낸 출산파업의 에너지다. 한국은 남다르다. 인구정복의 정밀도를 높이자면 한국적 특수·특화지점의 이해가 필수다. 무턱대고 해외사례만 따라선 곤란하다. 대전제는 한국적 인구변화의 특수상황에 대한 사전이해다.

◆ 상시조직을 만들라 : 반짝할 이슈가 아니다

기업·시장의 경쟁환경은 나날이 치열·각박해진다. 여차하면 치이고 저차하면 다친다. 투입자원은 한정적인데 경쟁변수는 확장적이다. 와중에 한가롭게 여겨지는(?) 인구변화까지 챙기는 건 웬만해선 어렵다. 눈앞의 매출증진에 직결되지도 않는다. 미뤄지고 잊어지는 거대이슈일 수밖에 없는 처지다. 그래서 대부분은 교양·상식수준에 머문다. 관련내용이 터질 때 살짝 접해보는 것에 만족한다. 이해하되 안타깝다. 인구변화는 반짝 이슈가 아니다. 알면 알수록 시급한 대응체제가 절실한 현재진행형의 메가 변수다. 미진한 정책대응이 순식간에 엄청난 충격지표로 연결됐음을 잊어선 곤란하다.

반짝 이슈가 아니니 상시대응은 당연하다. 상수(常數)를 변수(變數)로 착각하면 당장은 편해도 나중에 괴롭다. 인구변화는 단편·산발·임시적인 대응체계로 맞설 수 없다. 시장수요이자 사업토대인 까닭이다. 한국처럼 급변현실을 감안하면 더더욱 그렇다. 가능하면 집중·전담의 상시조직을 갖춰 신고객·신시장의 변화양상은 물론 수면 아래 감춰진 추동원리까지 파악하는 게 바람직하다. 여유가 없다면 기회도 없다.

독특한 건 직위가 높을수록, 오너일수록 인구변화의 이모저모를 놓치지 않는다는 개인 경험이다. 강의든 자문이든 경영현장에서 만난 오너의 위기감은 상당하다. 앞으로의 먹거리를 생각해야 할수록 인구변화의 영향·파워를 절감하는 분위기다.

◆ 협업모델을 허하라 : 혼자서 다 못 따라간다

인구변화는 복잡·다난할뿐더러 넓고 깊게 발생한다. 이렇게 등장한 신고객·신시장은 과거와는 결별된 형태의 새로운 욕구분출·가치지향을 내포한다. 만들면 팔리는 매스고객은 철저히 거부한다. 획일·균일·보편적인 상품·서비스도 무시한다. 요즘어른·중성고객·미분소비·현타소비·가치소비의 5대 신고객 트렌드를 봐도 만만찮은 상황임을 뒷받침한다. 소비규정은커녕 고객구분조차 뒤섞인 까닭이다. 신고객은 제조메이커에 맞춤서비스를 요구하고, 물건보다는 경험을 중시하며, 소유보다 사용을 선호한다. 과거에는 없었던 소비욕구다. 그나마 아직은 선도고객의 차별시장이다. 향후엔 더 까다롭고 다양해진 소비경향이 불가피한 조류다. 신고객에의 맞춤대응은 그만큼 힘들어진다.

결국 혼자서 다 못하는 시대다. 새로운 차원의 선택과 집중은 물론 합종연횡의 협업전략이 유력한 대안이다. 자본력이 있어도 무리할 필요는 없다. 패러다임은 변했다. 일관체계로 다 장악하기란 불가능하다. 새로운 게임원칙은 '본업경쟁력+외부서비스'의 연계모델이다. 장기축적의 자사경쟁력을 극대화하되 추가적인 소비지점·고객만족은

이(異)업종과 연대해 해결하는 게 여러모로 낫다. 탈(脫)제조·향(向)서비스가 그렇다. 온라인·오프라인도 마찬가지다. 금융·제조(유통)까지 포괄된다. 업종불문·전체참가의 무한경쟁은 시작됐다. 하나만으로 먹고살기 힘들어졌다. 고객도 원치 않는다. 그렇다면 답은 혁신응대다. 인구변화도 혁신적인 고객대응을 요구하기 시작했다.

대한민국 인구·소비의 미래

1판 1쇄 발행 2020년 1월 1일
1판 3쇄 발행 2020년 1월 10일

지은이 전영수
펴낸이 박현
기획총괄 오서현
펴낸곳 트러스트북스

등록번호 제2014-000225호
등록일자 2013년 12월 3일

주소 서울시 마포구 성미산로1길 5 백옥빌딩 202호
전화 (02) 322-3409
팩스 (02) 6933-6505
이메일 trustbooks@naver.com

값 18,000원
ISBN 979-11-87993-66-7 03320

믿고 보는 책, 트러스트북스는 독자 여러분의 의견을 소중히 여기며,
출판에 뜻이 있는 분들의 원고를 기다리고 있습니다.